EX·LIBRIS
[redacted]

Über dieses Buch »Ich finde es anstrengend, einen Mann kennenzulernen. Mir liegt es nicht, mich darzustellen. Ich möchte akzeptiert werden, auch mit meinen beiden Söhnen.« Alleinerziehende Frauen, wie reagieren die Umwelt, die Nachbarn, Freunde, wenn sie in ihren Kindern nicht ihr ganzes Leben sehen, wenn sie neben ihrem Beruf auf intensive und bedeutungsvolle oder flüchtige Beziehungen zu Männern nicht verzichten wollen? Welche Schwierigkeiten und Ängste haben sie mit sich selbst und ihren Kindern? Dreizehn Frauen erzählen über ihre Erfahrungen mit Kindern und Männern, über ihre Sexualität, über Konflikte, Widersprüche und Entwicklungsprozesse in ihrem Leben, über ihre Hoffnungen und Träume. Ihre Berichte rühren an ein gesellschaftliches Tabu.

Die Autorin Helga Häsing, Jahrgang 1944, Mutter einer zwanzigjährigen Tochter, studierte Pädagogik in Göttingen, arbeitet und lebt als freie Journalistin in Heidelberg. Im Fischer Taschenbuch Verlag veröffentlichte sie den Titel ›Schmusekater sucht Frau zum Pferdestehlen. Erfahrungen auf dem Heiratsmarkt‹ (Bd. 3856), gab die Anthologie ›Unsere Kinder, unsere Träume‹ (Bd. 3707) und, gemeinsam mit Ingeborg Mues, die Anthologie ›Du gehst fort, und ich bleib da‹ (Bd. 4722) heraus.

Helga Häsing

Mutter hat einen Freund

Alleinerziehende Frauen berichten

Mit einem Nachwort
von Horst-Eberhard Richter

Fischer Taschenbuch Verlag

Die Frau in der Gesellschaft
Lektorat: Ingeborg Mues

27.–29. Tausend: April 1989

Originalausgabe
Veröffentlicht im Fischer Taschenbuch Verlag GmbH,
Frankfurt am Main, Juli 1983

Umschlagentwurf: Susanne Berner
Druck und Bindung: Clausen & Bosse, Leck
Printed in Germany
ISBN 3-596-23742-4

Für
Anna und Christine

Inhalt

Vorwort

Die Entstehungsgeschichte dieses Buches beginnt mit meiner Scheidung. Aber es ist ein anderer Tag, ein Sonntag, an den ich mich jetzt wieder erinnere. Mit Jochen, dem Freund meiner Freundin, fuhren meine Tochter und ich im Auto raus aus der Stadt. Christine und Jochen unterhielten sich in ihrer besonderen Art, indem sie jeden Gesprächsgegenstand so wendeten, daß sie miteinander darüber lachen konnten. Ich hing meinen Gedanken nach. Die Straße vor mir im Sonnenlicht und die Vorstellung eines schönen Sonntags, eines Sonntags, den ich nicht allein mit Christine verbringen würde, machten mich ein wenig müde und alltagsvergessen. Sonntage sind Familientage, und die schlauchten mich damals. Ich hatte die Gesprächspause nicht bemerkt, in die dann Christines Worte auf mich einfielen: »Mutti, ich wünsche mir, daß du tot bist und Carola und Jochen müßten heiraten, dann könnten sie mich zu sich nehmen, und ich hätte wieder einen Vater.« – Habe ich damals schon gedacht, warum schreibt das niemand auf?
Kinder können über ihre Träume und Gefühle noch unbefangen reden. Erwachsene halten ihre Träume und Gefühle wie Gefangene, sie lassen sie nicht ans Licht. Auch ich hatte Angst, über meine Träume zu reden und meine Gefühle zu zeigen. Damals mochte ich Jochen, weil Jochen Kinder und besonders meine Tochter mochte. Jochen besuchte uns häufig. Er kam, um Christine abzuholen, zum Schwimmen, zu einem Stadtbummel mit anschließendem Eisessen oder zu einem Spaziergang im Wald. Hatte ich Nachtdienst im Krankenhaus, schlief Jochen bei uns oder Christine bei ihm. Ich hätte mich in Jochen verlieben können, wäre er nicht der Freund meiner Freundin gewesen. So war ich verliebt in einen anderen Mann, der leidenschaftlich an seiner Arbeit hing, gern mit mir ins Bett ging, aber keinen einzigen Gedanken daran verschwendete, daß ich noch eine Tochter hatte. Wir trafen uns bei mir, wenn Christine schon schlief. Die Selbstverleugnung meiner Bedürfnisse funktionierte perfekt. Ich nahm sie nicht einmal wahr. Was ich allenfalls von mir

wahrnahm in jener Zeit, war ein diffuses Gefühl der Unzufriedenheit.
Ich habe noch andere und ähnliche Situationen mit meiner Tochter erlebt. Situationen, in denen Männer, die Beziehung, die ich zu ihnen hatte, eine wichtige Rolle spielten. Manchmal mochte Christine einen Freund von mir, manchmal lehnte sie ihn ab, manchmal war er ihr gleichgültig, manchmal versuchte sie, sich vorsichtig mit ihm anzufreunden. Ob Christine einen Freund von mir mochte oder nicht, hing auch mit meinen Gefühlen und meinem Verhalten zusammen. Ich wußte es damals aber nicht. Viel zu selten habe ich ihr die Chance gelassen, selbst zu entscheiden, ob sie sich einem Freund von mir nähern wollte oder nicht. Mochte ich diesen Mann, war ich verliebt in ihn, so beherrschte mich auch der Wunsch, sie sollte ihn genauso mögen wie ich. Bewußt und unbewußt versuchte ich sie zu beeinflussen, ihn zu akzeptieren, ihn zu mögen. Meistens aber hatte ich Schuldgefühle, wenn ich einen Freund hatte. Diese Schuldgefühle trennten mich von meiner Tochter. Und mit meinen Beeinflussungsversuchen erreichte ich das Gegenteil von dem, was ich wollte. Christine lehnte den Mann ab. Erst mit den Jahren habe ich durch meine Tochter erfahren, wie wichtig meine Gefühle, mein Verhalten waren, für das Verhältnis und ihre Gefühle, die sie zu einem Mann entwickeln konnte, der mein Freund war.
Frauen neigen dazu, sich zu überfordern. Ich auch. Kind, Beruf, einen Freund und meine politische Arbeit, das alles versuchte ich unter einen Hut zu bringen, möglichst harmonisch und im Einvernehmen aller Beteiligten. Die Konflikte blieben nicht aus. Ich empfand sie als persönliches Versagen. So ist dieses Buch aus dem Bedürfnis entstanden, darüber mit anderen Frauen, die wie ich ihre Kinder alleinerziehen, zu reden und unsere Ansprüche und Einsichten, die Zweifel und Ängste, die Schuldgefühle, mit denen wir leben, sichtbar werden zu lassen. Leona Siebenschön hat mir Mut gemacht, dieses Vorhaben zu verwirklichen.
Dreizehn Frauen erzählen über ihre Erfahrungen mit Kindern und Männern, über ihre Sexualität, über Konflikte, Widersprüche und Entwicklungsprozesse in ihrem Leben, über ihre Hoffnungen und Träume. Ich möchte mich an dieser Stelle noch einmal bei allen Frauen für die vielen

offenen Gespräche, die wir miteinander hatten, bedanken. Aus der Fülle des Erzählten mußte ich auswählen, was nicht immer leicht war, denn jede Frau hätte ihr eigenes Buch verdient. Manchmal wünschte ich mir, nicht nur Worte festhalten zu können, sondern auch Gesichter, wie sie sich im Gespräch verändern.
Bücher können ein Gespräch nicht ersetzen. Ich hoffe, dieses Buch macht es anderen Frauen ein wenig leichter, über sich zu erzählen und miteinander ihre Probleme aufzuarbeiten.

Helga Häsing, Biganzolo, den 30. Oktober 1982

»Für Kirchenbürger bin ich ein Sündenfall«

Jana, 46 Jahre, ein Sohn, 19 Jahre, eine Tochter, 16 Jahre

Alle Menschen, die meinen Mann kannten, mochten ihn und fanden, das ist ein prächtiger Mann, ein tüchtiger Mann, lebenslustig, erfolgreich, charmant, ein richtiger Familienmensch. Während unserer ganzen Ehe, wir waren zwanzig Jahre verheiratet, habe ich nie etwas vermißt, nie anders leben wollen.

Sicher, manchmal habe ich meinen Beruf vermißt, ich bin Industriekaufmann, das kann sehr abwechslungsreich sein und verantwortungsvoll. Ich wäre ganz gern berufstätig gewesen, trotz Ehe und Familie. Aber Botho wollte das nicht. Er hat es mir quasi verboten. Und ich bin kein Rebellentyp. Mir kam es darauf an, was wichtiger ist. Daß er sich wohl fühlt, daß er gern zu Hause ist, dafür habe ich gesorgt. Das brauchte er auch, so wie er sich eingesetzt hat bei seiner Arbeit. Manager, ein richtiger Vollblutmanager, das kann man sagen. Und mit zwei Kindern hatte ich im Haus wirklich genug zu tun.

Erst ein Sohn, dann eine Tochter, ganz nach Wunsch. Andere Leute haben oft gesagt: eine echte Bilderbuch-Familie. Das waren wir auch, praktisch unzertrennlich, immer alles gemeinsam unternommen, Ausflüge, Sport, viele Freunde, ein schönes eigenes Haus, immer viel Jux und Frohsinn. Wir hatten beide den Hang zur Frohnatur.

Es hätte ewig so weitergehen können. Ich wäre nie auf die Idee gekommen, einen anderen Mann auch nur in Gedanken mit Hintergedanken anzusehen. Und er? Niemals. Dazu war er viel zu gern zu Haus. Schon bei der Trauung hat er gesagt: Ich werde dich nie verlassen, dazu liebe ich dich viel zu sehr. Dabei ist es geblieben. Bis zum Schluß.

Bis heute kann ich das manchmal nicht begreifen, daß eine solche Ausnahme – verglichen mit der üblichen Durchschnittsehe –, daß so ein Glück so grausam zerstört wird. Die anderen in ihren verkorksten Ehen, die machen in ihrer Misere weiter, machen Grabenkrieg, rennen auseinander, lassen sich scheiden, zerschlagen die Familie. Und wenn es

einmal die große Ausnahme gibt, dann soll das nicht sein ... das begreife ich nicht.
Ein Mann Mitte vierzig, mitten im Leben, voller Pläne, voller Unternehmungslust. Und dann plötzlich Krebs und gleich unheilbar, das begreifst du nicht. Und wie ein Mensch leiden muß, wie er elendig zugrunde geht, ein derart grausamer Folterprozeß, acht Monate lang, das hältst du nicht aus, wenn du das mit ansehen mußt. Ich war jeden Tag bei ihm im Krankenhaus, von morgens bis abends. Und dann stehst du dabei und kannst nicht helfen, siehst den Menschen, den du liebst, in diesem entsetzlichen Leiden, die nackte Unmenschlichkeit. Zum Schluß habe ich gedacht, gleich dreh ich durch.
Und ich glaube, ich wäre wirklich verrückt geworden, wenn nicht ... ja, wenn nicht das Unglaubliche, das Unwahrscheinlichste eingetreten wäre, das eigentlich gar nicht zu mir paßt. Hätte mir das jemand vorhergesagt, ich hätte gesagt: Du hast ja nicht alle Tassen im Schrank.
Ich mußte ja nun in meiner Verzweiflung, in dieser Trostlosigkeit ... das kann sich niemand vorstellen, was das heißt, nach diesen langen Monaten der Qual den liebsten Menschen beerdigen zu müssen. Ja, und dadurch lernte ich ihn kennen, ich hatte ihn vorher nicht gekannt, nie gesehen, den Pfarrer, der die Beerdigung besorgte. Das war vor zweieinhalb Jahren. Und so lange geht das nun.
Zuerst haben wir es natürlich nicht wahrhaben wollen. Zuerst war es ja auch wirklich Trost und Beistand und für mich die einzige Rettung in meiner Hilflosigkeit, ich wäre sonst tatsächlich durchgedreht. Er kam praktisch jeden Tag. Und spätestens nach sechs Wochen war es nicht mehr nur Trost. Und als die Kinder dahinterkamen, waren sie entsetzt. Sie haben gemeutert, geschimpft, mir vorgehalten, ihr Vater hätte das im umgekehrten Fall nie getan, sich eine andere Frau zu nehmen, ihr Vater wäre mir bis übers Grab hinaus treugeblieben.
Also diese Vorwürfe der Kinder, diese Verurteilung, als hätten sie jeden Respekt vor mir verloren, das war schrecklich für mich. Und schrecklich ist es geblieben, bis auf den heutigen Tag. Nein, eigentlich ist es immer schlimmer geworden. Sie haben sich nicht daran gewöhnt, beide nicht. Sie neiden dem Mann das Fleisch auf dem Teller, wenn er mal bei

uns ißt. Das geht so weit, als Frank einmal bei mir war und wir friedlich zusammensaßen, ganz anständig, wie Freunde, da kam mein Sohn dazu, pflanzte sich vor ihm auf und sagte ihm mitten ins Gesicht: »Wenn ich Sie da so sitzen sehe, dann kriege ich das kalte Kotzen.«
So in dem Stil. Das muß man sich mal vorstellen, das muß sich dieser erwachsene Mann von einem Neunzehnjährigen sagen lassen. Und Nadja benimmt sich nicht besser, aufsässig und völlig verständnislos. Ich solle mich was schämen, mit einem anderen Mann ins Bett zu gehen, wo ihr Vater erst vor zwei Jahren gestorben ist. Ich hätte kein Recht dazu. Manchmal habe ich fast den Eindruck, sie verachten mich deshalb. Offenbar sind Kinder, auch wenn sie keine Kinder mehr sind, von der Vorstellung beherrscht: Eine Mutter habe immer nur für sie da zu sein. Eine Mutter habe gefälligst sonst keine Bedürfnisse zu haben; die soll sich wie in Indien einmauern lassen, wenn der Mann stirbt. Und das begreife ich nicht, daß sie mir das nicht gönnen. Sie sind doch jetzt in dem Alter, wo sie das nachempfinden und kapieren müßten, was einem fehlt. Sie gehen ja selbst schon ihre eigenen Wege, haben ihre Cliquen und Freundschaften, Chris seine Liebeleien, und Nadja fängt auch allmählich an. Da fragen sie nicht, was ich habe, ob ich allein bin und darunter leide. Ich leide darunter, ich bin nicht gern allein, ich kann nicht allein sein. Aber das kümmert sie nicht. Sie verzichten auf nichts, und ich soll auf alles verzichten.
Ich habe mich mit ihnen zusammengesetzt, immer wieder, wir haben ja sonst ein gutes Verhältnis und können über alles miteinander reden. Ich habe ihnen zu erklären versucht, daß die Liebe zu ihrem Vater und die Liebe zu ihnen und die Liebe zu Frank drei Paar verschiedene Stiefel sind. Die haben nichts miteinander zu tun, die eine Liebe kratzt der anderen den Lack nicht ab. Ich habe nie aufgehört, meinen Mann zu lieben. Die Beziehung zu Frank hat sein Bild, meine Erinnerung, unsere gemeinsame Vergangenheit nicht im mindesten verdunkelt. Aber bei meinen Kindern stoße ich auf Granit. Sie blocken ab. Der Mann ist für sie ein rotes Tuch. Sie finden ihn ätzend, ätzend, hat Nadja gesagt. Das ist Eifersucht, nichts als blanke Eifersucht. Sie haben immer Angst, er nimmt ihnen etwas weg.
Dabei ist das grundfalsch. Das Gegenteil ist der Fall. Wer hat

mir denn geholfen, als ich ganz unten saß? Wer hilft mir jetzt bei allen Schwierigkeiten? Zum Beispiel Chris mit seinen Schwierigkeiten in der Schule. Das kann ich allein gar nicht schaffen. Stundenlang hat sich Frank mit dem Jungen zusammengesetzt und mit ihm geredet, so von Mann zu Mann, über die Zukunft und was werden soll ohne Schulabschluß. Bis zum Oberschulrat ist er alle Wege mit mir gegangen. Das macht ja gleich einen anderen Eindruck, wenn da der Pfarrer erscheint und sagt: So und so, ich bin der Seelsorger der Familie, und setzt sich für den Jungen ein. Das ist doch eine ungeheure Erleichterung für mich, einen Menschen zu haben, mit dem ich alle Probleme besprechen kann, durch den ich einen ganz anderen geistigen Horizont entdecke. Der Mann gibt mir so viel. Das Bett ist gar nicht das Wichtigste dabei, sondern die menschliche Nähe, die geistige Auseinandersetzung und eben die Gewißheit, nicht allein zu sein. Warum gönnen die Kinder mir das nicht? Sie büßen doch nichts ein.

Aber nein, sie meinen, das muß ja nun nicht sein, das geht zu weit. Die Mutter hat auf einem Sockel zu stehen und überhaupt keine eigenen Wünsche zu haben, keine Sehnsucht, keine Angst, keine Gefühle, nur Mutterliebe, Mutterpflicht und lebenslänglich Trauer um den Toten. Tut sie das nicht, dann fällt sie aus der Rolle wie eine Schlampe, eine Nutte, eine ich weiß nicht was. Der Mutter gegenüber können Kinder die schlimmsten Moralapostel sein.

Und damit treffen sie natürlich mein Schuldgefühl. Ja, ich habe ein schlechtes Gewissen, von Anfang an. Ich bin sehr streng erzogen, ganz nach der alten Schule, ein Mädchen tut das nicht, für eine Frau gehört sich das nicht, von lauter Verboten eingeengt nach dem Muster, eine Frau hat sauber zu sein. Das sitzt fest. Das sitzt ganz tief. Zuerst war ich ja selbst wie vor den Kopf gestoßen, als ich merkte, ich hab mich verliebt. Ich dachte, das darf nicht wahr sein: Der eigene Mann liegt kaum unter der Erde, und du hast schon einen anderen im Sinn. Das war wie ein Schock. Ich kam mir so verworfen vor. Wie konnte ausgerechnet mir das passieren, in meiner bodenlosen Trauer gleichzeitig Gefühle für einen anderen zu entwickeln. Unvorstellbar. Ich habe ja nie aufgehört, meinen Mann zu lieben. Ich habe mich gequält, gegrübelt, meinen Kopf zermartert: Bin ich eine treulose Person?

Ein leichtfertiges Geschöpf? Habe ich überhaupt keine Moral im Leib? Nicht nur in bezug auf meine eigene Situation, auch mit Blick auf die andere Seite. Denn Frank ist erstens Geistlicher, zweitens verheiratet und drittens Vater von vier Söhnen. Und dann ein Verhältnis mit einer anderen Frau. Für Kirchenbürger ist das ein mittelschwerer Sündenfall.
Zwar sind seine Söhne alle schon aus dem Haus, teils verheiratet, teils schon mit Kind. Und wenn wir auch in einer Großstadt leben, so ist doch die Kirchengemeinde hier draußen im Vorort wie ein kleines Dorf, wo jeder jeden kennt, jeder über jeden klatscht; und der Gemeindepfarrer ist ein höheres Wesen, asexuell, völlig tabu, ein Säulenheiliger, der hat mit keiner anderen Frau etwas zu haben. Er fährt immer sein Auto in unsere Garage, wenn er mich besucht, bloß wegen der Nachbarschaft. Das sind so Ärgernisse, die einem ganz schön zu schaffen machen. Doppelte Moral und lauter Verlogenheiten.
Nein, was seine Ehe betrifft, da habe ich mir nichts vorzuwerfen, die war vorher schon kaputt, da bin ich nicht eingebrochen, das war gar keine Ehe mehr. Trotzdem hat seine Frau mir die Hölle heiß gemacht und mich beschimpft wie den letzten Dreck. Angenehm war das nicht. Aber das ist zu verkraften. Und was die Nachbarn tratschen, kümmert mich nicht über die Maßen. Allerdings, auf ihn muß ich Rücksicht nehmen, er kann sich das Gerede nicht leisten: der Pfarrer und die lustige Witwe und so. Und für meine Kinder ist das alles zusätzlich Wasser auf ihre Mühlen, obwohl ich ihnen nie etwas zumute, was sie verletzen könnte. Zum Beispiel, daß Frank hier übernachtet oder daß wir uns ins Schlafzimmer zurückziehen, wenn Chris oder Nadja im Haus sind. Das kommt nicht in Frage. Daß überhaupt im Bett etwas stattfindet, können sie gar nicht wissen, weil sie nichts davon mitbekommen. Und trotzdem benehmen sie sich, als wäre ich die letzte Jule vom Hauptbahnhof. Das macht mich traurig, wenn die beiden verrückt spielen, wenn ich alles hinnehmen muß, auf alles verzichten soll und sie mir gar nichts gönnen und mich auch noch herunterputzen. Dieses ganze Theater und Heckmeck hier, manchmal ist das nicht zu ertragen. Früher, als Botho noch lebte, hat es dergleichen nie gegeben. Weder Chris noch Nadja hätten sich je eine Frechheit oder Ungezogenheit erlaubt.

Nun war ja ihr Vater auch ziemlich autoritär, sehr auf Ordnung und Gehorsam bedacht. Was er sagte, war richtig. Was er sagte, wurde befolgt. Die Kinder hatten absolut Respekt vor ihm. Und als dann die starke Hand fehlte, da flippten sie sofort aus, wurden aufsässig, wurden frech, wie sie sich ihrem Vater gegenüber nie benommen hätten, anspruchsvoll, undankbar und manchmal ziemlich unverschämt. Sie bekommen alles, was das Herz begehrt, großzügig, wie ich bin, vielleicht auch ein bißchen zu gutmütig. Es ist ja nicht so, daß wir darben müssen. Mein Mann hat uns gut versorgt. Ich muß nicht arbeiten gehen, um Geld zu verdienen. Ich bin also immer für sie da. Mag sein, das ist falsch. Möglicherweise wären sie weniger verwöhnt, wenn ich mich nicht um alles kümmern würde, wenn ich mein eigenes Leben hätte in einem Beruf. Ein paar Anläufe habe ich schon unternommen, um wieder einzusteigen. Ich hatte auch Angebote. Doch dann bekam ich es mit der Angst, ich könnte versagen, ich könnte der Aufgabe nicht mehr gewachsen sein. Und in solchen Stimmungen der Selbstunterschätzung, da ist es einfach wichtig für mich, ich möchte sagen: lebenswichtig, daß ein Mensch da ist, der Anteil nimmt, der mich aufrichtet, der an mich glaubt. Da helfen mir doch meine Kinder nicht.
Nein, ich finde es falsch, wenn Frauen mit Rücksicht auf die Kinder verzichten. Jeder Mensch braucht Liebe. Und die Kinder ersetzen mir die Beziehung zu diesem Mann nicht. Das sollen sie auch nicht, das wäre ja schlimm, dann würde ich mich wie eine Klette an sie hängen. Eines Tages gehen sie ohnehin aus dem Haus. Aber natürlich stehen meine Kinder mir näher als dieser Mann. Daran wird es eines Tages scheitern, hat er gesagt. Er wollte auch, gleich als die ersten Schwierigkeiten auftauchten, Schluß machen und sich zurückziehen.Da habe ich gesagt: Nein, das kommt nicht in Frage. Die Kinder müssen sich auch mit ihrer Mutter auseinandersetzen und mich nehmen, wie ich bin, und etwas Verständnis aufbringen. Das ist doch nicht zuviel verlangt.
Ich hätte mir sehr gewünscht, daß beide das Abitur machen und dann studieren und daß Chris in die Fußstapfen seines Vaters tritt. Aber den überwältigen Ehrgeiz, den haben beide nicht. Was nicht ist, läßt sich nicht erzwingen. Wir müssen

abwarten, was aus ihnen wird. Jedenfalls, wenn sie erst ihre eigenen Wege gehen, werde ich das Haus hier verkaufen und nach Mainz ziehen.
Mainz ist meine Traumstadt. Da haben wir in den ersten zehn Jahren unserer Ehe gelebt. Da wurden Chris und Nadja geboren. Mainz – das war die glücklichste Zeit meines Lebens.

»Nachts bin ich keine Mutter«

Christine, 23 Jahre, besucht die Fachschule für Erzieherinnen, ein Sohn, 3 Jahre

Ich muß da raus, ich muß da raus, habe ich immer gedacht, als ich noch mit meinem Sohn und mit meinem Mann zusammengewohnt habe, wir uns aber eigentlich schon getrennt hatten und nur noch in so einer Art Wohngemeinschaft zusammenlebten. Diese Zeit war zermürbend, hat mich viel Energien und Nerven gekostet. Ich bin nicht ausgezogen, weil ich dachte, ich käme finanziell nicht über die Runden, wenn ich nur von BAFöG leben müßte und dem bißchen Geld für Jonas. Vielleicht war das mit dem Geld auch nur ein Vorwand. Ich traute mir einfach noch nicht zu, ein neues Leben zu beginnen, allein mit Jonas und nur auf mich gestellt. Die Ausbildung an der Fachschule für Erzieherinnen hatte ich ja auch gerade erst angefangen. Verrückt, ich war da einfach zu kleinmütig. Jonas' Vater hatte mir sowieso schon alles mit dem Kind überlassen. Um seinen Sohn hat der sich kaum Sorgen gemacht, der hat nichts mit seinem Kind gemacht. Wenn ich abends mal weg wollte, mußte ich Jonas immer zu meiner Mutter bringen. Gernod hat Jonas als Druckmittel gegen mich benutzt. Er war wohl eifersüchtig, wenn ich abends mal weg wollte. Direkt gesagt hat er es nie. – Na, gehst du jetzt wieder zu deinen Männern, und ich darf mich um Jonas kümmern, hat er gesagt. Das war immer ein schlimmer Kampf für mich, nicht nur mit Gernod, auch mit mir selbst. Bin ich eine schlechte Mutter, hab ich mich gefragt. Doch ich mußte zwischendurch mal raus, andere Menschen um mich haben, sonst wäre ich verrückt geworden. Ich bin überhaupt ein Mensch, der nicht gut allein sein kann. Vielleicht habe ich deshalb so lange gezögert, aus unserer Wohnung auszuziehen. Diese Angst vor dem Alleinsein mit meinem Kind hat mich ein Jahr bei meinem Mann festgehalten.

Auch jetzt fühle ich mich noch oft allein, obwohl ich schon über ein Jahr von Gernod fort bin. Gerade wenn ich so ein schönes Wochenende erlebt habe, die ganze Zeit mit Freunden zusammen war, und ich muß dann wieder zurück in meine Wohnung, die kommt mir dann so leer und öde vor. Da fühle ich die Einsamkeit erst richtig, wenn ich alles wieder allein mit Jonas machen muß. Ich denke, ich halt's nicht aus, ich halt nicht durch, ich schaff es nicht: arbeiten, auf die Schule gehen, für Jonas da sein, der Haushalt, die Sorgen, wird das Geld in diesem Monat reichen. Es tut mir gut, Freunde um mich zu haben, die mir auch mal den Jonas abnehmen, die zu ihm gehen, wenn er nach mir ruft, weil er aufs Klo muß, ein Brot haben will oder mir ein Spielzeug zeigen will, die seine vielen Fragen beantworten. Zu zweit, da verteilt sich diese ständige Beanspruchung, die ein kleines Kind von dir verlangt, einfach besser. Jonas ist jetzt drei, da muß ich immer auf dem Sprung sein, da muß ich ständig da sein, nicht nur für seine vielen Fragen. So unerfahren, wie er noch ist, da kann leicht etwas passieren, und dann machst du dir ewig Vorwürfe.

Ich bin zwar noch immer nicht geschieden, aber Gernod ist doch schon mein Ex-Mann. Ich bin ganz sicher, da renkt sich nichts mehr ein zwischen uns. Wir haben uns nichts mehr zu sagen. Zumindest bei mir läuft da nichts mehr. Ich habe noch nicht mal mehr Haß oder Wut auf ihn, obwohl er sich wirklich oft ziemlich mies mir gegenüber verhalten hat. Ich kann es sogar verstehen, weil ich weiß, Gernod wollte diese Trennung nicht.

Wir haben uns ganz jung kennengelernt. Unsere Eltern waren Nachbarn. Mit vierzehn Jahren war ich schon Gernods Freundin. Als ich achtzehn war, haben wir geheiratet. Gernod war einundzwanzig. Ich weiß nicht, verliebt war ich eigentlich nie in ihn, und richtig geliebt habe ich ihn wohl auch nicht. Aber was ist eigentlich Liebe? So ein ganz tiefes Gefühl in dir für einen anderen, ein Gefühl, das über alle Zweifel erhaben ist, so wie es manchmal in Büchern beschrieben wird, so ein Gefühl für einen Mann habe ich noch nie erlebt. Gernod und ich waren aneinander gewöhnt, unser Gefühl, verbunden zu sein, ist ganz langsam gewachsen. Aber das war vor unserer Ehe. Jetzt fühle ich nichts mehr von dieser Verbundenheit. Die Ehe war trübe, mit so vielen häßlichen Kleinlichkeiten gegeneinander durchsetzt. Ich war ja noch so jung, hatte vor meiner Ehe gar keine Zeit, mich selbst zu entwickeln, weil wir so früh schon Freund und Freundin waren. Ich habe mich an Gernod orientiert, er war der Ältere, er studierte. – Einmal war ich schon ein bißchen selbständig. Irgendwann bin ich von zu Hause ausgezogen und hab ein Jahr allein gewohnt. Gernod war nicht da, er studierte in Berlin. In diesem Jahr haben wir uns selten gesehen, weil wir beide kein Geld hatten, jedesmal die Reise zu bezahlen. Dies bißchen Selbständigkeit ist mir in der Ehe schnell abhanden gekommen. Gernod war der Klügere. So hab ich ihn immer gesehen. Ich kam mir klein, und dumm vor und Gernod hat mir das auch ständig bestätigt. Ich hatte damals auch keinen eigenen Freundes- oder Bekanntenkreis. Unsere Freunde waren Gernods Freunde. Er kannte sie noch vom Gymnasium her. Ich kannte die zwar auch schon lange, aber für mich waren es nie meine Freunde und Bekannten, jedenfalls solange, wie ich mit Gernod zusammen war. Ich dachte, für die zähle ich nur als Gernods Frau; und ich wollte mich beweisen als seine Frau, eine Frau, die zu ihm paßt, die klug und intelligent ist. Was dabei herauskam? Wenn wir Besuch hatten oder mit Freunden auf ein Bier gingen, fühlte ich mich unsicher und gehemmt, hab den Mund kaum aufgekriegt, kam mir vor, wie ein stummer blöder Fisch und hab mich über mich selbst geärgert. Aber manchmal ist es wohl doch in mir losgegangen, da habe ich einfach so ganz spontan was geredet, was mir eben so in einem Gespräch einfiel. Wenn wir dann zu Hause waren, machte mir Gernod große Vorhaltungen, was für einen Unsinn ich da wieder mal von mir gegeben habe. Immer war es so, egal, ob ich mich in meinen Worten und Sätzen wohlüberlegt und kontrolliert verhalten habe oder ob ich manchmal einfach drauflosgeredet habe. Mit der Zeit wurde es immer schlimmer bei mir. Vor lauter Nachdenken darüber, was ich jetzt sagen muß, etwas Wichtiges und Gutes, etwas, das Gernods Freunde begeistert und das auch in Gernods Augen Anerkennung findet, war mein Kopf ganz leer, mir fiel überhaupt nichts mehr ein. Ich hatte nicht nur meine Sprache, ich hatte jeden Gedanken in solchen Augenblicken verloren. Gernod hatte wieder was zu kritisieren, weil ich so schweigend und abwesend dagesessen bin. Bekamen wir Besuch, machte ich mir schon im voraus Gedanken, wie ich jetzt den Kaffee oder den Wein einschenke. Schon allein bei solchen Gedanken fing ich an zu zittern.

Überhaupt, Gernod fand immer etwas zu kritisieren. Er war nie zufrieden mit mir, und in meiner Unsicherheit hab ich wohl auch vieles falsch gemacht. Auch wie ich den Haushalt machte, paßte ihm nicht, da hatte er auch ständig etwas dran auszusetzen. Nie war ihm die Wohnung aufgeräumt genug. Ob man überhaupt eine aufgeräumte Wohnung haben kann mit einem kleinen Kind, danach fragte er sich gar nicht. Ich habe mich immer mehr mit den Augen Gernods gesehen, fand mich dumm, linkisch, glaubte selbst, nicht fähig zu sein, einen Haushalt mit einem kleinen Kind ordentlich zu führen. Eines Tages hab ich gemerkt, ich halt es nicht mehr aus. Ich muß was Eigenes haben, ich muß was Eigenes machen, etwas, das nichts mit Gernod und unserem Kind zu tun hat. Aber die Ehe, die hab ich vorher gewollt. Ich wollte Hausfrau sein, ich wollte für einen Mann leben, ihn liebhaben, und ich wollte ein Kind. Unser Kind war fest von mir geplant. Jonas ist ein Wunschkind von mir. – Warum, ich weiß es nicht so genau. Die Ehe meiner Eltern war schlecht. Mein Vater war ein Trinker. Meine Eltern haben sich immer ganz brutal gestritten. Mein Vater hat meine Mutter sogar manchmal geschlagen. Ich habe immer von einem ganz liebevollen Verhältnis zu einem Mann geträumt, einer Ehe ohne Streitereien. Ich hab mich furchtbar angestrengt, dem Gernod eine liebevolle Frau zu sein. Aber es ist doch alles in die Brüche gegangen.

Dieses Gefühl, versagt zu haben in der Ehe, hat mich lange Zeit verfolgt. Auch jetzt hängt es mir oft noch nach. Vielleicht habe ich deshalb Angst vor einer neuen Beziehung, auch wenn ich seit meiner Trennung von Gernod schon viel selbstbewußter geworden bin und obwohl ich meine Gefühle seit unserer Trennung schon zweimal wieder so fest auf einen Mann konzentriert habe. Ich hab einfach Angst davor, wieder zu versagen, wenn ich mit einem Mann zusammen bin.

Bevor ich aus unserer Wohnung auszog, hab ich einen Brief an meinen Mann geschrieben: Ich brauche etwas Eigenes, sonst werde ich verrückt. Ich muß raus aus all dem Trott. Ich möchte mich von dir trennen und habe nicht den Mut, es dir zu sagen, geschweige denn, es zu tun. – So ähnlich hab ich ihm geschrieben. Den Brief habe ich ihm nie gegeben. Ausgezogen aus der Wohnung bin ich trotzdem irgendwann. Wir hatten ja schon über ein halbes Jahr nicht miteinander geschlafen. Ich mochte nicht mehr, und da hab ich es immer so eingerichtet, lange vor Gernod ins Bett zu gehen. Wenn er kam, habe ich so getan, als wenn ich schlafe. Er wußte, was los war, daß ich nicht mehr mit ihm schlafen wollte, gesagt hat er aber nichts dazu. Ich konnte auch nicht mit ihm darüber reden, hab nur gewartet und gehofft, Gernod fängt an, er wird mich irgendwann einmal zur Rede stellen. Hat er aber nicht.

Ich bin meinem Mann nicht untreu geworden, wie es so schön heißt. Wir waren ja innerlich schon so weit voneinander entfernt, daß dieses Gefühl bei mir nie aufkam, als ich dann mit dem Till zusammen war und auch mit ihm geschlafen habe. Der Till ist ein Freund von Gernod. Er ist auch verheiratet. Seine Frau ist meine Freundin. Ihr gegenüber hatte ich immer ganz fürchterliche Gewissensbisse. Noch dazu hat sie mir immer erzählt, wie schwierig es mit Till ist, wie oft sie streiten und daß es im Bett nicht klappt, und ich hab mit ihr über meine Probleme mit Gernod geredet, wie gern ich ausziehen will, aber nicht den Mut aufbringe, es Gernod zu sagen. Aber so richtig ehrlich konnte ich ja mit ihr nicht sein und zugeben, was da alles noch war was mich so fertig machte.

Till hat mir geholfen, auch äußerlich von meinem Mann loszukommen, auch wenn ich die Entscheidung, aus unserer Wohnung auszuziehen, ganz allein treffen mußte. Till hat mich auch ermutigt, auf die Fachschule für Erzieherinnen zu gehen. Ich war damals ja so unsicher, steckte randvoll mit Minderwertigkeitskomplexen. Mich erschreckte diese Vorstellung zu studieren. Das bringe ich nie, habe ich gedacht. Nichts kannst du richtig, von der Rechtschreibung und dem Rechnen angefangen bis zur Kindererziehung. Meinem Kopf traute ich schon gar nichts zu, und selbst vor einer ganz harmlosen Unterhaltung mit anderen hatte ich auch immer noch Angst. Aber Till hat mir irgendwie Mut gemacht.

Die Zeit mit Till war schön und wichtig für mich. Da bin ich zum ersten Mal so ein bißchen aus mir rausgekommen. Es war aber auch eine Zeit voller Zweifel und innerer Konflikte. Wir haben uns immer heimlich in unserer Wohnung getroffen, solange ich noch nicht ausgezogen war. Jonas habe ich vorher immer zu meiner Mutter gebracht. Manchmal denke ich heute, durch Till habe ich meinen ersten Schritt ins Leben getan. Vorher habe ich ja immer so unter einer Art Schutzherrschaft gelebt, mein Elternhaus, mein Freund, der dann mein Mann wurde. Auch in dem Jahr, als ich von zu Hause

weggezogen war, allein lebte, weil Gernod in Berlin studierte, habe ich höchstens so ein bißchen Leben geschnuppert, so ganz an der langen Leine von Gernod. Ich wußte ja, ich hab einen festen Freund, und in diesem Bewußtsein hab ich auch immer gelebt. Ich wollte es auch nicht anders. Erst mal eine Weile allein zu leben, mich selbst kennenzulernen, ohne irgendwie gebunden oder verpflichtet zu sein, ohne mich ständig nach den Erwartungen anderer zu richten, war mir gar nicht in den Sinn gekommen. Da war immer ein innerer Vormund da, der mir sagte, was ich zu tun und zu lassen hab. Diese innerliche Abhängigkeit von den Eltern, die im Grunde alles gutheißen sollen, was du tust, die habe ich eingetauscht gegen die Abhängigkeit von Gernod. Ich habe mich immer gefragt, was würde Gernod sagen, wäre ihm das recht, wie würde er darüber denken, würde Gernod das gut finden, was ich jetzt mache. Ich brauchte immer jemanden, der ja sagt zu dem, was ich mache, sonst hätte ich nichts anfangen, nichts genießen können, hätte immer so was wie ein schlechtes Gewissen gehabt. So ganz habe ich das bis heute noch nicht überwunden.
Erst als ich diese Beziehung mit Till anfing, da mußte ich zum ersten Mal ganz für mich allein etwas entscheiden, mir selbst die Erlaubnis dazu geben und mir sagen, ja, es ist gut für dich, was du da tust. Ich konnte ja mit niemandem sonst darüber reden, keinen um Erlaubnis fragen. Das war wie ein Erwachen aus dem Dornröschenschlaf für mich, nur ich war nicht rundum glücklich wie Dornröschen. Die Ehe war ziemlich eintönig für mich. Da bin ich den Problemen und Konflikten immer aus dem Weg gegangen. Jetzt kam alles massiv auf mich zu. Ich wußte oft nicht, wie weiter. In meiner Hilflosigkeit hab ich manchmal gedacht, wäre ich doch nie aus dieser Eintönigkeit aufgewacht. Diese Heimlichkeiten vor Gernod und meiner Mutter, die bedrückten mich. Ich habe mir damals so sehr gewünscht, jemanden zu haben, mit dem ich ohne Angst und Scham über alles ganz offen reden kann. In dieser Zeit hab ich angefangen, Tagebuch zu schreiben. Ich hatte oft so ein Gefühl, ich platze oder ich ersticke, wenn ich das nicht loswerden kann, was alles in mir vorgeht, die vielen Gedanken und meine schwankenden Gefühle. Auch mit Till konnte ich ja nicht über alles reden, nicht über solche Sachen, die ihn betrafen.

Till gegenüber war ich oft sehr gehemmt, weil ich mich so unsicher in unserer Beziehung fühlte. Ich habe daran gezweifelt, ob er mich wirklich mag. Deshalb konnte ich mich manchmal gar nicht richtig freuen, wenn ich wußte, er kommt heute. Ich war in dem Glauben, er kommt nur, um sich sexuell zu befriedigen. Mit seiner Frau klappte es ja nicht. Dann habe ich aber auch wieder gedacht, ich tue ihm unrecht, ich kann nur so denken, weil ich so unsicher bin. In meinen Zweifeln hab ich mich auch gefragt, soll ich wieder zu Gernod zurückgehen, mich wieder ganz auf ihn konzentrieren? Ich fühlte aber, ich will nicht wieder mit ihm mein Leben anfangen, auch wenn ich Jonas dadurch den Vater wegnehme. Es wäre eine reine Vernunfthandlung gewesen oder besser eine Angsthandlung. Der Wunsch, mir und meinen Gefühlen zu Till ganz nachzugeben und dann auch aus der Wohnung auszuziehen, mit allen Konsequenzen mich von Gernod zu trennen, machte mir angst. Ich wollte aber auch nicht so weitermachen wie bisher. Diese Verlogenheit und diese vielen kleinen Streitereien mit Gernod, die machten mich ganz kaputt. Gernod übte immer mit dem Kind Druck auf mich aus. Für ihn war ich erpreßbar durch unseren Sohn. Ich wollte mein Leben ändern, hatte aber keine konkreten Vorstellungen wie, und ich hatte niemanden, mit dem ich über mich reden konnte. Diese Angst vor den Konsequenzen, diese Angst, ich komme allein nicht zurecht, hat mich total gelähmt. Da habe ich eben manchmal gedacht, vielleicht kann ich doch zu Gernod zurückfinden, wenn er sich nur etwas bemüht.
Ein Jahr war ich in diesen Zweifeln und in dieser Unsicherheit gefangen. Ich ging damals schon auf die Fachschule. Gernod war nicht begeistert davon. Meinen Sohn hab ich morgens immer zu meiner Mutter gebracht und nachmittags abgeholt, und wenn ich abends mal weg wollte, hab ich ihn wieder zu meiner Mutter gebracht. Auf der Schule habe ich Freunde gefunden, Freunde, die nicht Gernods Freunde waren. Ich konnte es zuerst gar nicht fassen, die mochten mich und fanden gut, was ich zu sagen habe. Auch von Gernods Freunden bekam ich auf einmal die Anerkennung, auf die ich früher immer so sehr gewartet hatte, da erfuhr ich dann, die mochten mich schon immer. Und Besuch kam zu uns ins Haus, der nicht zu Gernod wollte, sondern zu mir. In dieser

Zeit bin ich aufgelebt und so langsam ein anderer Mensch geworden. Ich konnte Gernod dann auch sagen, daß es so mit uns nicht weitergehen kann, daß ich ausziehen werde, sobald ich eine Wohnung habe.
Till hat mir nicht zugeredet aus unserer Wohnung auszuziehen, den Entschluß mußte ich alleine treffen. Als ich dann ausgezogen war, gingen die Zweifel mit Till erst richtig los. Ich wollte mehr von Till, ich wollte ihn nicht mehr mit seiner Frau teilen, wußte aber, er kann und will mir nicht mehr geben. Da hab ich schon gedacht, wie geht es jetzt weiter, ich will nicht Schluß machen mit Till, darf aber auch meine Gefühle für ihn nicht zu stark werden lassen, Wenn ich an seine Frau dachte, kam ich mir egoistisch vor. Aber ich muß egoistisch sein, hab ich mir gesagt, wenn ich vorankommen will. Ohne Till fürchtete ich mich vor der Leere in meinem Leben. Wer würde diese Leere ausfüllen? Ich sah schon diese vielen unausgefüllten Tage vor mir liegen, wenn Till nicht mehr da wäre. Tage, die so monoton dahinschlichen wie in meiner Ehe. Ich wollte diese Monotonie der Ehe nicht gegen die Monotonie des Alleinseins austauschen. Ich dachte, dann versinkst du auch wieder in diese innere Monotonie. Wenn da niemand mehr ist, dann kommt wieder dieser Alltagstrott, in dem du versuchst, deine Gefühle und deine Sehnsucht mit Arbeit kleinzukriegen. Wohnung putzen, einkaufen, kochen, Wäsche waschen, mit Jonas etwas machen, die Schule besuchen, nebenbei noch arbeiten, darauf sollte sich mein Lebensinhalt beschränken. Ich konnte mir nichts anderes vorstellen. Was sollte ich allein mit mir anfangen? Ich sah mich schon in der neuen Wohnung, eine aufgeräumte Wohnung, der Teppich wäre frei von Flusen und Jonas-Krümeln nach dem Essen, keine Wasserflecken und Zahnpastaspritzer wären auf dem Badezimmerspiegel zu sehen, Parfümflasche und Schminktöpfchen ständen staubfrei und harmonisch angeordnet auf dem Regal, das Klo röche hygienisch sauber, alles so wie in meiner Ehe, nur ich wäre mit Jonas allein. Ich fror schon, wenn ich nur an diese Vorstellung dachte. Wozu dann mein Versuch, auszubrechen, von Gernod wegzugehen?
Es ist so schwer, die alten Fehler nicht zu wiederholen. Mit Till war's eigentlich ähnlich wie mit Gernod. Wenn Till da war, hab ich aufgehört an mich zu denken und war ständig darauf bedacht, seine Wünsche zu erraten und zu erfüllen. Ich

wollte dafür seine Bestätigung, die wichtigste Frau in seinem Leben zu sein. Dieses verdammte Gefühl, immer die erste Geige spielen zu müssen, sonst fühlst du dich unscheinbar und nicht gemocht, woher kommt das nur? Um diese Gewißheit zu haben, spielte ich Till vor, er sei der hundertprozentige Mann. Mit Till hatte ich den ersten Orgasmus in meinem Leben. Aber später wurde es schwieriger für mich. Den gemeinsamen Höhepunkt beim Sex, den habe ich ihm oft brav vorgemacht. Ich fühlte mich geschmeichelt, wenn er mit mir auch noch ein zweites Mal konnte, wurde richtig ehrgeizig, auch selbst wenn es mir beim zweiten Mal gar keinen Spaß mehr machte. War Till weg, gingen meine Gedanken mit mir durch. Gelassen in meinem Verhalten, aber innerlich voller Spannung hatte ich ihn verabschiedet. Ich wollte ja nicht eifersüchtig sein, hab immer gedacht, ich muß diese Eifersucht abbauen, muß tolerant sein, ohne das gute Gefühl für Till zu verlieren. Dann habe ich mich wieder gefragt, was ist wirklich los mit dir? Suchst du Abwechslung mit Till? Spielst du dir und ihm was vor, nur um die Abende nicht allein verbringen zu müssen? Bleibst du mit ihm zusammen, weil du anerkannt werden willst von jemandem, der über dir steht? Ich hatte ja noch immer Angst, als dumm zu gelten. – Manchmal, wenn Till da war, kam ich mir hinterher vor wie eine dumme Dirne. Ich wollte nicht mit ihm schlafen. Ich wollte wohl nur die Gewißheit, da ist jemand, der mich liebhat, der mich akzeptiert. Einfach nur liebhaben, streicheln und küssen, danach habe ich mich gesehnt und vielleicht, daß dann auch andere Bedürfnisse in mir geweckt werden.
Wenn ich wußte, Till kommt, bin ich vorher schnell in die Badewanne gesprungen, hab dabei eifrig hin und her überlegt, welche Hosen, welche Bluse dazu oder welches Kleid ich anziehen werde, damit ich ihm gefalle. Bei jeder Verabredung mußte es eine neue Zusammenstellung der Kleidung sein. Wie blöde, über meine Kleider wollte ich auf ihn wirken, und ich fühlte mich auch noch sicherer, wenn ich vorher gebadet und mich sorgfältig angezogen hatte. Ich wäre total verunsichert, in mir selbst zusammengekrochen, hätte Till mich mal ohne dieses Rüstzeug erwischt. Vielleicht, wenn er einfach mal so gekommen wäre, ohne Verabredung, ohne sich vorher anzumelden übers Telefon. Ich hatte nicht den Mut, mich so zu geben oder so zu sein, wie ich bin. Nicht auszudenken,

damals, die Vorstellung, ich wäre gerade von meinem Kassen-Job von C & A heimgekommen, verknitterter Rock, verknitterte Bluse, womöglich etwas nach Schweiß riechend, mein Gesicht, die Nase glänzend und etwas fettig, und Till hätte in der Tür gestanden und auf mich gewartet. Und doch hab ich mir ganz heimlich gewünscht, der Till soll mich auch mögen, wenn ich nach Schweiß rieche, mein Gesicht glänzend und fettig ist. Einmal hab ich es mit Till erlebt, da konnte ich ihm ganz nackt gegenübersitzen und fühlte mich frei und gelöst dabei. Ich schämte mich nicht für meinen Körper, hab mir keine Gedanken darüber gemacht, ob er schön genug ist, angesehen zu werden.
Meistens stand ich unter Strom, wenn Till da war. Ich hatte dann so kribbelige Schmetterlinge im Magen. Dachte, es könnte jemand kommen und ich werde dabei ertappt, wie ich etwas Verbotenes mache. Mein Verhältnis zu Till kam mir verwerflich vor. Jonas lag meistens schon im Bett und schlief, wenn Till kam. Und Till ist nachts wieder gegangen. Nicht wegen Jonas und weil ich es wollte, sondern weil seine Frau auf ihn wartete. Um Jonas habe ich mir damals nicht so viele Gedanken gemacht. Wenn Till da war spät am Abend, nachts, da war ich keine Mutter. Aber tagsüber, da bestimmte Jonas schon mein Leben.
Ich war nur mit meinen Problemen beschäftigt, mit mir selbst, vielleicht zum ersten Mal in meinem Leben. Zwischendurch bekam ich deswegen Gewissensbisse. In mein Tagebuch habe ich fast nichts über Jonas geschrieben, da dreht sich alles nur um mich und meine Probleme. Nur einmal, wenn ich mich jetzt richtig erinnere, hab ich da was über Jonas geschrieben. Da habe ich etwas über meine Angst geschrieben, ich könnte meine Ohnmachtsgefühle auf Jonas übertragen. Das war die Zeit, in der wir noch mit Gernod zusammenwohnten. – Denkst du jetzt, ich bin zu egoistisch?
Ich war immer ganz unruhig, wenn Till kam und Jonas noch wach war. Kennst du dieses Gefühl, da ist jemand da, mit dem möchtest du gerne reden und alleine sein? Du fühlst dich gestört durch dein Kind und wünschst, es dir weit weg. Da sitzt der Mann bei dir im Zimmer, den du gerne magst, du möchtest zu ihm gehen, ihn anfassen und streicheln und ganz fest umarmen, du kannst es aber nicht, hast einfach Hemmungen, weil dein Kind bei dir ist. Du fühlst dich beobachtet und

denkst, wie wird dein Kind es aufnehmen, wenn du einen fremden Mann umarmst, einen Mann, der nicht sein Vater ist. Damals lebte ich auch ständig noch in der Sorge, Jonas könnte seinem Vater was über Till erzählen. Till und Gernod waren schließlich immer noch befreundet. Aber komisch, Jonas scheint seinem Vater nie etwas über Till erzählt zu haben. Ich glaube, Kinder sind viel sensibler, als wir es uns vorstellen können. Habe ich Jonas damit eine zu große seelische Belastung aufgebürdet? Diese Frage habe ich mir oft gestellt. Ich weiß ja nicht, wie so kleine Kinder denken und fühlen, wieviel Jonas wohl verdrängen mußte, um nicht über Till zu reden vor seinem Vater. Wie wird Jonas damit fertig, beschäftigt es ihn, wenn Till zu mir kommt, oder ist es für ihn gar nicht so wichtig, darüber habe ich mir damals schon viele Gedanken gemacht.
Inzwischen bin ich da auch anders. Heute umarme ich schon einen Mann und küsse ihn, auch wenn Jonas dabei ist. Ich will diese Heimlichkeiten nicht mehr. Ist doch besser so. Jetzt hänge ich in mehreren Beziehungen drin. Aber ein Mann, also der Markus, der ist mir am liebsten. Ich glaub, in den bin ich richtig verliebt. Markus kann auch ganz gut mit Jonas. Er drängt sich nie auf. Er wartet, bis Jonas auf ihn zugeht. Ich habe auch keine Bedenken mehr, Jonas erzählt seinem Vater, was ich so mache. Ich weiß, Gernod fragt ihn immer danach. Soll Jonas doch ruhig erzählen, denke ich jetzt. Ich bin doch frei. Nur wenn ich bei Markus übernachte, nehme ich Jonas noch nicht mit. Ich will warten, bis ich weiß, wie es mit Markus wird. Aber ich plane wohl schon wieder zuviel. Ich möchte Gewißheit haben, wie es mit Markus wird. Doch dann sage ich mir auch wieder, warum kannst du nicht einfach so sorglos in den Tag reinleben, ruhig abwarten, wie es wird mit Markus und dir. Ich versuche immer schon alles in Gedanken vorwegzunehmen, das ist nicht gut. – Letzten Sonntag, da hatten wir einen schönen Tag, da war alles im hellen Sonnenschein. Wir haben uns mit Jonas eine Burg angesehen. Später habe ich mit Markus im Burghof auf einer Bank gesessen. Markus hatte mich so zwischen seine Beine genommen, und wir haben ganz lange miteinander geschmust. Jonas war im Burghof auf Entdeckungsreise und quatschte auch schon mal die anderen Leute an. Ich hab mir gar nichts daraus gemacht, hab nicht gedacht, was werden die

Leute denken, über so eine Mutter, die mit ihrem Freund rumschmust und nicht auf ihr Kind aufpaßt. Jonas ging es gut und mir auch. Irgendwann kam Jonas wieder und sagte zu Markus: Du, laß jetzt mal meine Mutti ein bißchen los, ich will mit ihr ein Eis kaufen. Du kannst sie ja nachher gleich wiederhaben. Ich fand das so lieb von Jonas. Für eine Weile hat Jonas sich dann zwischen uns gesetzt, und Markus hat seinen Arm um uns beide gelegt. – Dieser Sonntag war ein schöner Tag, aber es gibt auch andere Tage.
Weißt du, was ich mir ganz sehnlich wünsche? Ich möchte mal ein ganzes Wochenende von Freitagabend bis Montagmorgen mit Markus zusammen verbringen, ohne Jonas, ohne Planung und ohne diese stressigenGedanken, wie organisiere ich den nächsten Tag mit meiner Arbeit und mit Jonas so, daß ich auch noch etwas von diesem Tag habe. So ein ganz entspanntes Wochenende mit Markus, ohne diesen ständigen Druck im Nacken, möchte ich mal erleben. Ich denke auch, so ein Wochenende wäre ganz gut, damit Markus und ich uns besser kennenlernen. Vielleicht klappt es ja in zwei Wochen. Meine Abteilungsleiterin bei C & A hat meinen Kassendienst so eingeteilt, daß ich an einem Samstag frei habe. Dafür muß ich jetzt ein paar Überstunden machen, und ich muß noch sehen, ob meine Mutter den Jonas ein ganzes Wochenende nehmen kann. Wenn Markus dann auch noch Zeit hat, du das wäre gar nicht auszudenken, so schön wäre das. Ich brauch einfach immer etwas, worauf ich mich freuen kann.
Weißt du, als ich noch mit Gernod zusammengewohnt habe, da kam ich mir manchmal vor wie eine Raupe, die gern ein Schmetterling werden möchte, aber Angst vorm Fliegen hat. In meiner Ängstlichkeit war ich ja auch nie ehrlich, nicht zu mir, nicht zu Gernod und auch nicht zu den Männern, die nach Gernod kamen. Ehrlich sein, endlich einmal ehrlich, auch zu mir selbst, das hab ich mir immer gewünscht, aber das ist so schwer. Nur, wenn du nicht ehrlich mit dir selbst bist, wie kannst du dann ehrlich zu andern sein? Es ist so schwer, die alten Fehler nicht zu wiederholen. Auch jetzt noch falle ich manchmal in meine alten Fehler zurück. Mit Till, da hab ich ja von Anfang an alles falsch gemacht. Ich wollte weg von meinem Mann, frei sein... ich hatte einen Traum vom Fliegen. Ich bin von ihm weg, weil ich was Eigenes brauchte. Ich wollte mich selbst finden und hab wieder einen Mann

gefunden. Dann habe ich es aber doch irgendwann fertiggebracht, mich von Till zu trennen. Vielleicht haben meine Eifersucht und mein schlechtes Gewissen Tills Frau gegenüber etwas nachgeholfen – und wenn schon, diesmal waren Eifersucht und schlechtes Gewissen nützlich.
Ich möchte wieder einen Freund haben, so ganz für mich, ganz nah. Aber gleichzeitig hab ich auch Angst, ich könnte mich wieder ganz einem Mann ausliefern, mich selbst verlieren. Auch bei Markus denke ich so. Gerade weil ich so tief für ihn empfinde, ein Gefühl für ihn hab, das nicht nur unter die Haut geht, sondern bis ins Herz, hab ich Angst, wieder ins alte Fahrwasser zu geraten. Wenn ich Markus sehe, denk ich manchmal, ich nehm dem Mann ja die Luft zum Atmen, erdrücke ihn mit meinen Wünschen und mit meiner Sehnsucht. Ich merke, wie ich mich wieder gekränkt und zurückgesetzt fühle, wenn Markus etwas für sich tun will oder ihn Gedanken beschäftigen, von denen ich nichts weiß. Nichts wünsche ich mir dann sehnlicher, als diese Gedanken zu erfahren. Wenn ich mir vorstelle, es gibt noch andere Frauen für Markus, bin ich schrecklich verunsichert. Meine eifersüchtigen Gedanken drohen, mich zu verschlingen. – Wer bin ich denn schon? Wer kann mich schon mögen? Ich kann mir nicht vorstellen, geliebt und anerkannt zu werden. Ich weiß, diese Phantasien kommen aus meiner eigenen Unsicherheit. Ich bin noch nicht in mir selbst so fest, wie ich es manchmal glaube, bloß weil ich die richtigen Einsichten habe. Ich hab Angst vor neuen Enttäuschungen. Auch wenn ich mich von Till getrennt habe, diese Trennung hat mir sehr weh getan. Ich will nicht wieder einen Mann so nah an mich heranlassen, daß er mir so weh tun kann. Dann schon lieber etwas oberflächlicher fühlen, denke ich manchmal. Aber kann ich dann auch richtig glücklich sein? Richtig zu leben ist schwer, wie ein Balanceakt auf dem Hochseil. Ich möchte mir Fangnetze spannen. Meine Beziehung zu Kai ist so ein Fangnetz für mich. Mit ihm kann ich über alles reden, und manchmal schlafen wir auch zusammen. Er weiß von Markus, und es macht ihm nichts aus. Ich glaube nicht, daß ich ihn benutze oder er sich von mir benutzt fühlt. Kai hat selbst eine Freundin. Ab und zu schlafe ich auch mal mit anderen Männern, die mir gar nicht wichtig sind. Jetzt ist das ja noch einfach für mich, weil Jonas noch so klein ist. Ich lasse ihn

nichts davon merken. Und ich brauche ab und zu den Beweis, die Männer mögen mich, finden mich sexuell anziehend. Ist ja auch schön, das zu spüren, nur glücklich kann ich damit nicht werden.
Diese Distanz, die Markus immer wieder zwischen sich und mir zu schaffen versucht, kränkt mich oft. Aber dann denke ich auch wieder, ich muß ihm dankbar dafür sein. Er gibt mir ganz deutlich zu verstehen, es gibt noch ganz viele andere Dinge in seinem Leben, die ihm wichtig sind, auch andere Frauen. Wäre es anders und Markus würde sich ganz auf mich einlassen, ich glaube, ich würde mein Leben nach seinem Leben einrichten. Aber ich muß erst lernen, alleine mit mir zurechtzukommen, ehe ich wieder so ganz nah mit einem Mann zusammen sein kann. Ich merke jetzt schneller, was mit mir los ist, seitdem ich dieses Tagebuch schreibe. Mein Tagebuch hat mir geholfen, eine innere Beziehung zu mir zu finden, mich erst einmal selbst zu erfahren. Auch wenn ich meine Einsichten noch nicht immer leben kann, ist das gut so.

»Hinfallen und allein wieder aufstehen«

Wera, 45 Jahre, Büroangestellte, eine Tochter, 15 Jahre, ein Sohn, 11 Jahre

Hinfallen und allein wieder aufstehen, das ist mein Leben. Ich bin es zeit meines Lebens gewohnt, alleinzustehen, schon in meiner Kindheit. Meine Mutter war krank, und deshalb mußte ich schon ganz früh lernen, selbständig zu sein. Ich warte nicht auf einen männlichen Beschützer, der mir weiterhilft im Leben. Nur mal auftanken zwischendurch, das möchte ich schon ... gerade in einer solchen Situation wie damals, als die Geschichte mit Harald zu Ende ging, als mal wieder eine Hoffnung in mir gestorben ist.

Die Männer waren immer schwächer als ich. Vielleicht bin ich auch so stark, weil ich den ganzen Mist allein mach. Beruf, Haushalt, zwei Kinder. Die Männer, die machen auf stark, weil es die Tradition dieser Gesellschaft verlangt. Bei näherem Hinsehen sind sie arm, klein und schwach. Und unsereiner steht da und muß durchkommen. Ich hätte auch gern mal jemand, der mich beschützt. Die Sehnsucht, beschützt zu werden, ist groß. Aber ich hab halt diese Verhaltensweise drauf: Frau, die allein durchkommt, das ist eingeschliffen, sitzt so tief, daß ich die andere Seite von mir, die Zärtlichkeit und Fürsorge will, nur schwer zeigen kann, und dabei bin ich wirklich manchmal hilflos, weiß nicht mehr weiter und bräuchte Hilfe. Aber ich laß es mir wohl nicht anmerken.

Es gibt ja auch Männer, die gern eine Frau beschützen wollen. Einem solchen Mann möchte ich mal begegnen. Aber er darf mich nicht allzu lange warten lassen. Ich hab Angst vor Frustrationen. Mich hinzustellen und zu bitten und dann zurückgewiesen zu werden, davor hab ich große Angst. Das tu ich nicht. Das ist schlimmer, als wenn ich etwas gleich allein mach. Ich habe Angst, mich fallenzulassen und dann liegengelassen zu werden, weil ich nachher allein wieder aufstehen und noch zwei Kinder mitziehen muß. Diese Angst vorm Hinfallen ist größer als bei einer Frau, die einen Mann hat. Ich rechne von vornherein damit, daß ich allein wieder aufstehen muß. Ich versuche lange, ganz vorsichtig gegenüber Männern zu sein. Aber bei mir fliegen auch schnell die

Bremsen raus. Ich kann mich ganz schnell in einen verlieben. Nur, wenn ich mich verliebt hab, war's offensichtlich immer der Falsche.
Vielleicht lerne ich nur solche Männer kennen, die mir etwas vorgaukeln, was ich gerne hätte, die aber nur zu ihrem Ziel kommen wollen, in mein Bett. Harald wollte das nicht. Schon deshalb bin ich gleich auf ihn abgefahren. Aber da war noch etwas, die Art wie er von seinem Sohn erzählte, die fand ich toll, die hat mich berührt.
Einen wirklich verantwortungsbewußten, zuverlässigen Partner, der auch mal für mich einspringt, der zu mir hält, den hab ich in den zehn Jahren, die ich jetzt mit meinen Kindern allein lebe, noch nicht gefunden. Diese Gewißheit, daß ich mich einfach mal fallenlassen kann, die vermisse ich sehr. Einfach nur zu denken, ich darf mal krank sein, einen Tag krank sein ... Mensch, ich darf mal krank sein, da ist jemand – diese Gewißheit kenne ich nicht. Es ist niemand da, der für mich einspringt, ich darf nicht krank sein.
Meine Männerbekanntschaften versuche ich von den Kindern fernzuhalten, weil ich einfach selber Hemmungen hab. Ich will meinen Kindern nicht ständig einen neuen Freund von mir präsentieren. In unsere Familie bricht so leicht keiner ein. Für die Kinder wäre das ja auch nicht so einfach. Da hab ich Verantwortung als Mutter den Kindern gegenüber.
Meine Tochter, die Christiane, hat einen sehr moralischen Standpunkt: Eine Frau darf nur mit einem Mann schlafen, mit dem Mann, mit dem sie verheiratet ist. Von mir hat sie diesen Standpunkt nicht. Jedenfalls erzählt hab ich ihr das nie so. Sie würde aber entsprechend reagieren, wenn ich die Männer, die ich kennenlerne, mit nach Haus bringen würde. Christiane, die kann ihren Moralischen ein paarmal am Tag kriegen. Sie teilt alles in Gut und Böse ein, die guten Indianer und die schlechten Weißen. Sie liest sehr viel, über Umweltschutz, die Verseuchung der Flüsse, und jetzt hat sie auch Karl May entdeckt. Ich hab früher auch sehr viel Karl May gelesen.
Wenn ich mit der Christiane im Garten Tischtennis spiele und der Ball kommt von mir bei der Angabe an's Netz, dann schreit sie gleich los, das muß noch mal gemacht werden. Ich denk mir gar nichts dabei, will nur Tischtennis spielen, mich entspannen und über das schöne Wetter freuen. Aber bei ihr geht's gleich los. Für sie ist das eine weltbewegende Entschei-

dung, wie ich den Ball anspiele. Das ist die Natur meiner Tochter. Die Christiane ist dominant, ich bin es auch. Ich muß es ja auch sein. Ich muß ja den ganzen Kram schmeißen. Der Utz, der jünger ist als Christiane, der steht dazwischen und macht auf arm, klein und doof. Er will nicht selbständig werden, und Christiane bestärkt ihn in seinem Verhalten.
Christiane ist gerade fünfzehn geworden. Das ist eine schwierige Zeit. In der Schule isoliert sie sich. Die anderen Mädchen und Jungen poussieren miteinander rum, aber sie will damit nichts zu tun haben. Der Utz ist da lockerer, nicht nur weil er jünger ist. Er ist einfach kontaktfreudiger und auch toleranter. Als Utz noch ganz klein war, vielleicht grad fünf Jahre alt, da kam er mal morgens ins Klo, und da stand gerade ein Mann und pinkelte, den hatte er noch nie gesehen. Der Utz, der hat den Mann bloß angeguckt und gefragt: »Wer bist du denn?«
Alle vierzehn Tage habe ich ein kinderfreies Wochenende, da kann ich tun, was ich will. Der Ernst, mein früherer Mann, nimmt dann die Kinder. Wenn ich mich mit einem Freund treffe, fühle ich mich viel freier, wenn ich die Kinder nicht im Hintergrund hab. Die vergleichen dann womöglich die Männer und sagen, der ist blöd, und jener ist ganz nett, aber der sieht aus wie ein Frosch, der hat ja ne Glatze. Die supertollen Männer findet eine Frau mit Kindern sowieso nicht mehr. Diesen und jenen Abstrich an eigene Ansprüche macht man da schon selber. Die Kinder urteilen oft noch härter. Auch deshalb halt ich, wenn's irgendwie geht, meine Männerbekanntschaften von den Kindern fern.
Wenn sie's mal mitgekriegt haben, stand ich immer furchtbar unter Leistungsdruck. Bei Harald hab ich gedacht, wenn das nun schon eine Beziehung ist, dann können wir nicht immer ohne die Kinder zusammen sein. Wir müssen uns alle kennenlernen. Wir haben ja ohnehin schon wegen der Kinder nicht viel Zeit füreinander. Und wenn wir uns alle kennen, ist das viel leichter zu organisieren, daß wir uns mal treffen. So hab ich gedacht. – War aber nichts. Jedenfalls wollte ich, daß Christiane und Utz Harald und seinen Sohn erst mal ganz locker kennenlernen. Ich hatte also vorgeschlagen, wir gehen alle zusammen ins Schwimmbad.
Christiane hat bei meinem Vorschlag gleich furchtbar Krach geschlagen: Dieser blöde Harald, der will ja gar nichts von

uns, der will ja bloß dich. Sie hatte ihn bis dahin nur einmal ganz kurz gesehen. Das war am Anfang meiner Bekanntschaft mit Harald. Christiane hat das ganze Unternehmen blockiert. Ich hab versucht, Utz von ihr fernzuhalten, damit er nicht von ihr bearbeitet werden kann. Als er nach Hause kam, hab ich ihn gleich an der Tür abgefangen und ihn gefragt, ob er mit uns ins Schwimmbad geht. Wie gesagt, Utz ist kontaktfreudig, der ging mit. Aber mit dem Treffen im Schwimmbad, das war ein Reinfall. Eine anstrengende Staatsaktion, bei der doch nichts herauskam. Wir vier kriegten überhaupt keinen Kontakt zueinander. Ich konnte weder mit Harald noch mit seinem Sohn reden. Harald befaßte sich dauernd mit seinem Sohn, und Utz ist ständig abgehauen.
Hinterher hat Utz zu mir gesagt, der Norbert ist ein Papa-Kind. Das stimmt wohl auch. Vater und Sohn waren unheimlich aufeinander eingespielt. Norbert blieb immer an der Seite seines vertrauten Spielgefährten, bei seinem Vater. Und der Utz wußte nicht, was er tun sollte. Er kam nicht dazwischen. Nach diesem gescheiterten Versuch hab ich das nicht ein zweites Mal probiert. Utz hat dann auch geblockt. Vielleicht unter dem Einfluß von Christiane, das weiß ich nicht.Er hat es danach immer strikt abgelehnt, mit uns spazierenzugehen. Da war nichts mehr zu machen.
Die Kinder miteinander zu verkuppeln ist ganz schwierig. Und die Kinder, wenn sie schon älter sind, mit den Erwachsenen zusammenzubringen, ist auch nicht einfach. Die gukken dann ganz ängstlich, ist das einer, der ihnen was sagt, der nur der Mutter das Kreuz stärkt und sich noch dazu als Vater aufspielen will?
Meine Kinder wollen nicht, daß ich wieder einen Mann habe, und schon gar nicht, daß ich mich wieder verheirate. Ich hab sie mal gefragt. Das ist schon lange her. Ich hab gesagt, Kinder ich hätt ganz gern wieder jemanden, der bei mir ist. Ich möcht nicht mehr allein sein. Ich weiß nicht, ob ich es durchhalte, immer mit allem allein fertig werden zu müssen. Da hab ich den Kindern auch mal meine Gefühle gezeigt. Aber sie wollten nicht. Ein Mann im Haus, der wär ja dann wie ein Vater, haben sie gesagt. Am liebsten wollten sie, daß alles so bleibt wie bisher.
Ich kann die Kinder verstehen.Für sie ist es ja auch nicht leicht, sich wieder auf einen anderen Menschen einzustellen.

Und wer weiß denn, ob der bleibt, wenn sie sich an ihn gewöhnt haben. Und sie wissen wohl, daß sie mit der Mutter allein leichter fertig werden, als wenn da noch ein Mann bei ihr ist, der die Kinder miterzieht, nach dessen Gewohnheiten und Launen sie sich auch noch richten müssen. Davor haben sie Angst, das ist verständlich. Im Grunde hab ich mich immer nach den Kindern gerichtet und die Männer nicht in unsere Familie gelassen. Meine Freunde vor den Kindern geheimzuhalten ist leichter für mich, als die Kinder und den Freund zusammenzubringen. Ich stehe dann nicht unter dem Druck, meine Kinder müssen sich auch mit dem Mann verstehen. Was ich dafür in Kauf nehmen muß, ist, daß ich den Mann halt nur sehr selten sehen kann. Spontan mich mit einem Freund zu treffen, wenn ich gerade Lust hab, ist unmöglich. Wenn ich nicht gerade mein kinderfreies Wochenende habe, muß ich jedesmal erst wie ein Manager die unterschiedlichsten Termininteressen auf eine Reihe bringen. Nur, der Manager hat eine Sekretärin, die das für ihn erledigt, während bei mir noch ein Hindernis hinzukommt: Ich muß die betroffenen und eingeplanten Personen an ganz verschiedenen Orten zusammenbringen, was gar nicht so leicht ist. Ich versuche, meine Freundin anzurufen oder meinen Exmann, und frage, ob sie Zeit für die Kinder haben, weil ich was Wichtiges vorhabe. Meinem Exmann muß ich womöglich noch ein Märchen erzählen.

Was die Männer betrifft, die ich nach meiner Ehe kennengelernt habe, die wollten auch nicht gerne vor den Kindern als Liebhaber dastehen. Und ich habe auch eine große Scheu davor, mich im Beisein der Kinder von einem Mann küssen zu lassen. Mir macht das dann einfach keinen Spaß. Das hängt wahrscheinlich auch mit meiner blödsinnigen Erziehung zusammen, die war geradezu klösterlich. Selbst als erwachsene Frau kann ich die nicht abstreifen wie eine überflüssig gewordene Schlangenhaut, auch wenn ich weiß, wie lebensfremd diese Erziehung war. Die sitzt tief im Gefühl.

Was das für meine Kinder bedeutet, wenn ich so weiterlebe, darüber habe ich schon oft nachgedacht. Die wachsen ja in einem völlig asexuellen Klima auf. Mutter ist ein Neutrum, eine Mutter hat keine sexuellen Gefühle, dieses alte Bild von der Mutter gebe ich wohl durch mein Leben an meine Kinder weiter. Sexuelle Aufklärung mit Worten nutzt dagegen wenig. Wie sollen die Kinder Liebe lernen, lernen, zu ihren sexuellen Gefühlen zu stehen? Und wo, wenn nicht auch zu Hause, sollen die Kinder ihren Erfahrungshunger, zu erleben, was Sexualität ist, befriedigen? Auf der Straße? – Vielleicht sagt die Christiane deshalb heute, eine Frau schläft nur mit einem, mit dem Mann, mit dem sie verheiratet ist. Sie hat mich nur mit ihrem Vater im Bett liegen sehen, da war sie noch ganz klein und ist morgens immer in unser Bett gekommen, und dann haben wir alle miteinander geschmust. Das hat sie nie wieder erlebt, auch nicht in der Zeit, als ein Freund mal einige Monate bei uns lebte. Aber das ist schon ganz lange her. Manchmal glaube ich, daß da meinen Kindern wirklich etwas fehlt.

Ja, mir fehlt eigentlich auch etwas. Meine sexuellen Bedürfnisse verkneife ich mir immer so lange, bis die Kinder mal aus dem Haus sind, oder manchmal hab ich es eben so eingerichtet, daß ich mich mit den Männern in ihrer Wohnung getroffen hab. Einmal ist mir dabei etwas passiert. Da bin ich zu einem Mann und hab bei ihm geschlafen. Mitten in der Nacht bin ich dann heimgefahren und hatte ein entsetzlich schlechtes Gewissen. Als ich vor dem Haus parke, steht da prompt ein Nachbar am Fenster, und als ich nach den Kindern sehe, da ist der Utz nicht da. Der hockte im Klo, ganz jämmerlich, und hatte Durchfall. Ich hatte das Gefühl, jetzt hab ich meine Strafe gekriegt: Was für eine schlechte Mutter ich bin, die nachts fortgeht zu fremden Männern. Das ist mir aber nur einmal passiert.

Ich hab mich damit abgefunden und darauf eingerichtet, daß ich mit meinem Sex haushalten muß. Dieses Schuld- und Verantwortungsgefühl den Kindern gegenüber ist so stark, daß ich mich grundsätzlich nicht verabrede, wenn ich weiß, die Kinder sind daheim. Auch jetzt, wo meine beiden schon älter sind, warte ich immer erst ab, was sie vorhaben. Vielleicht bleiben mir dann mal ein paar freie Abendstunden oder zwei drei Stunden nachmittags an einem Wochenende. Aber was habe ich von diesen Stunden? Ich fühle mich plötzlich ganz leer und bin unfähig, etwas mit mir anzufangen, wenn die Kinder nicht da sind. Und wie soll ich so auf die Schnelle noch mit jemandem eine Verabredung treffen – egal, ob das nun ein Freund oder eine Freundin ist?

Am letzten Wochenende hatte ich mich so sehr darauf

gefreut, mit den Kindern zu frühstücken und dabei zu erzählen, so ganz in Ruhe. Sie hatten aber schon gleich am Morgen etwas vor. Als sie weg waren, kam ich mir ganz blöd, allein und verlassen vor. Trotzdem, wenn die Kinder nicht bei ihrem Vater sind, hab ich einfach nicht die Traute, mir für die Wochenenden etwas vorzunehmen. Ich denke, gerade am Wochenende muß ich für sie da sein, für alle ihre kleinen und großen, wichtigen und unwichtigen Bedürfnisse, weil ich durch meinen Beruf sonst so wenig Zeit für sie habe. Wenigstens am Wochenende sollen die Kinder wissen, daß ich für sie da bin, auch wenn sie selbst nicht da sind und sich etwas vorgenommen haben. Aber welcher Mann versteht das schon? Und welcher Mann wartet so sehnsüchtig auf mich, daß er es hinnimmt, jederzeit auf Abruf bereit zu sein für mich, wenn ich gerade für ein paar kurze Stunden Zeit habe? Nur wenige Männer verstehen, wie Mütter denken und fühlen. Nur wenige Männer verstehen etwas von Kindern. Sie nehmen die Kinder der Frau gar nicht als eigenständige Persönlichkeiten, um die sie sich auch bemühen, die ihnen selbst etwas geben können, wahr. Die Männer, die ich kenne, haben sich immer nur um meine Kinder bemüht, weil sie ein Interesse an mir hatten. Vielleicht hatte meine Tochter ganz recht mit ihrem Gefühl, als sie sagte, der Harald, der interessiert sich ja gar nicht für mich, der will ja nur dich. Und die wenigen Männer, die ich kennengelernt hab, die selbst Kinder hatten, die suchten so schnell wie möglich eine Frau, die ihnen die eigenen Kinder abnahm. Der Lothar war so einer. Als er merkte, daß ich ihm nicht nur seine Probleme abnehme, sondern daß auch neue Probleme mit mir und meinen Kindern auf ihn zukommen, da hat er ganz schnell die Kurve gekratzt. Jetzt hat er eine Freundin, die ist zwanzig Jahre jünger als er, und Kinder hat diese Frau natürlich auch noch nicht, die schmeißt ihm jetzt, wenn sie von der Arbeit kommt, den Haushalt. Damals, als es aus war zwischen Lothar und mir – das ist nun auch schon wieder einige Jahre her –, da wußte ich nicht, ob ich auf diese Frau nun eifersüchtig sein oder ob ich sie bedauern sollte.
Ein Freund hat doch mal bei mir gewohnt, wenn auch nur für einige Monate. Das war im zweiten Jahr nach meiner Scheidung von Ernst. Der Mann war wesentlich jünger als ich. Klaus hatte die etwas kritische Christiane auf seiner Seite.

Aber der Utz, der hat auf den Klaus ziemlich agressiv reagiert, und der Klaus auch auf ihn. Utz war damals so ein richtiges Nestkind, er war in dieser Zeit auch oft sehr krank. Ich hab mich sehr viel um Utz gekümmert, und da war einfach einer auf den anderen eifersüchtig. Und der Klaus, der war in dieser Zeit eigentlich mein drittes Kind. Ich hab's nervlich nicht geschafft, mit drei Kindern umzugehen. Ich war fix und fertig. Klaus wollte ununterbrochen Zuwendung. Wenn ich von der Arbeit nach Hause und zur Tür reingekommen bin, dann war er auch schon da und meine Kinder waren da. Alle wollten etwas von mir, während ich nur einen Augenblick Ruhe wollte. Ich hab dem Klaus irgendwann gesagt, er müsse gehen. Er wollte nicht gehen, hat versucht, über die Christiane bei mir dranzubleiben. Christiane ist wahnsinnig tierlieb. Klaus hat ihr einen Hamster geschenkt mit der Bemerkung: »Dann ist wenigstens einer da, der sich freut, wenn ich wiederkomme.«

Christiane hing an Klaus. Das war damals die Zeit, als Christiane noch ihren Vater vermißte, sich überhaupt an jeden Mann gleich dranhängen mußte. Da war sie so sechs, sieben Jahre alt. Christiane hat mir das sehr verübelt, daß ich mich von diesem Mann getrennt hab. Ich war wieder für sie die böse Mutter, die immer die Männer hinausschmeißt. Ich hab mich ja auch von ihrem Vater getrennt.

Nachdem Klaus ausgezogen war, hatte ich noch lange mit ihm Kontakt. Aber Christiane war dann auf einmal nicht mehr so an ihm interessiert. Ein paar Monate hat Klaus nur bei mir gewohnt, aber das war nervenaufreibend für mich, auch schon, weil die Wohnung viel zu klein für uns war. Das mußt du dir vorstellen, vier Personen in einer kleinen Zweizimmerwohnung.

Klaus war im Grunde ein Mann, der nach einer Mutter suchte. Ich war wohl für ihn eine Mutter. Ich wirke offensichtlich auf solche muttersüchtigen Männer, die am liebsten noch morgens ihre Milch ans Bett haben möchten, das ist mein Schicksal. Der Klaus, der wußte nie so richtig was er wollte, ich sollte ihm das immer sagen. Ich habe viele Männer kennengelernt, die Klaus ähnlich waren, die in mir eine Mutter suchten. Aber ich hab diese Männer auch immer wieder losgekriegt. Ich hab mich immer rechtzeitig wieder besonnen und bin da rausgekommen. Und nachher, wenn der

erste Abschiedsschmerz in mir verklungen war, war ich auch ganz froh darüber.
Das ist mein Dilemma. Ich bin wohl ein Muttertyp. Die Männer, die mich mögen, suchen in mir die Mutter. Aber ich will keine Mutter für den Mann sein. Da habe ich mit meinen Kindern wirklich genug zu tun. Andererseits entspreche ich auch nicht dem Bild, das sich Männer gern von den Frauen erhalten möchten, um dadurch selbst Bedeutung zu erlangen: Die Frau ist hilfs- und schutzbedürftig, sie kann ohne den Mann nicht leben. Wie soll ich diesem Bild auch entsprechen? Ich muß doch wirklich im Alltag allein durchkommen, mit den Kindern. Frauen, die das schaffen, scheinen vielen Männern suspekt zu sein.
Ich war neulich mal mit einer Freundin in der Abendakademie, da sollten wir irgendwelche Fragen beantworten, irgend so was Psychologisches. Da hat der Typ doch zu uns gesagt, wir würden reagieren wie Männer, der schien ganz entsetzt. Es gibt natürlich Leute, die sagen, weil du eine Frau bist und allein bist und zwei Kinder hast, da darfst du dich am besten überhaupt nicht mucksen, nur nicht den Mund aufmachen, verstell dich am besten, sei lieb, hilflos und etwas dusselig. Du darfst nicht zeigen, wenn du wütend bist, sondern sollst alles einfach nur schlucken. Aber ich kann das nicht. Ich muß meine Wut auch loswerden können. Aber Wut loswerden ist die eine Seite, die Gegenreaktion der anderen einstecken ist die andere Seite. Das verkrafte ich schlecht, da bin ich ein bißchen wie die Bayern, die draufhauen, aber selber nichts einstecken können. Aber das ist wohl immer noch besser, als ständig zu schlucken. Ich versteh allerdings auch die vielen Frauen in meiner Situation, die überhaupt keinen Mucks machen, die praktisch nur hier und da mal aus ihrem Loch rausgucken und sagen, entschuldige, daß ich da bin. Ich kenn ganz viele alleinstehende Frauen, die so sind, die Kinder haben wie ich, die sich die größten Unverschämtheiten gefallen lassen. Das sind diese sogenannten unscheinbaren Pflänzchen, mit denen jeder Hauswirt alles machen kann, die sich von ihren Hauswirten noch die Männerbesuche vermiesen lassen. Herrenbesuche nur bis 23 Uhr bitte, und nicht zu viele, ich möchte nicht, daß mein Haus in Verruf gerät. Sie wissen, ich muß auf die Nachbarschaft achten. Die Frauen richten sich auch danach, weil sie Angst haben, die Wohnung

nicht zu kriegen oder gekündigt zu werden. Das sind auch die Frauen, denen der Vermieter ständig die Miete erhöht und die sich nicht dagegen wehren. Ich kenn solche Frauen von früher, als ich hier in dieser Kleinstadt meinen Club für Alleinerziehende aufgemacht hab. Die haben mir geschrieben und mir im Brief ihre Taillenweite genannt und sich angepriesen, weil sie ganz dringend einen Mann haben wollten, sich wieder verheiraten wollten, aus der Angst heraus, sie schaffen es nicht allein, und weil sie so viele schlechte Erfahrungen gemacht haben. Wenn du da niemanden zum Reden hast, bist du wirklich verraten, verkaufst dich. Diese Frauen waren offensichtlich bereit, für einen Mann in die Knie zu gehen. Natürlich ist es auch furchtbar schwer: Wenn du allein bist, kannst du dich eher wehren, aber wenn du Kinder hast und dich wehrst, kriegen es deine Kinder ab. Ich hab das selbst schon oft so erlebt. Das ist ganz schlimm zu ertragen. Du lebst in ständiger Angst, daß die Kinder etwas abbekommen, wenn du dich wehrst.

Das ist ja das Problem. Wir müssen mit allem allein fertig werden. Allein kannst du aber nicht so gut standhalten wie zu zweit. Der Utz hat schon oft zu mir gesagt, zu den Nachbarn will ich nicht, weil da ein Vater ist. Einmal hatte er seinen Schlüssel vergessen, da ist er draußen auf der Straße herumgelaufen, im Winter war das, da war's schon dunkel, und ich kam ausgerechnet auch noch eine Stunde zu spät von meiner Arbeit zurück. Utz stand ganz verfroren vor der Tür. Ich hab ihn dann gefragt: »Mensch, warum bist du denn nicht zu den Nachbarn gegangen?« Ich hab da wirklich nette Leute, wo er hin könnte. Da kam diese Antwort von Utz: »Ich will da nicht hin, die haben ja einen Vater.« Er kam sich wie ein armes Würstchen vor, weil er aus einer Familie kommt, in der kein Vater da ist. Mir hat das schrecklich weh getan.

Ich kenne selbst dieses Gefühl. Ich bin ja auch mit meiner Mutter groß geworden. Wenn ich tagsüber bei einer Freundin zu Hause gespielt habe, hatte ich immer Angst vor dem Abend, dem Augenblick, in dem der Vater nach Hause kam. Wenn die Väter meiner Freundinnen zu Hause waren, hab ich mich nicht mehr wohl gefühlt. Das war so ein Gefühl, ausgeschlossen zu sein, nicht dazuzugehören. Ich bin dann immer schnell weggegangen. Meine Freundinnen mochte ich auch nie zu mir nach Hause einladen. Bei mir kann's gar nicht so

schön sein, wie bei denen, dachte ich immer. Das kann ich ihnen nicht zumuten. Dieses Gefühl, bei anderen ist es schöner als bei mir, mit dem bin ich aufgewachsen. Und jetzt habe ich manchmal Angst, meine Kinder könnten ähnlich fühlen.
Viele Männer habe ich über den Anzeigenmarkt in Zeitschriften kennengelernt. In meinem Beruf habe ich kaum Chancen, an Männer ranzukommen. In meiner Firma arbeiten hauptsächlich Frauen. Mit den Anzeigen, da hab ich so meine Erfahrungen gemacht. Ich hab sehr schnell gemerkt, je weniger Kinder du in der Anzeige erwähnst, desto mehr Zuschriften kriegst du. Am besten, du schreibst überhaupt nichts davon, daß du Kinder hast. Dieses saudumme Geschwätz, stehe zu dir selbst und deinen Kindern, das stammt von denen, die keine Kinder haben. Ich hab festgestellt, da gibt es so eine Version für Anzeigen: auch gern mit Kind aus Paritätsgründen. Damit sagst du im Grunde versteckt, daß du ein Kind hast. Aber das wissen dann nur die Eingeweihten. Bei dieser Version kommst du drumherum zu erwähnen, daß du zwei Kinder hast. Und dann hast du auch die Chance, Zuschriften zu bekommen. Wenn du gleich schreibst, Frau mit Kindern, dann ist schon alles gelaufen. Wenn du dann Zuschriften bekommst, stellt sich nach den ersten Briefen und Kontakten natürlich doch irgendwann heraus, daß du Kinder hast, und die Auswahl wird wieder geringer. Da sagen schon viele ab, ohne den wahren Grund zu nennen.
Zufallsbekanntschaften mache ich natürlich auch manchmal. Meistens in einem Lokal. An einem Wochenende, als die Kinder bei ihrem Vater waren, da hab ich gedacht, so, jetzt bin ich allein, und jetzt gehe ich mal ganz schön essen. Wenn ich in ein Lokal gehe, dann will ich da nicht nur essen und ganz allein an meinem Tisch hocken, da such ich schon Menschen, einfach Kontakt, jemanden mit dem ich auch reden kann. Nur in unserer kleinen Stadt ist das schwierig. Die Menschen sind nicht so aufgeschlossen, und es gibt kaum Kneipen oder Lokale, wo du genau weißt, da gehen auch andere allein hin, da kannst du ganz ungezwungen mit anderen ins Gespräch kommen. Und in meinem Alter ist das ja noch schwieriger. Dieses Lokal, in das ich an diesem Wochenende gegangen bin, da gehen sonntags immer die sogenannten feinen Familien hin, die zeigen wollen, daß sie

das große Geld haben. Aber mir gefällt das Lokal. Es hat Atmosphäre, du wirst immer zuvorkommend bedient, und du hast das Gefühl, du wirst persönlich angesprochen. An jenem Wochenende bin ich also in dieses Lokal gegangen mit dem Gedanken, nicht so allein zu sein wie zu Hause. Obwohl viel Platz war, hab ich mich ganz mutig zu einem Mann an den Tisch gesetzt, der da allein mit seinem Hund saß. Ich hab mich vorher innerlich aufgebaut, mir gesagt, du willst doch heute nicht allein sein, ist doch eigentlich blöd, wenn du dich nicht zu ihm setzt. Dann hab ich es einfach gemacht. Da war ja auch der Hund. Über so einen Hund kommt man ja viel besser und schneller ins Gespräch als über Kinder und alles andere. Es ging also nicht lang, da waren wir schon eifrig in ein Gespräch vertieft. Der hat mir gleich Sachen erzählt, Intimitäten aus seinem Leben, und hat mir auch gesagt, das hätte er vorher nie gedacht, daß er so was erzählen kann. Ich war der Meinung, er hatte schon bei unserem Gespräch angefangen, sich auf mich einzulassen. Er wollte mich auch wiedersehen in diesem Lokal. Wir hatten uns schon verabredet. Aber dann habe ich später irgendwann erwähnt, daß ich jetzt heim müßte zu meinen Kindern. Ich wollte ihm ja in irgendeiner Form mitteilen, ich hab Kinder, ohne daraus gleich eine Offenbarung oder ein Geständnis zu machen. Ich wollte das so locker ins Gespräch einfließen lassen. Aber nachdem es raus war mit den Kindern, von dem Moment an war's aus. Der wollte mich nicht mehr sehen. Das war wie ein Schuß vor den Bug für mich, gerade weil wir so ganz toll miteinander geredet hatten. So etwas ist mir nicht nur einmal passiert. Von dieser Sorte Männer hab ich noch mehr kennengelernt. Für Männer sind Kinder einfach abschreckend. Ich weiß, daß es unter Männern heißt: Was, du hast nichts Besseres gekriegt als eine Frau mit Kindern?
Ein Mann hat mir mal ganz offen erklärt, das Finanzielle spiele da auch eine wichtige Rolle. Er wüßte ja nie, ob er dann womöglich noch dran sei, für die Kinder zu sorgen. Davor hätte jeder Mann Angst. Und von dieser finanziellen Geschichte mal ganz abgesehen, es ist doch bei uns, obwohl es so viele Scheidungen gibt, noch immer so, daß eine Frau ohne Mann mit Kindern nichts gilt. Sie wird nicht mehr als unmoralisch angesehen, aber sie steht einfach eine Klasse tiefer als die verheiratete Frau. Witwe darfst du vielleicht auch

noch sein. Aber als Frau mit Kindern geschieden zu sein oder ein uneheliches Kind zu haben, da wirst du ganz schön kritisch angeguckt, noch immer. Es gibt anscheinend noch so eine Vorstellung, die den Leuten im Kopf rumspukt: Die Frau ist gescheitert, die konnte den Mann nicht halten.

Es ist wirklich wahnsinnig schwierig für eine geschiedene Frau mit Kindern, einen Mann kennenzulernen. Wenn die Kinder noch klein sind, dann saust sie doch dauernd um die Kinder herum, hat gar keine Zeit. Und eine Frau mit kleinen Kindern, die ist dermaßen unerotisch, so unerotisch wie eine Bretterwand.

Einen wirklich zuverlässigen Partner, den hab ich noch nicht gefunden. Vielleicht hab ich auch zu hohe Erwartungen. Ich hab mir schon oft gesagt, ich sollte nur mit den Männern ins Bett gehen, mir ein paar schöne Stunden machen und sonst nichts erwarten. Aber wenn ich dann einen Mann kennenlerne, erwarte ich doch wieder mehr. Ohne diese Hoffnung kann ich wohl nicht existieren.

Verliebt bin ich oft. Ich hab ja schon gesagt, bei mir fliegen viel zu schnell die Bremsen raus. Als ich Harald, meinen letzten Freund, kennenlernte, war ich gleich unheimlich verliebt in ihn. Vor lauter Liebe konnte ich drei Monate nicht schlafen. Weil ich so einen niedrigen Blutdruck habe, schlafe ich sonst unter allen Umständen. Mit Harald, das waren schöne und ganz schlimme Schlafstörungen.

Ich bin eine ganze Weile mißtrauisch und denk immer, du darfst dich nicht verlieben, aber dann bin ich doch irgendwann verknallt. Vielleicht brauche ich das auch ganz dringend, weil ... die Liebe läßt mich leben. Vor zwei Jahren, im Frühjahr, da war ich bereit, den größten Unsinn zu machen. Da hat mir einer geschrieben: Nepal, das wär toll und überhaupt ... ein Gedanke von Freiheit, und ich sei wohl so wie er, wir hätten uns gefunden. Ich hab mir da was aufgebaut, hab dem Mann immer wieder geschrieben, und er hat zurückgeschrieben. Ich war bereit, für einige Wochen mit ihm nach Nepal zu gehen, da war eine so große Sehnsucht in mir. Dann wollte ich mich vorher in Braunschweig, wo er wohnte, mit ihm treffen, da hat er plötzlich Angst gekriegt, sich wohl überlegt, was auf ihn zukommt. Ich hatte das nicht. Ich war mitten drin und später tief betrübt, als er nicht mehr

so richtig wollte, hab ganz schweren Liebeskummer gehabt.
Ich reagier sofort, wenn jemand fürsorglich, aufmerksam und verantwortungsbewußt ist oder wenn ich merke, daß er sozial engagiert ist. Da hab ich wahrscheinlich das alte Gefühl, die Sehnsucht, einen Vater zu finden, nicht nur für mich, auch für die Kinder. Ich vermisse das Gefühl, daß jemand da ist für uns. Vielleicht kann ich mich deshalb entgegen allen Erfahrungen und Vorsätzen immer wieder so schnell verlieben. Meistens geht es nicht gut aus für mich. Allerdings kann ich mir nicht vorstellen, daß ich meine Gefühle ständig verwahre, unter Verschluß halte oder ganz gleichmäßig auf mein Leben verteile. Aber so ein Gleichmaß im Leben, daß meine Liebe zu einem Mann ganz lange anhält und auch erwidert wird, das hätte ich schon gern.
Die Trennung von Harald hat mit den Kindern nichts zu tun. Ich werfe ihn aus der Bahn, hat Harald gesagt, deshalb mußte ich mich von ihm lösen. Ich hab unheimlich gelitten. Ich bin zu einer Freundin aufs Land gefahren. Abends bin ich durch das Dorf gegangen, durch den Schnee, und da war ein ganz schwarzer Himmel mit vielen Sternen über mir, und ein Bach lief neben dem Weg entlang, der war nicht zugefroren, und das Wasser war so schwarz wie der Himmel. Auf diesen Spaziergängen hab ich versucht, mich innerlich von Harald zu lösen, auch von mir selbst, von meinen Wünschen und Hoffnungen, die ich auf ihn gerichtet hatte. Dort hab ich es geschafft, ich konnte wieder schlafen. Der eigentliche Abschied von Harald kam dann erst viel später.
Vor meinen Kindern habe ich natürlich versucht, meinen Kummer zu verbergen. Mußte ich ja, weil die Christiane mir gesagt hatte, der Harald ist blöd. Ich hatte einfach nicht den Mut, ihnen zu sagen, dieser »blöde« Harald, der will jetzt nicht mehr. Ich hab nur mal dem Utz gesagt, mit Harald ist es aus. Mehr habe ich nicht gesagt. Da hatte jemand angerufen, und Utz hat mich gefragt, war das der Harald?
Die Trennung von Harald habe ich noch immer nicht ganz überwunden. Aber ich habe immer versucht, meine Traurigkeit vor den Kindern zu vertuschen. Daß Harald von mir weggegangen ist, ist wie eine Niederlage für mich, und die mag ich vor meinen Kindern nicht zugeben. Und Verständnis kann ich ja von ihnen auch nicht erwarten.

Indirekt kriegen meine Kinder das natürlich schon mit, wenn mich etwas so mitnimmt, obwohl ich mich bemühe, daß sie möglichst wenig davon merken. Ich weiß, ich hab dann schlechtere Nerven, brülle ziemlich schnell los, hab einfach keine Geduld für die Kinder. Ich will ja nicht, daß sie darunter leiden, wenn's mir schlecht geht oder wenn mir was schiefgegangen ist, doch ich kann nur Selbstbeherrschung üben. Happy und sehr freundlich zu sein, das ist nicht drin.
Ich glaube, ich kann den Kindern nicht zeigen, daß ich traurig bin, weil ein Mann mich verlassen hat, und dann Anteilnahme und Verständnis von ihnen erwarten. Es ist zu schwierig, Kindern Gefühle zu vermitteln, die sie selber noch nicht gehabt haben. Christiane kann zum Beispiel überhaupt nicht verstehen, daß man jemanden liebt. In ihrer Klasse verknallen sich die Mädchen grad und haben schon ihre Freunde. Sie lacht darüber, ist ironisch und findet das blöd. Sie kann sich nicht vorstellen, daß Liebe schön ist. Da lächelt sie höchstens milde. Wie soll sie begreifen, was Liebeskummer ist?
Wenn ich verliebt bin, geht alles besser. Da brauch ich keinen Schlaf, da wird mir keine Arbeit zuviel, da kann mich der Vermieter mal, da hab ich keinen Ärger, da mach ich alles mit links. Deshalb war auch alles doppelt so schwierig und schlimm für mich, als Harald sich von mir zurückzog. Unsere Beziehung ist mehr oder weniger im Sande verlaufen. Es gab Gründe, Abgründe, die in Harald selber lagen. Er fühlte sich durch mich aus dem Gleichgewicht geworfen. Nach der Trennung von seiner Frau hat er sich wohl so eine Lebensphilosophie ausgedacht, die ihn frei von Eifersucht, Wünschen und Begierden macht. Er meint, daß jede Leidenschaft Leiden schafft, und will deshalb frei sein von Leidenschaft, will auch keine Erwartungen mehr erfüllen, wirft sich damit selbst zurück in die Einsamkeit, auch wenn er viele Freunde hat. Meiner Meinung nach ist das eine Philosophie für die Frustrierten.
Ich habe Haralds Philosophie offensichtlich ins Wanken gebracht, mit mir ist sein Lebensgerüst und er selbst eingestürzt. Harald wollte plötzlich, daß ich nur noch nachmittags zu ihm komme. Nachts sollte ich nicht mehr bleiben. Aber ich habe gefühlt, wie gern er mit mir schläft. Nur – unsere sexuelle Beziehung, die machte ihm angst. Das hat vielleicht etwas mit seiner Vergangenheit zu tun, mit der Frau, mit der

er verheiratet war. Die hat ihm ständig mit Selbstmord gedroht und auch mal Schlaftabletten genommen und sich im letzten Moment finden lassen. Ich glaube, deshalb hat Harald Angst, sich wieder zu binden und damit wieder in so eine Geschichte reinzukommen. Das ist sein Schicksal. Aber mich betrifft es auch, weil ich wirklich auf ihn abgefahren bin. Ich habe ihn geliebt. Jetzt läßt es so langsam nach. Ich hab mich gezwungen, nicht mehr an ihn zu denken.

Jetzt will Harald wieder Kontakt mit mir haben. Er hat mir einen Brief geschrieben: Danke für den schönen Sommer. So fing dieser Brief an. Er möchte, daß wir wieder unsere Gedanken miteinander austauschen. Irgendwie will er wohl unsere Freundschaft halten. Ob aus schlechtem Gewissen, aus einem Schuldgefühl heraus oder aus einem wirklichen Bedürfnis, weiß ich nicht. Er hat mir auch geschrieben, ich bin jederzeit für dich da, wenn du mich brauchst. Ich soll nicht zögern, ihm zu schreiben und seine Hilfe anzunehmen. Nur eine Liebesbeziehung, die will er nicht. Harald hat sehr starke sexuelle Bedürfnisse und Wünsche, das hab ich gemerkt, aber seine Angst, sich mit der Erfüllung dieser Wünsche wieder zu binden, ist genauso stark.

Damit müssen sich Frauen in unserem Alter abfinden. Die Männer halten fest an ihren negativen Erfahrungen, auch in einer neuen Beziehung. Frauen manchmal wohl auch. Da kannst du noch so sehr lieben und bist doch machtlos, deine Liebe hebt diese schmerzlichen Erfahrungen nicht mehr auf. Ich hatte oft das Gefühl, Harald sieht gar nicht, wie ich bin, sondern sieht in mir nur seine frühere Frau. So schlimm war es. Wahrscheinlich wird er in allen Frauen, denen er noch begegnet, immer wieder das Bild der Frau entdecken, mit der er mal verheiratet war.

Nach der Trennung von Harald habe ich sofort wieder versucht, andere Männer kennenzulernen. Ich hab wieder meine Zeitungsanzeigen aufgegeben, und ich bin viel weggegangen. Ich hab damals in dieser schlimmen Zeit sehr viele nette Leute kennengelernt, auch Frauen, die sich um mich gekümmert haben. Weißt du, das ist so mein Konzept, wenn's mir schlecht geht. Ich muß unter Leute, ich darf eins auf keinen Fall machen, mich zurückziehen, da gehe ich kaputt. Trotzdem war diese Zeit sehr dunkel. Zu denken, zu wissen,

der für mich wichtigste Mensch will mich nicht, schickt mich fort, das macht dich fertig.
Auf die Zeitungsanzeige hatten sich einige Männer gemeldet, mit denen ich mich dann auch getroffen habe. Der eine, das schien sogar mein Typ zu sein. Verantwortungsbewußt, zuverlässig, bloß der hatte überhaupt keine erotische Anziehungskraft. Der wirkte auf mich so erotisch wie ein Lampenschirm. Da war einfach nichts drin bei mir. Auf so ein bißchen Erotik bin ich nun mal angewiesen.
Der andere, den ich über diese Anzeige kennengelernt hab, das war so richtig der Antityp. Der hat mir erzählt, wie ein Mann alleinstehende Frauen sieht. Das hat gesessen bei mir. Ich hab mich ununterbrochen mit diesen Frauen identifiziert, die er angeblich schon als Freundinnen gehabt hat. Der sagte auch, daß alleinstehende Frauen mit Kindern im Grunde froh sein müßten, wenn sie überhaupt irgendeinen Mann finden.
Und dann hat sich einer auf diese Annonce gemeldet, den hab ich erst Wochen hingehalten. Warum ... ach ja, das Auto war kaputt, und meine Zähne waren kaputt, was weiß ich. Im übrigen hat mich das alles ja auch nicht interessiert. Ich war ja noch ganz von Harald besetzt, so daß mich sowieso jeder Gedanke an Männer kalt ließ.
Als ich diesen Mann endlich traf, war das mal wieder Liebe auf den ersten Blick. Das hält noch an. Ich kann wieder nicht schlafen, bin unheimlich aufgedreht, auch den Kindern gegenüber. Ich teile meine ganze Zeit ein, auf den Tag hin, an dem wir uns wiedersehen, und ich ertappe mich dabei, wie ich durch die Gegend laufe und dauernd Gespräche mit ihm führe, mir überlege, was er zu dieser oder zu jener Sache sagen könnte. Aber dann denk ich plötzlich daran, wie ich Gespräche führe mit jemandem, der überhaupt nicht da ist. Ich träume mir den Mann, aber ich weiß auch, irgendwann wird dieser Mann seine wahre Existenz vor mir behaupten. Umgekehrt versuch ich natürlich auch, möglichst genauso zu sein, wie er mich gern hätte oder wie ich denke, daß er eine Frau gerne hätte. Ich zieh mich so an, wie ich denke, daß es für ihn attraktiv ist, und ich begeistere mich für alles, was ihn interessiert, für Musik, für die Grünen und alles, was mit Umweltschutz zu tun hat. Ich geh sogar so weit, seine Interessen zu entwickeln, überlege mir z. B., ob ich nicht auch

bei den Grünen eintrete. Und im Grunde weiß ich doch, so geht es nicht. Kein Mann kann mich lieben, wenn ich mich ständig selbst verleugne, ein Abziehbild aus mir mache. Aber ich bin wie verhext, ich kann nicht anders.

Schon bei unserer ersten Begegnung hat mir dieser Mann gesagt, ich hätt so eine dominante Gesprächsführung. Prompt hab ich mich an dem Wort gestoßen, dominant. Jetzt hab ich ständig Angst, ich überroll ihn mit meinem Temperament wie eine Brandung im Meer. Ich versuche ständig, mich herunterzudrücken von 150 auf 98. Neben meinem Telefon hängt eine Zeichnung, eine Meereswoge, die über einen Menschen herfällt. Die Zeichnung hab ich mir nach unserem letzten Telefongespräch gemacht, als ich wieder mal gemerkt hab, ich überroll ihn mit meiner Gesprächigkeit. Ich versuche, mir jetzt immer vorzustellen, wie er derjenige ist, der von dieser Wasserwoge überrollt wird, und nehme mir vor, ganz ruhig zu sein, ganz wenig zu sagen, auch wenn es mir verdammt schwerfällt.

Ich muß mich ständig am Riemen reißen. Wenn wir uns treffen, schreib ich mir vorher auf, wie ich sein soll und wie ich nicht sein darf, was ich möglichst nicht tun darf, was ich sagen will und was ich auf keinen Fall sagen darf, dann mach ich noch so ein paar markige Sprüche dazu, alles auf kleinen Zettelchen, die ich in meiner Handtasche mitnehme, da guck ich dann zwischendrin immer mal wieder verstohlen drauf. Es ist auch schon passiert, daß ich in einem Lokal, in dem wir saßen, mitten im Gespräch mit meiner Handtasche aufs Klo gerannt bin, weil ich einen bestimmten Zettel nicht gefunden hab, auf dem vielleicht stand, wie ich nicht sein darf und was ich nicht sagen darf, damit er nicht wieder Angst vor mir kriegt.

An meinen kinderfreien Wochenenden, wenn ich bei ihm bin, kann ich mich nur auf ihn konzentrieren. Ich hab schon oft versucht, ein Buch mitzunehmen, aber ich kann nicht lesen. Ich zähle die Stunden, denke immer, jetzt haben wir noch vierundzwanzig gemeinsame Stunden, jetzt nur noch zwölf. Ich möchte diese gemeinsame Zeit bis zur letzten Sekunde auskosten, will mit ihm reden, ihm zuhören, ihm tausend Fragen stellen, aber dann nehme ich mir doch wieder vor zu schweigen, aus lauter Angst, ich überroll ihn mit meiner Liebe.

Ich freu mich jedesmal unheimlich auf unser nächstes Wiedersehen, alles ist darauf eingerichtet, daß ich ihn wiederseh. Ich hasse es, Auto zu fahren. Aber wenn er anruft und fragt, kommst du, hast du Zeit, ist mir selbst eine mitternächtliche Autofahrt nicht zuviel. Meine Angst vorm Autofahren ist dann weg. Ich hab immer das Gefühl, nicht satt zu werden. Ich freu mich vierzehn Tage so auf unser Wiedersehen, daß ich überhaupt nicht satt werden kann, wenn wir uns dann endlich sehen.
Der Mann kann eigentlich gar nichts machen, was meine Gefühle für ihn dämpfen könnte. Der kann machen, was er will, ich lieb ihn einfach. Das passiert mir oft mit Männern, daß ich sie idealisiere und nachher von der Realität enttäuscht bin. Diesen tiefen Graben zwischen uns, den hab ich auch schon manchmal gespürt. Ich hab ihm mal gesagt, wie sehr ich in ihn verliebt bin, da hat er sofort gesagt, daß ich Abstand von ihm gewinnen soll, weil er mich nicht so liebt. Oder ein anderes Mal, da hat Bernd Klavier gespielt, ein klassisches Stück, so ganz aus dem Kopf. Ich hab zugehört und fand das ganz toll, hab ihn bewundert. Aber ich hab auch gemerkt, daß er ganz weit weg war von mir. Er war ganz auf sein Klavierspiel konzentriert. Er hatte mich vergessen, und das tat mir auch ein bißchen weh. Es war nicht so, daß wir uns auf der gleichen Ebene, in der Musik, gefunden haben. Er war da irgendeiner ganz hoch oben, der jetzt für sich selber Klavier spielte, und ich saß da unten. Bernd hat mich überhaupt nicht beachtet, und ich hab ihn noch angehimmelt.
Vielleicht hast du recht, ich erwarte zuviel, vom Leben, von den Männern. Aber wenn ich enttäuscht bin, soll das niemand merken. Ich heule ganz selten. Wenn nie jemand da ist, dann gewöhnst du dir das Heulen ab. Heulen allein, irgendwo, wo es keiner sieht, ist nutzlos. Auch wenn es mir körperlich schlecht geht, versuche ich, das immer vor anderen zu verbergen. Als ich letzte Woche wieder so starke Unterleibsschmerzen hatte – das hab ich öfter, meine Gebärmutter weint, wenn's mir nicht gutgeht –, da hab ich dauernd rumgearbeitet, denn wenn ich was tu, dann merke ich den Schmerz nicht so stark. Ich mag natürlich auch nicht vor den Kindern meine Schmerzen zeigen oder heulen. Ich hab Angst, die verstehen das nicht. Ich hab Angst, jemand könnte über mich lachen, wenn ich meine Schmerzen und meine Tränen

zeige. Das mag eine alte Kinderangst vor mir sein. Ich kann mich einfach nicht meinen Schmerzen überlassen. Es hilft mir mehr, wenn ich was tu und darüber alles vergesse. Ich denke auch, man sollte andere nicht so viel mit seinem eigenen Kram belästigen. Männer verunsichert es, wenn eine Frau stark ist. Die tun sich leichter, wenn eine Frau sich hinsetzt, traurige Augen macht, Tränen vergießt und sich ganz hilflos zeigt. Dann fühlen sich Männer aufgefordert, stark zu sein, etwas zu tun.

Bernd hat mal gesagt, ich hab nie den Eindruck, du brauchst meine Hilfe, du machst doch lieber alles allein. Mach ich ja auch, ich hab ja die Kinder, da kann ich nicht warten, bis mal endlich einer kommt, sich besinnt und mir hilft. Die Kinder warten ja auch nicht, wenn sie meine Hilfe brauchen. Da muß ich sofort da sein. Deshalb mach ich alles selbst und fühl mich für alles verantwortlich. Ich hab den Bernd gefragt, glaubst du wirklich, ich bin stärker als andere Frauen, nur weil meine Kinder nicht danach fragen, wie ich alles allein schaffe? Ich brauche jemanden, der mir etwas von der Kraft zurückgibt, die ich für meine Kinder ständig verbrauche. Aber das ist eben mein Schicksal: Männer in meinem Alter, die noch frei sind, wollen sich nicht mehr binden oder, wenn die Männer gemerkt haben, ich bin stärker als sie, ziehen sie sich zurück, weil sie es nicht ertragen können. Mit Bernd werde ich das wohl auch noch erleben. Ich werde wieder hinfallen und allein wieder aufstehen.

»Allein leben heißt doch nicht, einsam zu sein«

Anna, 40 Jahre, Sozialarbeiterin, eine Tochter, 15 Jahre

Wiedererleben ... kannst du Gefühle noch einmal erleben? Gestern abend habe ich wieder Musik gehört. Unsere Musik, wie ich sie seit jener langen Autofahrt von M. zurück nach Haus nenne. Ich fühlte wieder den sanften Schauer auf meiner Haut, als ich an Marks Hand dachte, die ganz leicht meine Schenkel streichelte.

Eigentlich hätte ich an diesem Abend die fällige Miete, die Telefongebühren und die überfälligen Rechnungen bezahlen müssen. Ich bin altmodisch, lasse nicht gern etwas von meinem Konto abbuchen. Ich habe die Überweisungen nicht ausgeschrieben, sondern habe an Mark denken müssen und wie das alles anfing mit uns. – Zu Haus, was ist das schon, wenn ich ihn nun lange nicht mehr sehen werde. Vielleicht gar nicht mehr. So habe ich damals gedacht. Ich wußte ja nicht, ob es weitergehen wird mit uns, und ich war schrecklich verliebt. Was heißt war, das erschreckt mich jetzt, was ich da sage, ich bin es ja noch. An Verena, die zu Haus auf mich wartete, habe ich nicht gedacht. Ich hatte sie ganz vergessen. Später habe ich mich deswegen geschämt. Aber manchmal kann ich ganz im Augenblick leben. Auch den Gedanken, Mark nicht mehr zu sehen, habe ich damals weggewischt. Mark war ja noch da, ganz nah bei mir. Wir hörten beide die gleiche Musik. Ich wollte nicht in trostlosen Gedanken an die Zukunft leben. Dieser frühe Morgen, dieser angebrochene Tag, das gehörte ja noch uns. Jederzeit konnte ich meine Hand auf seinen Arm legen, sein Gesicht berühren, ihn ansehen, mit meinen Augen lieben. So intensiv wie ein Kind habe ich damals jede Minute erlebt. Ich hatte bis zu diesem Tag ganz vergessen, wie lang eine Minute sein kann, in der du wirklich lebst. Die vielen Stunden dieser Autofahrt bis nach Hause lagen vor mir wie ein ganzes Leben.

Aber so jäh, wie gestern abend die Platte mit einem leichten Knacks endete, so plötzlich wurde ich aus meinen Träumen gerissen. Nichts war mir auf einmal so gegenwärtig wie Marks Abwesenheit in meinem Zimmer. Ich vermißte ihn plötzlich so sehr, daß der Sessel, in dem ich saß, der Tisch davor, die

Bilder an der Wand mit meinen geliebten Bäumen, das Bett – wir haben darin zusammen geschlafen – nur wie eine schäbige Kulisse meiner Erinnerungen waren.
Verena schläft jetzt in ihrem Zimmer. Sie braucht mich nicht mehr. Aber ich brauche meine Träume und meine Erinnerungen. Was ist das sonst für ein Leben? Diese feindselige Stimmung zwischen mir und Verena. Die Blicke aus ihren dunklen Augen, die mich manchmal wie Steine treffen. Du glaubst nicht, wie vorwurfsvoll sie gucken kann.
Wenn du eine Geschirrspülmaschine kaufen willst, sagt Verena, dann sorg erst mal dafür, daß wir genügend Geschirr im Hause haben.
Ich fühle mich wie eine Zahlmutter in solchen Augenblicken.
Mutti, kannst du mir Geld fürs Kino geben? Bei meinem Taschengeld ist das nicht drin. Mutti, ich brauche neue Strümpfe.
Mutti, ich brauche neue Hosen. Was glaubst du denn, wie lange ich die alten noch tragen soll? Andere Kinder kriegen gleich drei Hosen auf einmal von ihren Eltern. Aber das verlange ich ja schon gar nicht.
Mutti, deine Apo-Zeit ist vorbei. Deine politischen Ansichten kannst du dir doch an den Hut stecken. Was habt ihr denn erreicht? Was schuftest du dich in deinem Beruf so ab. Was du da machst interessiert doch keinen. Da bist du doch nichts. Und was du verdienst, das bringt's auch nicht.
Mark hat Verena noch nicht oft gesehen. Er kann sich nicht vorstellen, daß ich jetzt manchmal die Eltern verstehe, die ich früher so sehr verurteilt habe, die zu ihren Kindern sagen, so lange du die Füße unter meinen Tisch steckst, hast du zu tun und zu lassen, was ich sage.
Ist es die Enttäuschung über das eigene ungelebte Leben? Die vielen Möglichkeiten, die ich nicht genutzt habe, aus Angst vor den Leuten? Aus Angst, isoliert zu sein im Leben, habe ich mich angepaßt. Auch Verena kennt diese Angst. Vor vier Jahren, als wir in diese größere Wohnung einzogen, habe ich unten an der Haustür unser Schild angebracht: Anna + Verena M. Eines Tages kam ich nach Hause und das Schild war weg. Verena hatte es durch ein neues ersetzt, auf dem nur unser Nachname stand. Verenas Kommentar: »Das müssen doch nicht gleich alle Leute wissen, daß wir hier alleine wohnen.« Ich habe das akzeptiert, weil ich Verena verstand,

alle ihre Freundinnen hatten Eltern und lebten eben nicht *nur* mit der Mutter. Vielleicht hätte ich das nicht so wortlos akzeptieren dürfen, hätte mich mit Verena auseinandersetzen, darüber streiten müssen. Ich war ja auch ein bißchen stolz, daß ich es geschafft hatte, das Studium und dann den Beruf, mit Verena und ohne Mann. Ich will nicht wieder heiraten. Ich habe es gelernt, alleine zu leben. Alleine zu leben, das heißt doch nicht, einsam zu sein. Und Verena hat keinen Grund sich zu schämen, weil sie *nur* mit ihrer Mutter zusammenlebt.

Manchmal stehe ich vor Verena, und sie scheint mir ganz fremd. Ist das noch meine Tochter? Neben mir entwickelt sich eine junge Frau, das ganze Leben mit so vielen Möglichkeiten liegt noch vor ihr. Und was war mein Leben? Arbeit, versäumte Möglichkeiten? Vor einer Woche hat sie sich ihr erstes Kleid gekauft. Sie trägt sonst immer nur Hosen. Sie führte mir ihr Kleid vor. Da stand sie nun vor mir in ihrem Kleid, mit meinen hohen Schuhen, und ich hatte plötzlich das Gefühl, jetzt wirst du weggedrängt, jetzt bist du eine alte Frau.

Auch das Leben mit Verena erscheint mir manchmal wie eine Kette versäumter Möglichkeiten. Wie viele Reisen wollte ich früher mit Verena machen, für die dann das Geld doch nie langte. Immer hatte ich viel zu wenig Zeit für Verena. Und jetzt ... ich habe noch immer Angst um Verena. Wenn sie nun wirklich fest entschlossen ist, dieses Jahr mit der elften Klasse die Schule zu verlassen, und keine Lehrstelle findet? Mark hat keinen Einfluß auf sie. Er ist kein Vorbild für sie. Verena begegnet ihm mit eisiger Höflichkeit. Mark entspricht nicht ihren Vorstellungen von einem Mann, der es zu etwas gebracht hat in dieser Gesellschaft, weil er Jeans trägt und Pullis mit Lederflicken auf den Ärmeln. Daß Mark an einer Hochschule arbeitet, interessiert Verena nicht. »Das ist wieder so einer von deinen ausgeflippten Haschertypen, Mutti. Was anderes lernst du wohl nie kennen?« sagt sie.

Mark ist jetzt 45, in Verenas Augen ist er ein alter Mann. Ich glaube nicht, daß sie auf ihn eifersüchtig ist. Warum auch? Zeit für Verena nimmt mir Mark nicht weg. Wir sehen uns nur sehr selten.

Vielleicht hat Verena Angst, daß ich eines Tages allein bin, wenn sie aus dem Haus geht. Sie redet mir jetzt immer zu, abends wegzugehen. Mutti, laß dich doch nicht so hängen, geh doch mal abends weg, verabrede dich. Du sitzt bloß immer da und liest. Ich habe Angst davor, sie könnte mir eines Tages sagen, du wartest wohl, daß Mark anruft. Was willst du eigentlich von ihm, er ist schließlich verheiratet. Mit euch wird das ja doch nichts. Manchmal denke ich, Verena hätte es ganz gern, wenn ich wieder heirate. Sie könnte dann unbesorgt aus dem Haus gehen.

Ja, ich wußte es schon, als wir uns vor einem Jahr bei dieser Fortbildungsveranstaltung kennenlernten. Mark ist verheiratet und hat einen zweijährigen Sohn. So was spricht sich in einer relativ kleinen Gruppe ja schnell rum. Marks Frau ist zehn Jahre jünger als ich. Er hat es mir erzählt. Ich habe diese Frau einmal gesehen. Sie ist sehr schön, ganz das Gegenteil von mir, klein, sehr zierlich, sehr schlank. Mit ihrem dunklen Teint und ihren glänzenden, dunklen, langen Haaren und dunklen Augen sieht sie für mich wie eine Französin aus. Diesen Frauentyp gibt es häufiger in dieser Gegend.

Irene heißt sie. Nicht mehr die Arbeit, sondern sie und ihr Sohn sind jetzt das Wichtigste in Marks Leben. Sie sind zwei Jahre verheiratet, vor der Heirat kannten sie sich erst eine kurze Zeit. – Und trotzdem, Mark und ich haben uns ineinander verliebt. Als Mark mir sagte, was ich schon wußte, saßen wir nebeneinander in einem Straßencafé. Zum ersten Mal waren wir allein. Jeder von uns hatte die Nähe des anderen gesucht, aber bis zu diesem Tag hatten wir nie versucht, uns allein zu verabreden.

Ich glaube, für Mark war es wichtig, mir nichts vorzumachen. Als er alles gesagt hatte, haben wir lange schweigend dagesessen. Mit keinem Wort, mit keinem Blick kam mir Mark entgegen. Ich mußte mich allein entscheiden, ob ich diese Nebenrolle in seinem Leben annehmen wollte oder nicht. Wie du weißt, ich habe sie angenommen. Wenn Mark und ich uns sehen, bin ich glücklich.

Vielleicht liebt man zuerst mit den Augen und mit dem Gehör. Ich weiß es nicht. Mark ist kein schöner Mann. Aber das Lächeln in seinen Augen, etwas in seiner Stimme und seine Hände, haben mich sofort auf ihn aufmerksam gemacht. Ich bin eher ein schweigsamer Mensch. Mit Mark kann ich reden, mir fällt immer etwas ein. Er macht meine Gedanken frei. Wir können uns auch sachlich über unsere unterschied-

lichen Auffassungen zu einem Problem streiten, ohne dabei in einen Machtkampf zu geraten. Auch in der Gruppe war das damals schon so. Ich habe nur wenige Menschen in meinem Leben kennengelernt, mit denen ich so reden kann. Soll ich freiwillig auf das verzichten, was mir wichtig ist? – Ich habe das so oft getan, weil mir Verena wichtiger als alles andere war. Ich habe lange Zeit nur mit Verena gelebt. Männer und Liebe habe ich aus meinem Leben ausgeschaltet. Ich hatte genug mit Verena und mir selbst zu tun. Bloß keine unnötigen Konflikte. Die wollte ich vermeiden. Und viel Zeit blieb mir ja auch nicht. Erst die Ausbildung an der Fachhochschule, und arbeiten mußte ich nebenbei ja auch immer noch. Und dann der Beruf, in den ich mich ja auch erst einarbeiten mußte, weil alles so neu für mich war.
Erst mit Mark habe ich gemerkt, daß ich noch immer den Morgen nach einer durchwachten Nacht liebe. Wie eine verheißungsvolle Ahnung erscheint mir das blasse Licht am Morgen, wenn alles um dich herum langsam wieder Farbe kriegt. Die Vogelstimmen, zuerst ganz zaghaft, und plötzlich dann schrillt dir ihr Gesang wie eine Explosion in den Ohren. Das alles weckt in mir die Sehnsucht zu leben. Wenn ich auf einer Fete bin, fliehe ich vor dem Morgen, auch wenn es schön war. Ich will nicht, daß man die Ränder unter meinen Augen sieht, meine geschwollenen Hände und Füße, die Haare, die strähnig geworden sind, nach einer langen Nacht. Mit Mark ist das anders. Ich vergesse bei ihm meine häßlichen, müden Augen, die geschwollenen Hände und Füße, die strähnigen Haare. Ich vergesse, daran zu denken, wie ich wohl ausssehe, weil ich mich angenommen fühle. So oft haben Mark und ich eine ganze Nacht lang bis zum frühen Morgen miteinander geredet. – Früher habe ich geglaubt, mit dem Älterwerden schleifen sich auch die Gefühle ab. Ich habe nie geglaubt, daß ich auch jetzt noch so sehr den beginnenden Morgen lieben kann, diese unbändige Sehnsucht nach dem Leben haben kann. – Früher, da wollte ich mit dreißig sterben ... Das ist doch verrückt, nicht wahr? Aber wann war ich verrückt? Früher oder heute?
Mark kommt als Freund zu uns ins Haus. Wir schlafen nicht zusammen, wenn Verena da ist. Manchmal gehen wir sogar in ein Hotel. Verena weiß, Mark hat eine Frau und einen kleinen Sohn, deshalb möchte ich nicht, daß sie etwas von meinem

Liebesverhältnis mit Mark erfährt. Sie ist sehr feinfühlig und urteilt oft sehr moralisch. Ich will sie nicht in ihrem Gefühl verletzen, und ich könnte es auch nicht ertragen, wenn sie mich verachtet. Davor habe ich Angst.

Das hört sich alles sehr widersprüchlich an, ich weiß. Ist es wohl auch. Ich tue etwas und verberge es gleichzeitig vor meiner Tochter, weil ich Angst habe, sie könnte mich deshalb verachten. Ich müßte konsequent sein und mein Verhältnis zu Mark aufgeben. Oder ich sollte wenigstens zu dem, was ich tue, stehen, damit sich Verena mit mir auseinandersetzen kann. Im Grunde belüge ich Verena ohne Worte. Das ist schlimm. Früher war ich so stolz auf unser offenes Verhältnis. Ich dachte, das könnte immer so bleiben. Jetzt habe ich oft ein schlechtes Gewissen meiner Tochter gegenüber, weil ich bewußt etwas von mir vor ihr verberge. Aber dann sage ich mir wieder, mein Verhältnis zu Mark geht nur mich etwas an. Meine Liebe zu Verena bleibt davon unberührt. Ich vernachlässige sie deshalb ja nicht. Es ist doch richtig, was ich tue. Ich nehme dieser anderen Frau ja auch nichts weg. Und es ist schließlich Marks Entscheidung, mit mir zusammen zu sein. Er und nicht ich muß unsere Beziehung vor seiner Frau verantworten.

Warum ich es dann noch immer vor Verena verberge, daß Mark und ich zusammen schlafen? Diese Frage habe ich mir manchmal auch schon gestellt. Vielleicht ist es doch mein moralisches Gefühl, eine tief versteckte Scham und nicht die Rücksicht auf Verena, was mir ein schlechtes Gewissen macht. Ein früh anerzogenes Schamgefühl, sicherlich. Ich schäme mich nicht vor Verena, sondern vor mir selbst, weil sich letztlich dieses früh gelernte Gefühl stärker behauptet als alle rationalen Einsichten und all meine späteren Lebenserfahrungen zusammengenommen. Jetzt kennst du meine Konflikte. Ich muß mit ihnen leben, weil ich mich für Mark entschieden habe.

Noch einmal angefangen? Wie denn, indem ich mich von Mark löse? Ja, manche sagen mir, ich sei verrückt, mich so an Mark zu binden. Sie glauben von mir, ich gehöre zu denen, die sich ihr ganzes Leben etwas vormachen müssen und nicht anders können, als sich selbst Schmerzen zuzufügen. Aber das stimmt doch nicht. Sicher, manchmal wünsche ich mir, Mark und ich könnten uns immer sehen, es gäbe diese andere

Frau nicht. Aber wer weiß denn, ob nicht die Gewohnheit meine Liebe kleinmütig machte. Wenn Mark und ich zusammenleben würden, dann wären es einfach nur andere Konflikte, von denen ich dir jetzt erzählen würde. Mark ist mir so nah und fern zugleich, daß ich meine Träume noch mit ihm träumen kann. Sein Geruch am Morgen ist mir vertraut, und manchmal ergreift mich sein müdes Gesicht, ich möchte die tiefen Falten um seine Augen wegstreicheln. Aber sein Alltagsgesicht ist mir fremd, es gehört der anderen Frau, ich muß mich nicht damit auseinandersetzen.

Ob unsere Beziehung von Dauer sein wird? Wie soll ich das wissen; auch wenn du es noch so gerne glauben möchtest, das weißt du doch nie. Selbst Eheleute trennen sich noch nach zwanzig Jahren. Durch unsere Dreiecksbeziehung ist unser Zusammensein natürlich gefährdet. Wie das enden wird, weiß ich nicht. Vielleicht will Mark mich eines Tages nicht mehr sehen, weil er so nicht mehr leben kann oder weil seine Frau eine Entscheidung von ihm verlangt. Aber warum soll ich jetzt schon an diesen Tag denken. Unsere mögliche Trennung in Gedanken vorwegzunehmen, nur damit der Schmerz darüber mich später nicht umwirft, das würde doch auch bedeuten, daß ich mich schon in der Gegenwart von Mark langsam zu lösen beginne, das Ende unserer Beziehung selbst auf den Tag X vorprogrammiere. Meine Liebe oder Zuneigung zu Mark – nenn es wie du willst – würde daran langsam sterben. Solange ich noch mit Mark zusammen bin, will ich das nicht. Ich lebe doch jetzt. Die Zukunft hat Zeit ... Mag sein, daß ich in einem Jahr ganz anders über alles denke.

»Ich will alleine gehen und nicht an der Hand eines Mannes«

Paula, 29 Jahre, Arzthelferin, Scheidung mit 26, eine Tochter, 9 Jahre

Ich war mal mit einem Freund und meiner Tochter im Urlaub. Es war entsetzlich, sage ich dir. Wir sind zu fünft nach Italien gefahren. Ich wollte endlich mal wieder die Sonne sehen. Also sind wir losgefahren. Meine Freundin, deren Freund, mein Freund, Ina und ich. Das hatte ich bewußt so geplant und mit meiner Freundin auch besprochen, weil ich diese Dreieckssituation, Freund – Tochter – Mutter vermeiden wollte. Meine Tochter war damals sieben.

Wir hatten alle drei zusammen ein Zimmer. Aus Sparsamkeitsgründen. Ich hatte nicht das Geld, ein Zimmer für mich und Ina zu zahlen. Mein Freund hatte ohnehin schon einiges zu diesem Urlaub beigesteuert. Es war verrückt. Ich hätte lieber Schulden machen oder auf den Urlaub verzichten sollen. Das war kein Urlaub. Das war nur Stress. Drei Wochen lang Stress. Und das, wenn du das ganze Jahr arbeiten mußt, dich wahnsinnig auf diese Zeit gefreut hast. Das Meer und Sonne, ich hatte mich so danach gesehnt.

Meine Tochter und mein Freund sind vorher immer gut miteinander ausgekommen. Sie verstanden und mochten sich. Aber im Urlaub war's auf einmal aus zwischen den beiden. Meine Tochter war eifersüchtig auf den Freund, und mein Freund war eifersüchtig auf Ina. Ich habe zu meiner Tochter gehalten. Die Spannung zwischen mir und meinem Freund wuchs von Tag zu Tag. Wenn mein Freund mit mir schlafen wollte oder nur zu mir ins Bett kommen wollte, sagte ich: »Psst, sei leise, Ina könnte aufwachen.« Vorher habe ich wahnsinnig gern mit dem Mann geschlafen. Ich war verrückt nach ihm, konnte nie genugkriegen. Wir haben uns fast jeden Tag gesehen, auch wenn Walter Nachtschicht hatte. Er kam dann morgens ganz früh, und wir haben miteinander geschlafen. Aber im Urlaub hatte ich keine Lust, mit ihm zu schlafen. Meine ganze Zärtlichkeit für ihn war weg. Ich fühlte mich ausgelöscht. Ina war mein Keuschheitsgürtel.

Ob das wirklich nur an dem Zimmer zu dritt lag? Ich weiß es

nicht. Später habe ich viel darüber nachgedacht und bin ganz unsicher geworden. Vielleicht hatte ich auch Angst, mich für meinen Freund zu entscheiden. Zu Hause schliefen wir ja auch zusammen in meinem großen Bett. Das hatte ich nie vor Ina verheimlicht. Und morgens, wenn sie aufwachte, ist sie zu uns gekommen und hat sich in unsere Mitte gelegt. Das war kein Problem für mich. Aber kurz vor unserem Urlaub hatte mich Walter gefragt, ob wir nicht zusammenziehen wollten und später vielleicht auch heiraten sollten. Wir kannten uns damals gerade ein halbes Jahr. Diese Frage hat mich damals erschreckt, und ich hab mich innerlich von Walter zurückgezogen, obwohl er der erste Mann nach meiner Scheidung war, mit dem ich wirklich zusammen sein wollte, und der erste Mann, mit dem ich auch ganz lange Zeit zusammen war.

Nach meiner Scheidung bin ich sofort viel ausgegangen. Ich war ständig in irgendwelchen Kneipen unterwegs. Ich brauchte das einfach, dauernd rumzudüsen. Damals war ich gerade sechsundzwanzig. Die Scheidung war für mich eine Niederlage. Im Grunde war ich todtraurig, fühlte mich ganz verlassen und klein, ohne daß ich es wahrhaben wollte. Ich glaube, ich brauchte das für meine Selbstbestätigung. Die Zeit nach meiner Scheidung ist auch die Zeit, in der ich mit vielen Männern geschlafen habe. Jetzt weiß ich, daß das Unfug war. – Nein, ich meine nicht, daß es Unfug war, mit mehreren Männern zu schlafen. Das kann sicher auch sehr schön sein. Es war Unfug, weil ich mich von den Männern aussuchen ließ. Nicht ich habe mir den Mann ausgesucht, mit dem ich schlafen wollte, sondern der Mann hat mich ausgesucht. Heute ist das anders, ich gucke sehr genau, mit welchem Mann ich etwas anfangen will. Aber damals, da konnte ich das noch nicht. Und dann ... ich war einfach nicht fähig, mich längerfristig auf einen Mann einzulassen.

Obwohl meine Tochter damals noch ganz klein war, habe ich es immer so eingerichtet, daß sie nichts davon mitkriegen durfte, wenn ich mit einem Mann schlief. Ob das notwendig war, weiß ich eigentlich nicht. Ich glaube schon, daß es richtig war, ich konnte auch gar nicht anders. Jedenfalls habe ich meistens bei den Männern geschlafen und bin dann mitten in der Nacht aufgestanden und nach Hause gerast. Ina war ja allein zu Haus, einen Babysitter konnte ich mir nicht leisten. Solche Umstände sind natürlich auch sehr schlecht, einen

Mann näher kennenzulernen. Wenn du mit einem Mann geschlafen hast, ist es doch auch wichtig, daß du den Rest der Nacht mit ihm verbringen kannst, morgens zusammen aufwachst und siehst, wie es jetzt ist und ob ihr euch immer noch riechen könnt. Morgens zusammen aufwachen ist schön, wenn du den Mann neben dir magst.
Es gab einige Ausnahmen, da hat ein Mann auch mal bei mir geschlafen. Aber ich habe die Männer ganz früh am Morgen aus meinem Bett rausgeschmissen, nur damit Ina nichts merkte. Erst mit Walter, da hat sich bei mir etwas verändert, oder ich hatte mich schon verändert. Walter durfte bleiben, bis Ina aufwachte und wir gemeinsam frühstücken konnten. In der ersten Nacht noch nicht, aber schon nach unserer zweiten oder dritten Nacht.
Es ist ja auch frustrierend für einen Mann, ganz früh am Morgen, oft war es noch ganz dunkel draußen, aus dem warmen Bett vor die Tür gesetzt zu werden. Aber das mußten die Männer sich schon gefallen lassen und auch Verständnis dafür zeigen, sonst taugten sie in meinen Augen sowieso nichts.
Ob du nun ein Kind hast oder mehrere, so unbefangen wie andere Frauen ohne Kinder kannst du nie einen Mann kennenlernen. Mal ganz abgesehen davon, welche Bedenken und Ängste die Männer vor einer Frau mit einem oder mehreren Kindern haben, ist es auch für dich sehr schwierig, erst mal ganz locker auszuprobieren, welcher Mann paßt eigentlich zu dir. Irgendwie denkst du doch gleich immer für dein Kind oder die Kinder mit. Einfach so spontan mit dem Mann, den du jetzt magst, egal ob ihr euch erst einmal oder schon ganz oft gesehen habt, ins Bett zu gehen, weil dir jetzt danach zumute ist, das ist doch nicht drin. Da mußt du dich erst mal fragen, wo und wie du das einrichten kannst. Bei dir lieber nicht, dein Kind könnte ja etwas merken – und wie erklärst du ihm dann den fremden Mann in deinem Bett. Bei ihm – ja aber... dann denkst du doch gleich daran, daß dein Kind viel zu lange allein zu Hause bleibt oder dein Babysitter gehen wird, während du gerade erst anfängst, mit dem Mann zu schmusen. Eigentlich willst du das auch nicht. Du willst dein Kind ja nicht alleinlassen. Und wenn du es doch machst, hast du ein schlechtes Gewissen, kannst dich überhaupt nicht entspannen, kannst dich nicht fallenlassen und dich auf deine

Gefühle mit dem Mann konzentrieren. Und dabei haben, Frauen sowieso schon größere Schwierigkeiten als Männer, sich fallenzulassen. Den Frauen und noch viel mehr uns Müttern sitzt doch ständig irgendeine Verantwortung im Nacken.

Ich frage dich, wie kannst du unter solchen Bedingungen einen Mann richtig kennenlernen, wenn du wegen der Kinder Hemmungen hast, mit ihm zu schlafen. Gerade wenn er mit dir schläft, offenbart er sich doch ganz unbewußt, gibt viel von seinem Wesen preis. Da weißt du ziemlich schnell, woran du bist. Ist er eher schüchtern und ängstlich, versucht er zu blenden, kann er sich einfühlen in andere, in dich, kann er zärtlich sein, mit seinen Gefühlen leben, oder ist er verklemmt und alles muß ganz schnell bei ihm gehen, ist er vielleicht ein Sauberkeitsfanatiker? Wozu du sonst vielleicht Wochen und Monate brauchst, einen Mann etwas kennenzulernen, seine wesentlichen oder vorherrschenden Züge, das alles kannst du wirklich in einer Nacht mit ihm feststellen. – Du weißt doch im Grunde sofort, was du von einem Mann erwarten kannst, der sich danach sofort auf die Seite rollt und einschläft. Oder von einem, der einen Sauberkeitstick hat, von einem, der nur selbst bumsen will, oder einem, der auf dich wartet und erst mal versucht, dich zu befriedigen. Dann mußt du dich natürlich auch selbst ehrlich fragen, was du von einem Mann willst und erwartest. Vielleicht entspricht sein Sauberkeitstick ja auch deinem Naturell. Vielleicht magst du schüchterne und ängstliche Männer, vielleicht magst du starke Männer oder einen, der blenden kann, weil du einen Mann zum Vorzeigen haben willst, weil du einen Mann haben willst, der nach außen hin etwas darstellt, durch den du dich dann selbst aufgewertet fühlst, weil du glaubst, allein bist du nichts.

Ja, umgekehrt ist es wohl auch so. Auch als Frau gibst du viel von dir preis, wenn du mit einem Mann schläfst, bist verletzlich wie der Mann. Das Risiko gehst du schon ein, warum auch nicht. Und doch – das ist jetzt eine Vermutung –, die Frau offenbart sich im Geschlechtsakt wohl viel weniger als der Mann, weil sie gewohnt ist, auf den Mann zu reagieren. Ihre wahren Gefühle sind vielleicht noch tiefer verborgen als die Gefühle des Mannes. Aber sie möchte, daß er ihre Gefühle anrührt und weckt. Ich glaube, das ist eine große Schwierigkeit der Frauen. Wir hoffen darauf, daß der Mann unsere wahren Gefühle und Bedürfnisse, unsere Erwartungen entdeckt, errät, vor denen wir selbst aber Angst haben, zu denen wir selbst noch gar nicht vorgedrungen sind oder zu denen wir allein nicht stehen können. Du weißt nur, da ist noch mehr in dir, ganz tief verborgen, Gefühle, eine diffuse Sehnsucht, ich weiß nicht, wie ich das nennen soll, aber es ist etwas, das du noch nie gelebt hast. Nur, wie kann ein Mann deine Wünsche, deine Sehnsucht erraten, deren Ziel und Grund du selbst nicht mal kennst. Das fängt doch schon bei den scheinbar ganz einfachen Dingen an. Wie soll ein Mann dich befriedigen, wenn du schon Angst davor hast, ihm zu zeigen, wie du gestreichelt werden willst, wenn du das selbst vielleicht noch nicht mal weißt, weil du dich selbst nie berührt und gestreichelt hast.

Sind wir jetzt vom Thema abgekommen? Es ging ja um Kinder. Ich denke nicht. Das, worüber wir jetzt gesprochen haben, gehört wohl dazu. Unser Leben und unsere Liebe sind nun mal kompliziert. Wir sind ja keine Tiere mehr. Wenn wir mit unserem Geschlechtstrieb leben wollen, müssen wir uns vorher verlieben und lieben mit allem, was unser Leben ausmacht, Kinder, Beruf, Alltag, unsere Kindheit, unsere Angst vor dem Leben, vor dem Alleinsein. Ohne das bleibt unser Liebeserlebnis doch schal. Kinder machen dein Leben und Liebesleben nun mal noch komplizierter. Du suchst nicht nur nach einem Mann für dich, für dein Leben und für deine Liebe. Du mußt immer für dein Kind mitdenken und fühlen. Und wenn es deine Lebensumstände so verlangen, suchst du nach einem Vater für dein Kind oder für deine Kinder. Du suchst nach einem Mann, der die Verantwortung mit übernimmt, der dir den Rücken stärkt in dieser Welt, in der eine Frau mit Kindern nun mal nicht viel zählt. Oder du suchst nach einem Mann, der bereit ist, auch das notwenige Geld zum Leben mit heranzuschaffen, daß du allein mit deinem Kind oder gar mit mehreren Kindern nicht erarbeiten kannst. Bei den meisten alleinerziehenden Frauen fehlt doch das Geld an allen Ecken und Enden. Und wie kannst du in dieser Gesellschaft selbstbewußt mit wenig Geld leben? Prompt verliebst du dich in einen, von dem du glaubst, er könnte und will für euch mitsorgen, und vergißt dabei dich selbst, vergißt auch, daß Kinder nicht nur die Wurst auf dem

Brot, ein eigenes Zimmer und eine gute Schulausbildung brauchen. Schon hast du ihn in eure Wohnung, in euer Leben hineingelassen, machst Abstriche an deinen Erwartungen, nimmst es in Kauf, daß er die Kinder miterzieht, anders, als du es willst. Du unterdrückst deinen Ärger, daß er an den Kindern ständig herumnörgelt, ärgerst dich vielleicht statt dessen über dich selbst und die Kinder, glaubst auf einmal selbst, daß du sie schlecht erzogen hast. Du versuchst die Kinder in ihrer Wut über den Mann, der da jetzt auf einmal so viel zu sagen hat, ihr Leben nach seinen Ansprüchen zurechtbiegen will, zu beschwichtigen. Daß es überhaupt soweit kommen kann, hängt wohl auch damit zusammen, daß du als Mutter vor lauter Arbeit, Geldverdienen und bei aller Verantwortung für das Kind dich selbst nie wahrgenommen hast. Aber kannst du als Mutter deinen Kindern ihr Leben lassen, wenn du dich selbst mit deinen Bedürfnissen überhaupt nicht wahrnimmst, wenn du dich ständig zwingst, dich selbst zu verleugnen? – Ich hab so was auch erlebt.

Walter war eine ganz wichtige Erfahrung in meinem Leben, nicht nur, weil ich so gern mit ihm geschlafen habe. Wenn er am Wochenende zu uns kam, brachte er immer zwei große Plastiktüten voller Lebensmittel mit. Er stellte sie etwas verlegen auf den Küchentisch und sagte dann vielleicht so einen erklärenden Satz dazu: Ich hab mal was eingekauft, was ich gern esse. Ich brauchte mich nicht zu schämen. Er nahm mir damit das Gefühl, daß ich mich aushalten ließ, in Geldnöte geriet, wenn mal Besuch im Haus war. Zuerst war es oft so, daß ich schon selbst für das Wochenende eingekauft hatte, dann hatte ich immer viel zuviel Lebensmittel im Haus und bekam Angst, daß sie schlecht werden könnten. Später habe ich mich darauf eingestellt, daß Walter für unser Wochenende und darüber hinaus einkaufte. Walter hat auch nie versucht, mir Verhaltensvorschriften zu machen, wie ich mein Leben mit Ina einrichten soll, wie ich Ina erziehen soll. Walter hat von Anfang an versucht, sich unabhängig von mir mit Ina anzufreunden, und das ist ihm auch gelungen, beide mochten sich. Bis zu unserem gemeinsamen Urlaub. Nach dem Urlaub war es erst mal aus zwischen uns dreien. Walter hat uns zwar noch manchmal besucht, aber wir konnten nicht mehr miteinander reden, und schlafen konnte ich auch

nicht mehr mit ihm. Dieser Urlaub und mein Gefühl, jetzt muß ich mich für Walter entscheiden, war der Anfang vom Ende meiner Liebe.
Ja ich weiß schon, was du mich jetzt fragen willst. Ja, ich hatte wohl Angst vor der Vorstellung, mein Leben mit einem Arbeiter zu verbringen, hatte vielleicht Angst vor der Enge dieses Daseins, dieser materiellen Enge des Lebens, die ich ja zur Genüge kenne. Erst jetzt, seitdem ich diese Gruppentherapie mitmache, ist mir vieles in meinem Leben klarer geworden. Meine Probleme sind dadurch nicht einfacher geworden, aber ich sehe vieles im Leben dadurch klarer: die Beziehung zu meiner Tochter, meine Mutterrolle, meine Beziehungen und Erwartungen zu den Männern.
Ich glaube schon, hinter deinen vorherrschenden Eigenschaften und Zügen, deinem Verhalten, mit dem du im Alltag zu überleben versuchst, gibt es auch noch andere Wesenszüge in dir, die unter bestimmten Umständen in der Begegnung mit anderen Menschen, wenn du sie wirklich zuläßt, aktualisiert werden können. Aber in einer Zweierbeziehung und von einer Zweierbeziehung zu hoffen, du selbst oder der andere wird sich ändern unter dem gegenseitigen Einfluß, das halte ich für eine Illusion, das muß mit einer Enttäuschung enden. Und wenn du schon Kinder hast, wird's noch schwieriger, weil die Kinder ja auch schon sehr viel Aufmerksamkeit und Energie von dir verlangen. Du mußt da sein für ihre Bedürfnisse und Probleme, egal, ob ihre Bedürfnisse und Probleme in deinen Augen nun schwerwiegend oder läppisch sind. Und in einer Zweierbeziehung herrscht doch, wenn auch unbewußt, die Erwartung vor, der eine soll den anderen für die ganze Unbill, die er tagsüber erlitten hat – entweder zu Haus mit den Kindern oder draußen in der Welt, also am Arbeitsplatz –, entschädigen, Demütigungen wiedergutmachen, den ganzen Alltagsfrust und Mief wegloben und weglieben oder dich wenigstens in Ruhe lassen. Ich will mich jetzt noch nicht wieder auf so eine enge Zweiergemeinschaft einlassen, da werden doch deine ganzen alten Kindheitsgeschichten und Kindheitsträume wieder wach. Das Verhalten, das du in deiner Kindheit lernen mußtest, gewinnt womöglich wieder die Oberhand, überlagert alles, was du später dazugelernt hast, fern von Zuhause. Was deine Mutter, deine Eltern alles im Namen der Liebe von dir gefordert haben, was sie alles zu

deinem Wohl für dich getan haben, die vielen Opfer, die sie gebracht haben, ihr Leben, das du als Kind leben mußtest, um geliebt zu werden, ich glaube, das alles verlangst du in einer Zweierbeziehung auch ganz unbewußt von deinem Partner. Und damit ist er natürlich überfordert. Ich glaube, wenigstens in dieser Erwartung sind Frauen und Männer ziemlich gleich.

Mir ist da noch wie heute eine Situation mit einem Freund in Erinnerung. Das war einige Monate nach meiner Trennung von Walter. Ich hatte mit diesem Mann geschlafen, und ich hatte keinen Orgasmus, war also ziemlich frustriert, weil ich vorher sehr in Fahrt war. Mein Freund war danach schnell eingeschlafen, und das konnte ich nicht ertragen. Da mußte ich aufstehen, weil ich nicht schlafen konnte. Ich hab mich dann in die Küche gesetzt, um zu rauchen, und hab dabei gelesen. Ich mußte mich etwas ablenken. Auch im Halbschlaf hatte mein Freund bemerkt, daß ich nicht mehr neben ihm lag. Er vermißte mich wohl, oder nur irgendeinen Menschen an seiner Seite, diese schöne Wärme, die da sein kann, wenn du zu zweit im Bett liegst. Als er nach mir rief, meinen Namen rief: Wo bist du, kommst du endlich, das kam mir so vor, als wenn ein Kind nach seiner Mutter ruft. Da war alles in seiner Stimme drin: Ängstlichkeit, Klage, eine leichte Drohung und Vorwurf. Ja, Vorwurf: Warum bist du nicht da. Mich hat das wahnsinnig aufgeregt und wütend gemacht. Daß dieser Mann mich in diesem Augenblick vermißte, darüber konnte ich mich überhaupt nicht freuen. Ich hatte ein seltsames Gefühl der Überlegenheit und des Hasses in diesem Moment. – Ich wollte allein sein. Durch sein Rufen fühlte ich mich gedrängt, zu ihm zu gehen. Ich hatte plötzlich ein schlechtes Gewissen, als hätte ich etwas Verbotenes damit getan, mich von ihm zu entfernen, für mich zu sein. Deshalb wohl auch dieses Haßgefühl.

Wie soll ich das nur verständlich machen? In der Stimme dieses Mannes waren auf einmal die Stimmen meiner Mutter und meiner Tochter vereinigt. Ich hörte nur diesen leichten Unterton heraus, dieses Gemisch aus Angst, Vorwurf und Drohung, wenn sie nach mir riefen und ich nicht sofort reagiert habe. – Warum kommst du nicht, wenn ich dich rufe!

Das ist wirklich eine verzwickte Situation, ein Teufelskreis, in

dem sich Frauen bewegen. Solange dein Kind noch klein ist, mußt du lernen, sofort auf sein Weinen und Rufen zu reagieren, du mußt lernen, dich in die Bedürfnisse deines Kindes einzufühlen, mußt immer da sein, wenn das Kind nach dir verlangt, auch wenn du selbst aus vielen Gründen mal nicht willst oder kannst. Das Kind ist mit seinem Weinen und Schreien stärker als du. Darum verlangst du vielleicht auch später ganz unbewußt von deinem Kind, daß es sofort reagiert, wenn du nach ihm rufst, deshalb ist dieser leichte Vorwurf und diese Drohung in der Stimme der Mutter: Warum kommst du nicht, wenn ich nach dir rufe. Du hältst dein Kind unbewußt dazu an, dir deine Liebe und Aufopferung in irgendeiner Form zurückzugeben. Es soll wenigstens immer auf dich hören. Wenn du allein mit deinem Kind lebst, kommst du aus diesem Teufelskreis noch schwieriger raus. Da ist ja niemand da, der auch mal für dich einspringen kann, wenn du nicht mehr kannst. Da ist niemand da, der dein Kind genauso liebt wie du. Da fehlt dir der Vater des Kindes, so zum Ausgleich.
Manchmal träume ich mir einen Riesenvater als Freund. Ich sehne mich nach einem Mann, der mir alle Steine aus dem Weg räumt, der mir das Leben abnimmt. Aber nie lange. Wenn mal wirklich einer gekommen ist und das versucht hat, hatte ich ziemlich schnell die Nase voll davon. Ich will alleine gehen und nicht an der Hand eines Mannes, das wäre ziemlich langweilig für mich, was könnte ich da noch von der Welt entdecken. Als Kind habe ich immer gesagt, ich fasse mich ganz alleine an. Und so ist es bis heute geblieben, auch wenn ich es manchmal ganz anders träume und es für mich nichts Schöneres gibt, als wenn ein Mann mich ganz fest mit seinen Armen umfängt.

»Mein Sohn hat mich verändert«

Sina, 39 Jahre, Hochschullehrerin, ein Sohn, 4 Jahre

Harpo hat mich verändert. Immer wieder unterscheide ich die Zeit »heute« von der Zeit »früher«. »Früher« ist die Zeit vor Harpo, ohne Kind, und das erste Lebensjahr mit Harpo. »Heute« sind die Jahre danach, die Jahre, in denen ich mich durch meinen Sohn verändert habe. Ich weiß jetzt, ich will keine »gute Mutter« sein, ich will mich und meinen Sohn verstehen! Mit Harpos Geburt begann eine Wiederentdekkung von alten/neuen Gefühlen, die sich bis heute fortsetzt. Ich erlebe Trauer, Wut und Freude viel, viel stärker. Ich bin sensibler geworden im Umgang mit anderen Menschen und frage mich häufiger: Was fühle ich, jenseits der Verhaltensmuster, die üblich sind zwischen Mann und Frau; was geht mich wirklich etwas an?

Ha..., die Schwangerschaft. Wenn ich Leuten erzähle, wie ich damals ein Kind bekommen habe, dann fällt mir ein, daß ich immer nur an die Geburt gedacht habe. An die Zeit danach, die Vorbereitungen für das Kind, zum Beispiel den Einkauf von Windeln, habe ich nicht gedacht. Schwangersein, mein Kind in meinem Bauch, meine körperlichen Veränderungen, das war's! »Professionell schwanger«, wie ein Freund mal sagte. Doch habe ich noch vierzehn Tage vor der Geburt in der Hochschule gearbeitet. Es wurde mir nicht zuviel. Dieses neue Körpergefühl war schön! Ich habe meine Schwangerschaft genossen! Körperliche Beschwerden hatte ich kaum. Ich wurde bewundert mit meinem Bauch. Meine WG-Freunde haben mich überall mit hingenommen, auf Feten und in Kneipen, und mich als »unsere« junge Mutter, die unser WG-Kind kriegt, vorgestellt. Ich war stolz auf meinen Bauch, und alle durften ihn anfassen. Für meine Figur war mein Bauch unheimlich dick, eine riesige Kugel, die, wenn ich saß, schwer auf meine Oberschenkel drückte.

Während meiner Schwangerschaft war ich manchmal ganz schön scharf. Was oft immer behauptet wird, schwangere Frauen haben keine sexuellen Bedürfnisse, stimmt, glaube ich, nicht. Ich habe aber in dieser Zeit mit keinem Mann geschlafen. Von meinem Freund, Harpos Vater, hatte ich mich gerade getrennt. Und außer meinen Freunden in der Wohngemeinschaft sowie deren Freunde und ein paar Kollegen kannte ich kaum Männer in Heidelberg. Ich war gerade erst in diese Stadt gezogen, und, wie gesagt, ich war »professionell schwanger« und zudem in einer neuen Stelle berufstätig. Ein Kollege verliebte sich während der Schwangerschaft in mich. Wir haben uns manchmal getroffen und viel erzählt. Nur erotisch sprach er mich nicht an. Ich fand's trotzdem sehr schön. Genoß es. Ich hatte natürlich noch alte Tabus im Kopf wie: Männer verlieben sich nicht in eine schwangere Frau. Die ist für sie sexuell unattraktiv. Ein Neutrum. Eine Schwangere will keiner, da hat der Mann doch gleich Angst, die Frau sucht doch nur nach einem Zieh- und Zahlvater für ihr Kind. Ich war also verwundert, daß es auch anders ging, daß sich Peter in mich verliebt hatte. – Ich hätte meine Schwangerschaft wohl ohne die Anerkennung und Anteilnahme anderer Menschen nicht so positiv erlebt. Die brauchte ich, auch zumal ich ja ohne Harpos Vater lebte, »alleine schwanger war«. Der war weit weg in einer anderen Stadt und rief hin und wieder mal an. Ich brauchte die Nähe zu anderen Menschen, besonders zu Frauen, ganz besonders zu Schwangeren. Zu Lothar aus unserer Wohngemeinschaft hatte ich eine stärkere emotionale Verbindung. Wir umarmten uns, waren zärtlich. Er hat meinen nackten Bauch gestreichelt und nach den Stößen des Kindes gefühlt. Aber das machten auch Inge, Ralf und Mira aus der Wohngemeinschaft und die Frauen aus der Schwangerschaftsgruppe sowieso. Überhaupt war es wichtig für mich, mit Freunden/innen zusammenzuwohnen, die mich mochten und die ich mochte.

Es gab liebgewordene Eigenarten (Macken) von den Leuten: Inge legte sich auf meine Couch, während ich an meinem Schreibtisch saß und arbeitete. Sie döste, schlief ein oder las. Oder Lothar guckte, wenn er als letzter nachts aus der Kneipe kam, in alle Zimmer, um nachzusehen, ob wir auch wohlbehalten schliefen. – Ich konnte in die Zimmer hineingehen und mit den Leuten reden, oder da kam jemand in mein Zimmer und fragte, wie es mir geht, und morgens, wenn ich aufwachte und frühstücken wollte, saß ich manchmal alleine, manchmal mit anderen am Frühstückstisch. – Die Zeit meiner Schwangerschaft (die Zeit nach dem Umzug) war wirklich schön, wenn auch anstrengend. Alles war neu, und neugierig war ich immer schon, auf meinen Bauch, auf meinen Körper, auf die neue Stadt, die neue Stelle, die neuen Leute, die Wohnung, alles. – Vielleicht hing es auch mit meinen Alter zusammen, mit meiner Entwicklung. Ich war Mitte dreißig. Als ich jünger war, wollte ich nie ein Kind haben und hatte sogar Angst vorm Kinderkriegen. Es blieb immer noch etwas von dieser Angst übrig. Die bangen Fragen: Sterbe ich oder das Kind bei der Geburt? Wird mein Kind gesund zur Welt kommen?

Zu den »Müttern ohne Männer« gehöre ich nicht und doch. Ich habe nicht nach einem Mann gesucht, der mir ein Kind macht, und ihn dann weggeschickt. Harpos Vater und ich kannten uns ein paar Jahre. Eine kurze Zeit wohnten wir auch zusammen. Manchmal wünschte ich mir ein Kind, manchmal er, manchmal wir beide, dann wieder nicht. Ich war – und bin – sehr widersprüchlich eingestellt bezüglich Kinderwunsch. Hatte Angst von einem Beziehungskind mit Kleinfamilie. Das wollte ich nicht. Wollte aber ein Kind. Mit einer halben Zusage einer neuen Stelle an einer anderen Uni entschied ich mich, ein Kind zu haben. Ich dachte, das ist eine gute berufliche Grundlage, auf der ich allein mit einem Kind leben kann. Ich verhütete nicht mehr. Klaus auch nicht. Er wollte auch ein Kind und meinte nur: »Wenn wir uns trennen, kriegst du das Kind«.

Also: Eine kurze Zeit lebten wir zusammen. Irgendwann, plötzlich, bin ich aus der gemeinsamen Wohnung ausgezogen. Es stimmte etwas nicht mehr, schon länger, schon lange.

Trennen von Klaus wollte ich mich wohl damals noch nicht. Ich brauchte Distanz und Zeit für mich, um mich zu besinnen: Was wollte ich? Ich bin kurzfristig bei einer Bekannten, dann bei einem Freund untergekommen. Mit Klaus habe ich mich vor allem intellektuell und sexuell verstanden und auseinandergesetzt, aber emotionell blieb ich auf der Strecke. Das wollte ich ändern. Erst im nachhinein habe ich gedacht, daß in unserer Beziehung vieles – das Emotionale – schieflief. Zum Beispiel denke ich heute, daß ich wohl Angst hatte vor ihm und er Ängste vor mir, Beziehungsängste, Selbstmißtrauen oder so. Wir bauten diese Ängste nicht wirklich zwischen uns ab, erkannten sie wohl auch nicht richtig. Jeder war vom anderen irgendwie fasziniert, angezogen und wohl auch angstvoll abgestoßen, zwei starke Typen, wie im Kitsch-Film. Ich, eine Feministin mit Wissenschaft im Kopf, eher in der Subkultur herumtreibend, er ein kopflastiger linker Halb-Chauvi, in etablierten Einrichtungen feststehend. Wir inszenierten verschiedene Macht- und Konkurrenzspielchen, es gibt ja 'ne Menge, und jeder kennt sie, wir bedrohten uns beide mit Trennungen, zerstörerischen Kritiken, mit Eifersucht und Affären. Bloß immer noch jemand im Hinterhalt zu haben, mal wirklich, mal als Drohung. Irgendwann wurden wir einsichtig, konnten uns sagen, daß wir uns verletzten. Wir versuchten, »Abmachungen« zu treffen, uns nicht mehr so zu verhalten. Aber die Änderung griff nicht wirklich tief. Wir wollten uns ja nicht zu nahe kommen. Davor hatten wir Angst. Dazu kam, wie damals die politische und Hochschulsituation sich zurückentwickelte, die uns ganz unterschiedlich beeinflußte und nervte. Die linke Reformphase war vorbei, die Frauenbewegung in der Stadt und in der Uni breitete sich aus. Manchmal fühlte ich mich ganz schön stark und ließ das Klaus spüren. Ich hatte auch diese Scheißlust zu kämpfen,ich meine heute, den falschen Kampf, ihn anzumachen, weil ich die knisternde Spannung liebte. Heute gibt's auch noch Spannungen der Gefühle, weil ich leben will, aber die Spannungen machen nicht kaputt. Ich machte damals, wie Klaus vorwurfsvoll bemerkte, das, was ich wollte. Er »konnte« es ja nicht. Ich hatte Spaß an der Hochschule, wenn ich auch sehr litt unter meiner Qualifikationsarbeit. Ich arbeitete im Frauenzentrum mit und kam an solchen Abenden gestärkt, lustig und müde zurück. Dadurch fühlte sich Klaus wiederum bedroht. Ich war die erste Feministin in seinem Leben, was ich manchmal auch bewußt als Waffe gegen den Chauvi in ihm verwandt habe. Er wollte sich – anfangs – schon ändern, »konnte« es aber nicht. Manchmal glaube ich, daß ohne meine berufliche Arbeit, ohne das Frauenzentrum, ohne die vielen nächtelangen Gespräche mit Frauen, ohne die Beziehungen zu Frauen überhaupt die Beziehung zu ihm schon früher zu Ende gewesen wäre (oder wäre sie sonst nicht zustande gekommen?). Mit Frauen, mit Frauenbüchern usw., da kriegte ich etwas, da gab ich etwas, da fing doch im Bauch (nicht nur über Kopfansprüche) eine Sehnsucht an. Und bei Klaus? Da gab es unsere abstrakten, für mich heute gleich unehrlichen Beziehungsgespräche und unsere wissenschaftlichen »Diskurse«, die für mich langsam an Bedeutung verloren. Ich konnte mich emotional nicht mit ihm weiterentwickeln, aber dieser Wunsch wurde auf einmal lebensnotwendig für mich. Ich fand das so bedrückend, deshalb mußte ich schnell raus aus der Wohnung. Weg. Erst mal weg. Ich wollte später mit Klaus über alles reden, damit ich und er begreifen, was wir in diesen Jahren mit uns gemacht hatten. Wir mochten uns ja noch, hatten Interesse.

Klaus konnte und wollte nach meinem Auszug und auch später nicht mit mir darüber reden. Er wurde aggressiv. Wieder konnten wir nicht miteinander, sondern nur gegeneinander reden, bis ich dachte, dann eben nicht, dann muß ich selbst einen Schlußstrich unter diese Beziehung machen. Vielleicht hatte diese Konsequenz auch etwas mit meiner Schwangerschaft zu tun. Ich wollte neu leben. Bevor ich aus unserer Wohnung auszog, war ich schwanger geworden, ohne es zu wissen.

Getrennt von Klaus und allein ohne »festen« Freund war mir einiges klarer geworden. Mit den Männern hatte ich immer nur meinen Kopf »weiter«-entwickelt. Alle paar Monate hatte ich neue wissenschaftliche Ansätze im Kopf. Berufliche Qualifikationen hatte ich zur Genüge erworben. Ich merkte, es war genug, es wurde langweilig. Fremde Länder hatte ich auch gesehen, viele, und trotzdem war die Unruhe geblieben, diese Sehnsucht nach dem Leben. Lange bin ich wie auf einem Grat durchs Leben gewandert, ständig in Gefahr, mein Gleichgewicht zu verlieren, und ab und zu habe ich es auch verloren, bin abgestürzt und habe mich wieder aufgerappelt. Ich hatte »genug« erlebt, auch in der Liebe mit Männern. Ich habe gelitten, und ich war glücklich mit ihnen. Aber eines Tages merkte ich den Schatten, der mich begleitete, die Sehnsucht, mich ganz zu fühlen, weniger gegen mich zu leben. Der Kopf und veraltete Gefühle hatten mich zu häufig regiert. Als ich von meiner Schwangerschaft erfuhr, wußte ich sofort, ich will nicht noch einmal abtreiben. Diesmal wollte ich das Kind haben. Mein Verstand würde schon Lösungen und Möglichkeiten finden, das schwierige Unterfangen Mutterschaft und Beruf in Einklang zu bringen. Und ich wußte, wenn ich dieses Kind will und bekomme, dann muß ich es auch alleine großziehen können. Es durfte kein Beziehungskind werden! Das Kind sollte mich nicht in einen emotio-

nalen Clinch oder in eine materielle Abhängigkeit zu Klaus bringen. Meinen Beruf wollte ich auch auf keinen Fall aufgeben, noch nicht einmal meine Arbeit für ein, zwei Jahre unterbrechen.
Klaus sah es anders, er wollte ein Beziehungskind. Er sagte: Das Kind ist doch ein Grund mehr, zusammenzubleiben. Gerade so wollte ich es nicht. Ich konnte mir bei solchen Sätzen sofort lebhaft vorstellen, wie wir unsere vielen Konflikte über das Kind austragen würden. Obwohl ich wegen der Schwangerschaft das Rauchen aufgegeben hatte, fing ich bei jedem Gespräch mit Klaus wieder an zu rauchen, so verärgert und frustriert war ich. Ich hatte mich – noch in der Beziehung mit Klaus – nach Heidelberg wegbewoben. Klar war für mich, wenn ich die Stelle kriege, ziehe ich weg und er bleibt in L. Ich kriegte die Stelle.
Mit dem Kind im Bauch bin ich nach Heidelberg gezogen. Heidelberg, die Traumstadt meiner Jugendzeit. Dort kannte ich noch von früher Freunde, meine neue WG. Klaus hat mir später zum Vorwurf gemacht: »Du bist ja, ohne mich zu fragen, mit unserem Kind weggezogen.« Er wollte an der Schwangerschaft, an der Geburt teilhaben. Zehn Tage nach Harpos Geburt besuchte uns sein Vater in Heidelberg. Ich war gerade aus dem Krankenhaus entlassen und hatte nichts dagegen. Alle, die Hilfe anboten, waren willkommen. Und ich war auch stolz über Geburt und Kind. Es ging nicht gut mit Klaus. Wir gerieten in Streitereien miteinander. Sollte Klaus sich um Harpo kümmern, wenn er es wollte, nur mit uns ist es aus, dachte ich damals und sagte es auch. Klaus wollte dagegen mit mir weiterhin über »Inhalte«-Wissenschaft reden und über seine neue Freundin, die eifersüchtig auf mich und Harpo war, ich sollte sie doch mal anrufen und so weiter. Er reiste ab, nicht ohne mir zu versichern, er werde sich um Harpo kümmern. Doch er zog sich mehr und mehr zurück. Klaus sagte telefonisch seinen Besuch an, und dann kam ihm meistens was dazwischen. Ich war nicht böse deshalb, weil ich mich ja darauf eingestellt hatte, allein für Harpo zu sorgen.
In der Wohngemeinschaft lebten wir damals zu fünft. Schon bald nach der Geburt von Harpo bekam ich zu spüren, wie das anfänglich so große Interesse am Kind nachließ, wenn es nicht nur um die berühmte Lust sondern um die Last ging.

Angedeutet hatte sich das schon in den letzten Monaten meiner Schwangerschaft. Inge, die mit mir Geburtsvorbereitungen machen wollte, »verschlief« die Termine. Als es um die konkrete Arbeit und Betreuung von Harpo ging, hatten die anderen keine Zeit mehr. Da saß ich nun mit meinen diffusen Ängsten, fragte mich, wie komme ich zurecht mit Kind und Beruf, ohne davon aufgefressen zu werden. Dabei wußte ich nur vage, was es bedeutet, ein Kind zu haben, wie sehr ich durch das Kind als ganze Person gefordert bin. Manchmal habe ich in diesen ersten Monaten mit Harpo schon mit dem bequemen Gedanken gespielt, einen Kindsvater für Harpo zu suchen, einen, der sich mit um Harpo kümmert! So nach dem Motto: Wäre ich ein Mann und hätte eine Frau, die ... Sicherlich nicht ernsthaft. Ich kann so was nicht. Ich habe es dann vorgezogen, mich nach einer neuen Wohngemeinschaft umzusehen.
Wie wir Harpos Betreuung gemeinsam organisieren können, haben wir uns in der WG vorher nie überlegt, sonst wären uns die unvereinbaren Alltagsabläufe schon früher aufgefallen. Die anderen WG-ler waren Ärzte und hatten nicht nur ihren anstrengenden Tagesdienst, sondern waren auch oft Nächte hintereinander in der Klinik. Wer sollte da babysitten? Ihr Schlaf- und Wachrhythmus war so ganz anders als Harpos und auch meiner.
Harpo hat mein Leben neu gestaltet. Durch ihn mußte ich nicht nur meine Arbeitsgewohnheiten verändern. Unser Alltag schlaucht mich, manchmal verliere ich die Nerven und schreie Harpo an. Harpo ist jetzt viereinhalb Jahre, und zur Zeit habe ich mal wieder Probleme mit seinem Kinderladen, die mich in Gedanken dauernd beschäftigen und arbeitsunfähig machen. Nachmittags und an den Wochenenden möchte ich gerne nachholen, was Harpo vielleicht an Anregung im Kinderladen versäumt haben könnte. Ich möchte mit ihm etwas tun, das ich wichtig finde. Nachmittags geht aber erst mal viel Zeit mit Einkaufen und Haushalt drauf, und danach sind wir beide müde. Inzwischen bin ich dazu übergegangen, die Hausarbeit mit ihm gemeinsam zu machen. Ich schaffe dann auch etwas, und Harpo kann sich mit der Alltagsrealität und nicht mit ihrer Verniedlichung auseinandersetzen. Er ist froh und todernst dabei, und ich gewinne etwas Kraft für mich, wenn ich nicht hektisch bin. Wenn ich manchmal

zwischendurch Zeit habe oder sie mir einfach nehme, mich auch entspannen kann und mit Harpo spontan oder geplant etwas produziere, bin ich glücklich. Ich bastele gerne mit ihm, Schiffe und Ställe bauen etc. Ich hasse es, wenn wir mit fertigem Spielzeug spielen, und tue es oft, weil ich einfach k. o. bin. Wenn ich an meine Hochschularbeit will, kommt es vor, daß ich versuche, Harpo zu verführen, allein mit seinem Fertigspielzeug etwas anzufangen. Nur läßt sich der Typ selten verführen. Ich habe mir abgewöhnt, mich zu ärgern, wenn meine Hausfrauentätigkeit durch Harpo unterbrochen wird. Auch wenn ich sonst ganz rational »funktioniere«, mit der einen Hand fülle ich die Kaffeemaschine, mit der anderen wasche ich die fehlende Tasse fürs Frühstück ab, habe ich durch Harpo gelernt, »unrational« zu handeln. Ich kann mich stoppen in meinem durchorganisierten Tagesablauf und einfach alles fallen und liegen lassen, wenn Harpo etwas von mir will. Andererseits bin ich auch stolz, zehn Dinge auf einmal machen zu können, auf meine Fähigkeit, meine Zeit und Kraft meistens gut zu rationalisieren. Es geht ja auch gar nicht anders in einem Ein-Frau-Betrieb. Doch habe ich mich inzwischen gefragt, was geht mir und Harpo verloren, was merke und fühle ich nicht mehr, wenn ich den Alltag so sehr durchrationalisiere. Wenn Harpo jetzt zwischendurch mal schmusen will, wird geschmust. Wenn ich Lust habe, mit Harpo zu turnen, wird geturnt. Ich habe dann das Gefühl, Harpo ist »groß«, und freue mich darüber. »Groß« meine ich nicht im Sinne von üblichem Erwachsensein, sondern ich meine damit, gleichberechtigt und gleichbeteiligt zu sein. Ich kann und will mich nicht nur auf eine kindliche Stufe mit ihm setzen. Und ich will keine »gute Mutter«, keine Spielfrau sein. Von dieser gängigen gesellschaftlichen Norm, die uns Frauen knebelt, unser menschliches Verhältnis zum Kind stört, will ich runter. Wie meine Mutter, nein! Sie konnte nicht anders. Ich kann es ein bißchen anders. Ich will mit Harpo zusammensein, mit ihm gemeinsam etwas tun, so richtig von »ganzem Herzen«. Ich will meinen Sohn nicht erziehen, sondern verstehen, auch von ihm lernen. Soll er sich doch woanders holen, was er sonst noch will, im Kinderladen und bei meinen Freundinnen und Freunden.

Unser erstes gemeinsames Jahr war schwer für mich. Nie hat mich ein Mensch so irritiert, nie hat ein Mensch mein Leben so durcheinandergebracht wie Harpo in diesem ersten Jahr, nie habe ich mich durch jemanden existenziell so bedroht gefühlt. Nicht durchschlafen können, in diesem Fall, weil ein Kind ruft, heißt sonst psychischer Terror und Körperverletzung. In manchen Nicht-Durchschlaf-Phasen habe ich Harpo angeschrieen, ihn geschüttelt voller Verzweiflung. Puh... furchtbar! Ich konnte nicht mehr anders. Harpo erschrak sehr. Schließlich weinten wir beide zusammen. Ich war todunglücklich, weil ich so handelte, fühlte meinen kaputten Körper, dachte an den anstrengenden kommenden Tag. Dieser verflixte Stress, weil keine Zeit da war. Morgens hetzte ich schon los: Harpo packen, ihn anziehen und ins Auto verfrachten war eins. Und dann dachte ich, warum hast du den Wecker nicht früher gestellt. Ich habe herausgefunden, dieser Stress ist keine Zeitfrage. Es ist meine eigene Geschichte, die da eingreift. Ich inszeniere mit meinem Sohn Macht- und Konkurrenzkämpfe um meine Arbeitszeit, Zeit für mich, um Harpos Zeit mit mir – Zeitkämpfe, die woanders ausgefochten werden sollten. Die Tage mit Harpo haben momentan keine typische Reihenfolge mehr, verlaufen weniger gehetzt. Woran ich nur für mich festhalte, ist, aus dem Bett kommend, ungewaschen zu frühstücken! Harpo hat dann schon eine Runde gespielt und hat auch Hunger. Ansonsten ranke ich meine morgendlichen Tätigkeiten viel um seine Einfälle und Bedürfnisse herum, auch wenn einiges an Hausrabeit liegenbleibt. Auch wenn ich eine chaotische Wohnung mit ihm verlasse, die mich dann nach meiner Uni-Arbeit unfreundlich begrüßt. Manchmal ist mir das Chaos auch recht. Ich bewundere Harpos Unordnungssinn. Ich hätte nicht gedacht, daß ich so leben kann. Auch nicht, daß ich laufend – alle paar Tage oder Wochen – neue Ideen erfinden kann und muß, wie ich am besten »Zeit stehlen« kann, um nicht mit meinen Wünschen und meiner Gesundheit draufzugehen, um Harpos Wünsche zu berücksichtigen. Wichtig ist, ich fühle mich jetzt psychisch entlastet. Ich will doch auf mein Leben nicht verzichten, »nur«, weil ich ein Kind habe. Sind meine Wünsche zu maßlos, liebe ich Harpo nicht genug? Wie liebt man/frau Kinder? Dann denke ich wieder, meine Liebe zu meinem Sohn äußert sich in diesen kleinen schrittweisen Veränderungen meines Alltags, meiner Lebens- und Arbeitsgewohnheiten, meiner Person. Eine

Kollegin sagte mal zu mir: Frauen beziehen über ihr Kind ihr Selbstwertgefühl und emotionale Sicherheit. Wie denn? Ein Kind ist doch kein Versandhaus, von wegen beziehen! Harpo kann mich jeden Tag neu verunsichern. So verunsichert, so ambivalent war ich noch nie in meinem Leben! Aber ich entwickle mich auch weiter dabei.
Klingt dir das alles zu schön, zu schwer? Gewiß leicht ist mein Leben mit Harpo und mit meinem Beruf nicht, auch wenn ich keine finanziellen Sorgen habe. Ich stöhne unter den Belastungen des Alltags, und es gibt immer wieder Situationen, in denen ich Harpo anschreie: Ich will meine Ruhe! Ich will doch verliebt sein in meinen Sohn und denke: Warum muß ich jeden Tag mit ihm zusammen sein? Ich wohne ja auch nicht mit meinem Freund, in den ich verliebt bin, zusammen. Ich spüre auch nichts vondem Märchen, daß alles so viel leichter wird, wenn ein Kind erst mal drei oder vier Jahre alt ist. Wieso sollen Kinder in dem Alter angepaßter sein? Und was geschah mit den Müttern in den ersten drei Lebensjahren ihres Kindes? Leichter mit Harpo ist es für mich erst geworden, seitdem ich mich verändert habe. Seit ich zum Beispiel »lieb sein« wichtiger finde, als für meine Wissenschaft zu leben, seit ich Konkurrenz- und Machtkämpfe etc. ablehne, seit ich gesellschaftlich gebilligte Beziehungsspielregeln hasse. Es ist schwer dagegen anzukommen, manchmal unmöglich. Aber trotzdem.... Ich muß auch jetzt immer wieder herausfinden, was sich hinter dem Alltäglichen verbirgt, wenn mir dieser Kleinkram so auf die Nerven geht und Harpo das auch von mir zu spüren bekommt. Ist es Harpos Entwicklung, seine vielen Fragen, seine vielen Wünsche, sein Lernhunger? Warum kann ich nicht so richtig darauf eingehen und habe keine Freude daran, und wie kann ich unser Leben und unsere Bedürfnisse wieder zusammenbringen? Welche »Nebeneltern« und »Nebengeschwister« können helfen? Ist die Sitzung in der Uni, der Film etc. wirklich wichtig? Brauche ich einen neuen Staubsauger, der besser und schneller saugt, damit der Buddelsand nicht in meinem Bett kratzt und ich Harpo deswegen ausschimpfe? Es gibt nie »endgültige Lösungen«. Allgemeine Regeln neu und situativ aushandeln, das ist es. Wahnsinn, das ist neu für mich! Da muß ich mit mir, mit Harpo und anderen laufend im Gespräch bleiben. Da gilt nicht: »Das hast du doch früher so

gemacht und gesagt« oder: »Das habe ich dir schon dreimal gesagt!«
»Mutter hat einen Freund«, dieser Buchtitel, von dem du mir geschrieben hast, hat mich geärgert. Ich weiß, genauso denken die Leute über mich und Harpo und wollen damit meinen Wunsch, verliebt in einen Mann zu sein, in die skandalöse Ecke abdrängen. Sie würden mir Wohlwollen entgegenbringen, wenn ich mir einen Freund suche, um sie von Harpo zu entlasten! Dann könnten die Erzieher tagsüber den Laden früher schließen und eine zwei- bis dreimonatige Jahresschließungszeit durchsetzen! Denn dann kümmert sich ja wohl der Freund um Harpo! Hört sich das sehr bissig an? Ach, ich bin sauer und traurig, daß mir laufend aus mir fremden Interessen und Ideologien ein sozialer Pflichtvater für Harpo angetragen wird. Der Wunsch nach einer »Liebe« ohne Fortpflanzung und Kinderaufzucht wird mir nicht zugestanden. Mir wird zur Last gelegt, daß ich auf den Kinderladen angewiesen bin, daß ich ganztags und gerne arbeite, daß ich mich, uns finanziell selbst versorge. Das arme Kind! Wo hat hier die Frauen- und Studentenbewegung ihre Spuren hinterlassen? Möchten sie mich zu ihrem Unglück verpflichten, weil ihre Liebe zu Ehe- und Familienzwang verkommen ist? »Du kannst doch nicht ohne deinen Sohn mit deinem Freund verreisen«, sagen Leute im Kinderladen zu mir. »Dir geht es doch viel zuviel um dich, als Mutter mußt du auch zurückstecken.« Ihr Neid – ich verstehe sie ja –. Wollen sie damit mein Hochgefühl, verliebt zu sein, erdrücken? Mein Gott, ich bin eine Frau, den Ehrentitel »Mutter« will ich nicht tragen. Wie liest es sich, »Frau hat einen Freund«, ganz normal oder? Frau hat einen Freund, da fragen sich die Leute höchstens noch, wann sie ihren Freund heiratet oder mit ihm zusammenzieht. – Ich höre die Schuldsprüche der anderen und höre auch ihre, meine Schuldgefühle darin läuten. »Du kannst es dir ja leisten! – Du bist ja etabliert! – Du bewegst dich ja in der Subkultur! – Du hast ja Zeit! – Wieso hast du keine Zeit? – Du hast ja keinen Mann! – Du hast ja Geld! – Du schaffst ja ohnehin alles alleine! – Du hast ja einen Freund! – Wieso willst du Hilfe?«
Männer kennenlernen? Erst mal die praktische Seite! Wo denn, wie denn und wann? In den ersten Monaten nach Harpos Geburt war ich körperlich so unten, daß ich nicht

einmal sexuelle Bedürfnisse verspürte. Und auch später blieb mir mit meinem Kind kaum die nötige Zeit, einen Mann irgendwo kennenzulernen. Vor meiner Schwangerschaft und Harpos Geburt war ich oft auch allein unterwegs auf Feten und in Kneipen. Jetzt brauche ich die Abende und Nächte, um mich auf meine Seminare vorzubereiten, zum Lesen und Schreiben, zum Schlafen und auch nur so zum Abschlaffen wie früher. Allein bin ich in Heidelberg noch nie in eine Kneipe gegangen. Ein Luxus? Ich glaube, ich habe es fast verlernt, einfach allein in eine Kneipe zu gehen. In meinen Seminaren habe ich mit Studentinnen, die Kinder und keinen Mann oder Freund »haben«, darüber geredet: Wie lernten wir früher Männer kennen? Wir haben uns gegenseitig gefragt, wo und wie lernen wir heute Männer kennen? Meistens kam dabei heraus, auf Feten oder eben in Kneipen. Einige der Studentinnen haben erzählt, wie befangen sie auf einmal sind. Sie hätten regelrecht Angst vor der Situation, einem Mann zu begegnen, der ihnen gefällt. Jetzt, wo der Alltag mit Kind irgendwie läuft, soll da wieder ein Mann Unruhe stiften, Ansprüche stellen? Nein! Eine Entdeckung, die ich bei mir wieder gemacht habe: Ich brauche es auch wieder, daß Männer auf mich zugehen, mir ihr Interesse zeigen, das hilft mir, die Männer, die ich sonst übersehen hätte, anziehend zu finden, etwas Schönes an ihnen zu entdecken. Die Zeit, wo ich nur den Mann »erobern«, anmachen wollte, ist vorbei. Sicherlich bin ich auch vorsichtiger, ängstlich geworden. Aber... ich kann »Männer« nicht mehr »einschätzen«, »taxieren«, kann mich auch erst beim zehnten Treff in sie verlieben. Und sie sollen natürlich auch Harpo mögen. Ich könnte keinen Mann mehr ertragen, zu dem meine Beziehung erst anfängt, wenn Harpo bereits im Bett liegt. Da will ich nicht trennen zwischen Harpo und mir. Harpo ist eine wichtige Beziehung in meinem Leben. Ein Mann, der nur Schwierigkeiten mit ihm hätte, ihn nicht akzeptiert, müßte sofort gehen.

Mit meinem ersten Freund (nach Harpos Geburt) bin ich richtig durch eine Freundin verkuppelt worden. Vorher gab es zwei Kurz-Beziehungen und hin und wieder mal einen Mann, mit dem ich geschlafen habe. Robert war damals manchmal in Harpos Kinderladen. Er suchte eine Freundin und hatte mich schon einige Male gesehen, wenn ich Harpo in den Kinderladen brachte oder ihn abholte. Robert erkundigte sich bei meiner Freundin, die auch im Kinderladen arbeitete, nach mir und meiner Telefonnummer. Als Robert eines Tages bei mir anrief, sich vorstellte und mit mir verabreden wollte, habe ich am Telefon gekichert wie ein kleines Mädchen. Wir waren beide ziemlich unsicher in unseren ersten gemeinsamen Nächten. Bevor wir zusammen schliefen, redeten wir lange über Sexualität und Erotik. Ich habe Robert gefragt, wie verhütest du denn? Er fand die Frage überhaupt nicht komisch und hat ernsthaft Auskunft gegeben. Ich redete auch mit Robert darüber, daß ich immer oben liegen muß, um einen Orgasmus zu kriegen, und ich zeigte ihm, wie er meine Klitoris streicheln kann. Diese Kleinigkeiten waren es, die ich an Robert mochte. Wenn wir »Liebe« gemacht hatten und einschlafen wollten, war ich todmüde und holte Harpo meistens zu uns ins Bett, damit ich nachts nicht noch mal aufstehen mußte, um ihn zu holen oder zu trösten. Harpo war schon daran gewöhnt, einen Mann neben mir im Bett zu finden. Sein Zimmer und mein Zimmer sind etwa dreißig Meter durch einen langen Flur in unserer Wohngemeinschaft voneinander entfernt. – Als Harpo Robert zum ersten Mal in meinem Bett sah, konnte er noch nicht viel reden. Er war gerade eineinhalb Jahre. Ich habe ihm gesagt: »Das ist Robert.« Anfangs sollte ich in der Mitte liegen. Harpo wollte es so. Morgens haben wir zusammen im Bett gespielt, und beim Schmusen und Knutschen mit Robert bestand Harpo darauf, mitzumachen. Später, als es zwischen Robert und mir aus war und ich einen anderen Freund kennenlernte, wollte Harpo nicht mehr immer und unbedingt mitschmusen. Vielleicht brauchte er nicht mehr mitzuschmusen, weil er erfahren hatte, auch in solchen Situationen kann er sich meiner sicher sein, weil es nicht mehr ungewohnt war, weil er inzwischen älter war und mehr mit sich anfangen konnte.

Robert war im Grunde eifersüchtig auf Harpo. Ich habe es anfangs nicht gemerkt. Es dauerte lange, bis er sagte, – und da auch nur indirekt –, er sei erfersüchtig auf Harpo. »Unsere Beziehung ist für dich zweitrangig. Die engste und wichtigste Beziehung ist für dich Harpo, da komme ich nicht dazwischen.« Robert war unsicher, auch das habe ich erst viel später gemerkt. Von ihm stammt der Spruch »starke Mutter«. Er hatte Angst, ich nehme ihn nicht so wichtig, und hat wohl

deshalb später immer vor mir demonstriert, wie hart und wie viel er arbeitet, d. h., wie wichtig er ist. Robert, der sensible, liebe, softe Nicht-Mann, fing auf einmal mit Machtkämpfen an, die ich so nicht mehr wollte. In meiner Hochschularbeit sah er nur Theorie – »du und deine Theorien« – und betonte dagegen, er sei Praktiker. Mag sein, er hatte einen Komplex, weil er »bloß« Sozialarbeiter war und ich promovierte. Ich mochte diese Abgrenzungen und unsere sinnlosen Streitgespräche darüber nicht und ging doch darauf ein. Diese Fallen! Ich bin zwar qualifiziert und an der Hochschule, bin aber noch sehr die alte Sina aus einer verarmten Familie und identifiziere mich nicht mit akademischem Getue und Standesdünkel. Ich wühle weiter unten. Ich verstehe meine Arbeit auch sehr als an der Praxis, am Alltag orientiert. Anders kann ich gar nicht lehren und forschen. Ich bringe mich in Seminaren auch über meine Erfahrungen ein, wie zum Beispiel im Seminar über »Mütterlichkeit«, das ich zusammen mit einer Kollegin veranstaltete.
Robert brauchte ständig seine Termine, auch nach der Arbeit. Diese Termine hielten sein Leben zusammen wie ein Korsett: Er arbeitete als Sozialarbeiter in einem Gesundheitsprojekt, hatte von morgens bis abends zu tun und betreute noch zusätzlich einen Gesundheitsladen in einer anderen Stadt, ging wöchentlich einmal in eine Therapiegruppe, machte Familienbesuche und war in einer Partei aktiv. In der Woche war er rund um die Uhr beschäftigt. Freie Zeit für sich kannte er nicht. Ich habe zwar auch nicht viel Zeit und bin durch Harpo »bestimmt«, habe mir aber eine zeitliche Flexibilität bewahrt bzw. »erkämpft«, d. h., ich kann mich auch von neuen Gefühlen und Bedürfnissen spontan leiten lassen. Mit Robert konnte ich mich nicht spontan verabreden, wenn ich mal Lust auf einen abendlichen Spaziergang oder ein Bier hatte. Es mußte ein »Termin« sein. Es irritierte ihn sehr, wenn ich ihn mal an seinem Arbeitsplatz anrief. Auf Dauer paßte mir das nicht. Ich erzählte Robert davon, daß ich mich unwohl fühlte, und prompt zeigte er weniger Interesse an Harpo. Gib mir erst mal einen Beziehungsgarantieschein für uns, dann investiere ich auch etwas in Harpo, so war wohl seine Einstellung. Am Anfang unserer Freundschaft haben die beiden noch viel zusammen unternommen, später war Robert dann nicht mehr so nett mit Harpo. Mich ärgerte das. – Ist das

noch der Robert, den ich so toll und klar fand, von dem ich geglaubt habe, er hätte sich etwas mehr von seiner Männerolle emanzipiert? Ich habe auch versucht, nicht so zerstörerisch wie früher mit Robert über diese Probleme, die sich zwischen uns stellten, zu reden. Seine Reaktion war typisch »männlich«. Er wollte unsere Probleme organisatorisch, technisch lösen. Er glaubte, daß eine Praktikantin, die ihm Arbeit abnehme, »sein« Zeitproblem löse. Nur, um ersparte Zeit ging es mir nicht. Ich wollte einfach von Zwängen freier, den Gefühlen näher und offen und ehrlicher mit ihm sein. Nur, das gerade konnte und wollte Robert nicht verstehen. Wie schwierig es ist, nach seinen eigenen Einsichten zu leben, habe ich wieder einmal durch Robert erfahren.

Ich weiß inzwischen, welche Lebens- und Liebesbedingungen ich mir schaffen muß, um mich mit Harpo wohl zu fühlen. Wenn da jemand kommt und mir das miesmachen will oder mir große Schwierigkeiten macht, haue ich ab, schicke ich ihn weg. Kein Mann, keine Frau darf die Beziehung zwischen mir und Harpo zerstören. Auch darin habe ich mich durch Harpo verändert, Männer haben ihre frühere Bedeutung in meinem Leben verloren. Was ich für mich aufbaue, – beruflich, privat, materiell, mein Leben mit Harpo –, ist unabhängig von einzelnen Männern, da soll mir kein Freund reinreden und reindiktieren.

Ich bin noch so erzogen worden, daß nur mit einem Ehemann das Selbstbewußtsein von Frauen und ihre Bedeutung wächst. Ich habe früh versucht, mich davon zu befreien. Zuerst diffus und mit dem Kopf. Ich konnte und kann mich aber nicht so schnell aus meiner Frauenrolle und meiner Männerorientierung befreien. Meine Entwicklung in die frauenbewegte Richtung ist auch nicht gradlinig verlaufen, es gab und gibt immer wieder Brüche, so u.a. in meinen Männerbeziehungen, wieso suchte ich mir Männer wie Klaus und Robert aus? Aber schon als junges Mädchen hatte ich nicht wie die meisten Mädchen in diesem Alter den Wunsch, zu heiraten und Kinder zu haben. Ohne genau zu wissen, warum, habe ich gedacht, diesen Quatsch will ich nicht mitmachen! Und als die Frauenbewegung hier anfing, war ich gleich dabei. Damals war ich schon fünfundzwanzig Jahre. Mein Abitur habe ich über den zweiten Bildungsweg gemacht. Ich wollte lernen, mir Wissen aneignen. Ich hatte so viele Nachholbedürfnisse. Im Windschatten von Harpos Vater hätte ich schneller und leichter meine berufliche Karriere aufbauen können. Ich kenne Frauen, die über ihre Männer oder Freunde einen Hochschuljob ergattert haben, die erst über die Beziehungen ihrer Männer etwas veröffentlichen konnten oder die an einer Doppelkarriere mit ihren Männern bauen. Mir liegt das nicht mehr. Ich will doch lieber meinen eigenen Weg gehen, mit meiner Nase im Wind. Ich habe immer gedacht, ich mach das schon irgendwie. Besser wir Frauen/Mütter schaffen es, wenn wir solidarisch mit uns und unseren Kindern sind. Diese Einstellung will ich mir erhalten und sie auch an meinen Sohn weitervermitteln. Frauen haben es in dieser Hinsicht schwer. Ich habe die Erfahrung gemacht, Männer sind – nach außen hin – immer total überzeugt von ihrer Berufsarbeit, von sich selbst und der Wichtigkeit ihrer Arbeit, während Frauen sehr schnell ihre Berufsarbeit, die Wichtigkeit ihrer Arbeit überhaupt und sich selbst in Frage stellen. Vielleicht ist das auch eine positive Eigenschaft der Frauen. Denn wie sollte sonst Entwicklung möglich sein, wenn wir nicht bereit sind, unsere Arbeit und uns selbst immer wieder zu hinterfragen. Wir müssen nur lernen, das Positive in dieser Eigenschaft zu sehen. Auch durch Harpo habe ich mein Leben, mein Verhalten immer wieder neu hinterfragt und mein Leben noch einmal vom Kopf auf die Füße gestellt.

Nicht Männer sind Mittelpunkt meines Lebens, sondern Leben allgemein – besonders meines und Harpos – habe ich zum Mittelpunkt des Alltags gemacht, oder ich versuche es wenigstens. – Wie soll ich das erklären? Ich glaube, erst auf dem Höhepunkt meiner sexuellen und körperlichen Entwicklung habe ich mich für die Schwangerschaft, für ein Kind entschieden. Meine Angst vor einem Kind verlor sich, je besser ich meinen Körper, mich kennenlernte. Aber nicht durch Körperübungen, Sport, Frauenärzte, Aufklärung etc. habe ich mich kennengelernt. Nein, durch meine Sexualität, überwiegend mit Männern und auch mit einigen lesbischen Freundinnen, habe ich gelernt, meinen Körper zu genießen, ihn schön zu finden; durch Tanzen und Schwimmen im Meer, in Selbsterfahrungsgruppen mit Frauen, in Spielen, mal den Clown mimen oder sich verkleiden, durch Selbstuntersuchungen, durch Masturbieren. Mir fehlte nur noch die

Erfahrung der Schwangerschaft und des Kinderhabens. Während der Schwangerschaft dachte ich, was kann eigentlich nach dieser Erfahrung noch kommen? Wie läuft künftig bei dir Sexualität ab? Ich war auf einmal nicht mehr neugierig auf Männer. Obwohl ich manchmal ganz schön scharf war, vermißte ich keinen Mann. Auch nach der Schwangerschaft blieb mein Interesse an Männern und am Sex halbherzig. Ich fand Sex noch schön, aber es war nur ein körperliches Empfinden und schnell vergessen. Klar, ich finde meinen Orgasmus noch immer toll. Aber der Wunsch und die Sehnsucht danach, die mich früher oft gestresst haben, nehme ich heute gelassener hin, und ich will keinen Sex mehr, nur um mich selbst zu bestätigen, auszutoben, Spaß zu haben. Ich habe ein größeres Verantwortungs- und Selbstwertgefühl für meinen Körper entwickelt, habe den Wunsch, gesund zu leben, keine Verhütungsmittel mehr zu benutzen, mir – wenn möglich – keine Abtreibung mehr anzutun. Meine neue Liebe zu meinem Bauch ... Ich will mich auch nicht mehr in Beziehungs- und Machtkämpfen mit einem Mann kaputtmachen. Ich bin doch nicht blöd! Ich brauche meine Ruhe, meinen Schlaf, brauche nicht schlaflose Nächte oder Kopfschmerzen, weil ich mit einem Mann mal wieder ein Machtspielchen ausgetragen habe, wir gegenseitig in einem höchst intellektuellen Gespräch uns selbst und unsere »Beziehung« analysiert und zerfetzt haben. Das kenne ich zur Genüge. Trennungsdrohungen, Nebenbeziehungen und das Reden darüber, die gegenseitige Anziehungskraft wird lediglich durch Zweifel und Angst geschürt. Verliebtsein und Sex als Selbstbestätigung! Wir schlafen wieder miteinander, und danach stehe ich auf, gehe an meinen Schreibtisch, rauche, notiere eine Idee, weil ich nicht schlafen kann. Nein, danke ... ohne mich. Wie soll ich da meinen Alltag mit Harpo durchhalten? – Ich bin eben sehr praktisch geworden.

Denk jetzt nicht, ich könnte mich nicht mehr verlieben. Ich bin verliebt in einen Mann, schon lange, schon sehr lange, über ein Jahr. Ich lerne jetzt etwas, das mir richtig Spaß macht: »lieb miteinander umgehen« nennen wir das. Wir reden nicht viel über Liebe, wir versuchen Liebe zu machen, psychisch, körperlich, ganz. Ich glaube, ich weiß jetzt, was Liebe ist, die nicht nur Gefühle der Selbstbestätigung widerspiegelt, die nicht von Trennungsdrohung und Eifersucht überschattet ist und so ihre künstliche Spannung erhält. »Liebe«, in der die Anziehungskraft auch mal nachläßt und dann wieder ganz da ist. Ich kann eher zeigen, wenn ich mich verletzt fühle, ich kann besser Kritik annehmen, ohne mich gleich bedroht zu fühlen, ich kann Hilfe annehmen, und ich kann rücksichtsvoll sein oder auch nicht. Wir haben keine Vereinbarungen, keine Versprechungen, keine Verträge. Immer wieder neu aus- und verhandeln. Jeder von uns kann kommen und gehen, wann er will, wir verletzen uns dadurch nicht und haben auch nicht die Angst, verlassen zu werden.

Wir haben tausend maßlose Wünsche und Konflikte, und manchmal denke ich, ich spinne, und möchte gerne wissen, was uns wirklich verbindet. Ich finde meine augenblicklichen Gefühle spannend. Liebe ist für mich zur Lebenslust geworden, die ich meinem Sohn vermitteln, zeigen möchte.

»Wenn ich denk, ich wär wie meine Mutter, ich könnte nicht mehr leben«

Antonia, 22 Jahre, arbeitslos

Ich war noch ganz klein, fünf Jahre, als mein Vater von uns wegging. Meine beiden Schwestern, die Isabella und die Kuni, die waren sechs und siebeneinhalb Jahre. Ich glaube, daß meine Mutter sich damals gar keine Gedanken darüber gemacht hat, wie sie das schaffen soll, allein. Sie hat einfach drauflosgemacht, wie sie's gewußt hat. Vorher hatte sie ja auch alles allein gemacht. Mein Vater hat das Geld verdient, der war sowieso kaum da. Nach drei oder vier Jahren, da mußte meine Mutter dann anfangen zu arbeiten, weil der Vater immer weniger Geld schickte. Ich glaub, so tausend Mark mußte der im Monat zahlen. Das Haus, in dem wir wohnten, haben wir auch gekriegt von ihm. So vor zehn oder zwölf Jahren fing meine Mutter in diesem Altenheim ihre Arbeit an. Sie arbeitet jetzt immer noch da. Zuerst hat sie nur halbtags geschafft, später war das so eine Art Schichtarbeit, vormittags und nachmittags. Ich weiß noch, meine Mutter hat immer geklagt, es wär so wenig Geld da. Mein Vater meinte aber immer, sie kann nicht mit Geld umgehen. Daß wir eingeschränkter als vorher gelebt haben, das habe ich nicht mitgekriegt.

Einen Freund hat meine Mutter auch gehabt. Erst mal einen Herrn Gebauer, der hat immer so schöne Geschichten erzählt und sich ganz toll um uns drei Mädchen gekümmert. Der war aber verheiratet und hatte eine Tochter. Die Tochter kam auch hin und wieder mal zu uns. Der Mann mochte seine Frau wohl nicht so gerne. Er hat die Frau geheiratet, damit seine Tochter eine Mutter hat. Wir haben diesen Mann gerngehabt. Er kam nur auf Besuch, und das ging auch nicht lang mit meiner Mutter, ungefähr so ein halbes Jahr. In dieser Zeit haben wir mit ihm viele Ausflüge gemacht und haben uns oft abends zusammengehockt und uns Geistergeschichten erzählt. Gemalt hat er dazu für uns, Wassernixen und so Sachen, und dann hat er dazu erzählt, was er sich dabei dachte. Schön war's. Die Mutter, die war glücklich. Wir drei Geschwister haben uns in dieser Zeit sogar gut verstanden, was sonst vorher nicht der Fall war. Ich war damals wohl so sieben oder acht Jahre alt. Ich fand den Freund von meiner Mutter immer abgrundhäßlich, aber gemocht hab ich ihn trotzdem. Wie das war für mich, als der wegging, daran kann ich mich nicht mehr erinnern. Irgendwann haben wir Kinder es halt mitgekriegt, daß der nicht mehr da ist. Man überlegt halt nicht so als Kind. Geredet hat meine Mutter nicht darüber. Erst viel später mal hat mir meine Mutter was über die Ehe mit meinem Vater erzählt. Da haben wir uns stundenlang zusammengehockt und gequatscht. Sie hat auch schlimme Sachen erzählt, trotzdem haben wir darüber gelacht. Meine Mutter, die war früher so lustig. Genau, jetzt fällt es mir ein, meine Mutter, das war immer eine sehr lustige Frau, hat immer gelacht, so lachen könnt nicht mal ich, obwohl mein Lachen jedem auffällt. Auch nach der Scheidung von meinem Vater war die noch lustig. Wir haben immer mit ihr gelacht und Witze mit ihr gemacht. Das ist jetzt ganz anders. Meine Mutter, die hat ihr Lachen verloren.

Anzeigen in Zeitungen hat meine Mutter früher auch mal aufgegeben. Das hab ich mitgekriegt. Da kam mal so ein gewisser Herr Born, so'n Spielwarenvertreter. Das war ein ganz komischer Typ. Da kamen vielleicht auch mehrere, aber ich kann mich nur an den einen erinnern. Der kam auch zu uns ins Haus und hat uns ganz viel Zeug mitgebracht, Puppen und so einen blöden Furie aus Porzellan. Furie, weißt du, das Pferd aus der Fernsehserie. Wir haben den Mann aber nicht so gemocht. Der hat das so auf die linke Tour versucht, sich bei uns einzuschmeicheln, mit Rätselraten und solchen Sachen. Der war nicht echt. Das war überhaupt nichts mit dem. Meine Mutter war immer froh, wenn der wieder weg war. Der kam ein paarmal zu Besuch, dann nicht mehr. Meine Mutter hat ihn wohl zurückgewiesen.

Mich wundert das eigentlich, so viele Männer hat meine Mutter gar nicht gehabt, obwohl sie mir mal gesagt hat, daß es ihr leid tut, daß sie vor der Ehe mit meinem Vater gar keine anderen Männer gehabt hat. Aber da braucht man wohl auch Mut dazu, Männer kennenzulernen, und ich glaube, diesen Mut hatte meine Mutter nicht. Es wäre besser für sie gewesen, wenn sie noch einen gehabt hätte, einen, der zu ihr paßt. Jetzt ist es vielleicht schon zu spät, nicht weil sie schon einundfünfzig ist, sondern weil die Freude ganz aus ihrem Gesicht gewichen

ist. Ein Bekannter hat mal zu mir gesagt, du, deine Mutter, das ist eine verbitterte Frau.
Ich war immer Mutters Liebling. Aber meine Mutter konnte mir nicht so richtig übermitteln, daß sie mich mag. Das war so eine Affenliebe. Sie hat immer so Sachen zu mir gesagt, lustige Namen für mich erfunden: Wuwicht, Schnutzer und Hutzelböck. Mich hat das nur fürchterlich genervt. Ich hab mich nicht vollwertig, nicht ernstgenommen gefühlt. Sie hat mich damit überfallen. Ich kam mir immer wie so eine Art Spielzeug vor, war wie ein Teddybär für sie. Meine Mutter konnte mir nichts geben, sie hat nichts ausgestrahlt. Ja, wie soll ich das erklären? Ich glaube, das lag daran, sie wollte ihre Gefühle nicht zeigen. Ich hab nur zweimal erlebt, wie sie richtig böse wurde. Die hat nie Stimmungen gehabt, die war immer der gleiche Mensch, die hat auch nie von sich erzählt, außer diesem einen Mal, wo sie über ihre Ehe erzählt hat. Meine Mutter hat sich nie preisgeben wollen. Das hab ich vermißt. Das ist nichts Natürliches. Ein Mensch, der hat doch Gefühle, der lebt doch. Wenn ich sie gefragt habe, ja was hast du denn, dann kam nur, ich hab nix. Ich habe nicht mit meiner Mutter gelebt, nur neben ihr, und teilweise habe ich sie wohl überhaupt nicht richtig gesehen. Vielleicht hängt das ja damit zusammen, daß sie nie was von sich preisgeben konnte. Ich weiß nicht, ob meine Mutter gedacht hat, daß sie uns mit ihren Gefühlen verschonen muß.
Als der Dieter dann zu uns ins Haus kam, da war ich vierzehn oder fünfzehn. Der hat einmal bei uns zu Abend gegessen, und kurze Zeit später hat er schon seine Sachen zu uns ins Haus gebracht. Dann hat es nicht lange gedauert und er ist mit meiner Mutter in den Keller gezogen. Die beiden haben dann da gewohnt. Anfangs war das gar nicht so schlimm. Ich hatte auch plötzlich den Tunc als Freund, der war Türke. Da wurde die Sache erst schlimm. Ich weiß nicht warum, ich hab mich immer mehr abgekapselt von dem ganzen Geschehen da in der Familie. Der Tunc, der hat auch bei uns gewohnt, weil ich in meiner Naivität gedacht habe, wenn der andere da wohnen kann, dann kann das mein Freund auch. Ich hab da auch das Saufen angefangen.
Meine Mutter und ihr Typ, die schienen glücklich zu sein, und ich, ich war richtig eifersüchtig. Der Typ hat viel mit meiner Mutter gemacht, die sind zusammen fortgefahren und

haben immer Spaziergänge miteinander gemacht. Meine Mutter, die ist so richtig aufgeblüht in dieser Zeit.
Meine Mutter hat ihren Freund miternährt, der war ein Kind von ihr, mit dem sie auch geschlafen hat. Der Dieter war dreiundzwanzig Jahre jünger als meine Mutter. Vier Jahre waren die ungefähr zusammen. Er war dreiundzwanzig und meine Mutter sechsundvierzig Jahre. Er hat eine Mutter gesucht und sie ein Kind.
Ich war schon eifersüchtig, ja, weil ich den Dieter nicht mochte. Irgendwie habe ich geahnt, der schadet meiner Mutter. Das war kein Mann, der sie unterstützt hat. Das war so: Sie gibt, und er nimmt und gibt ihr dann mal ein paar Blumen dafür in die Hand. Ich mochte den Dieter auch nicht, weil er so überheblich war. So wie ein Intellektueller kam der mir vor. Er war schon hilfsbereit. Wenn's mir schlechtgegangen ist, dann war der da. Der war da für mich, aber ich mochte ihn nicht, weil er immer versuchte, alles in tausend Teile zu zerlegen. Wenn ich was gesagt hab, dann mußte der das gleich immer alles erklären, warum mir das so geht und so. Der hat das nicht einfach mal so stehengelassen, wenn ich was gesagt habe. Er hat auch immer dumme Scherze gemacht, das konnte ich überhaupt nicht vertragen, und dann hat er mich irgendwie gezwickt – und schon war ich sauer. Von dem wollt ich mich nicht anlangen lassen. Einmal, da hat er meine Mutter verarscht, und zwar ganz gewaltig. Das hat der gern gemacht, Leute verarschen. Da hab ich zu meiner Mutter gesagt: Mensch, laß dir das nicht gefallen. Er hat mir eine runtergehauen, und da sind wir so richtig ins Kämpfen gekommen, und ich hab ihm voll in die Eier getreten. Von da an hat er Respekt gehabt vor mir. Da war 'ne Zeitlang Ruhe. Manchmal haben wir auch schöne Sachen miteinander gemacht. Das war's ja immer, das war so ein ständiges Auf und Ab. Aber gemocht hab ich ihn nie richtig. Zeitweise sind wir uns ganz aus dem Weg gegangen, obwohl er mir auch wichtige Sachen gesagt hat.
Die Isabella, die Mittlere von uns, die war wahnsinnig verknallt in den Dieter. Der hat sich nichts daraus gemacht. Nur die Kuni, die Älteste, die hat sich mit ihm so richtig gut verstanden. Die Isabella, die hat meiner Mutter ständig die schlimmsten Vorhaltungen gemacht. Sie war der Meinung, daß man Liebe erzwingen kann. Man sticht die Rivalin aus,

und dann hat man den, den man will. Die Mutter war ihre Rivalin, und sie war die Ausgestochene. Isabella hat meiner Mutter nie verziehen, daß die mit dem Dieter zusammen war. Isabella, das ist überhaupt so ein extremer Fall, die studiert jetzt Psychologie, um sich selbst zu kurieren.
Ich bin durch den Dieter entthront worden. Meine Rolle in der Familie wurde eben anders besetzt. Ich hab mich durch den Dieter total benachteiligt gefühlt, weil ich es vorher gewohnt war, daß mich meine Mutter bevorzugte. Meine Schwestern standen immer im Hintergrund. Am wenigsten wurde die Isabella beachtet, weil die gleich immer so ausfällig wurde. Meine Mutter hat gemerkt, daß ich den Dieter nicht mag, aber das hat auch nichts geändert zwischen uns. Obwohl, manchmal gab es auch Tage, da habe ich mich mit dem Dieter gut verstanden. Und dann gab's auch wieder Tage, da standen wir total auf Kriegsfuß. Es gab auch Sachen, da hat der Dieter mir sehr geholfen. Zum Beispiel, daß ich mein eigenes Zimmer kriege. Oder er hat mir gesagt, der Tunc, mein Freund damals, der macht dich fertig. Er hat mir auch geholfen, daß ich von Tunc wegkomme. An ein schönes Erlebnis kann ich mich noch erinnern. Wir haben ein Fondue für meine Mutter gemacht, das war an ihrem Geburtstag, da haben wir auch zusammen die Geschenke hergerichtet, und vorher haben wir mit dem Rad alles eingekauft. Das war schön.
Der Dieter, der hat wirklich viel für meine Mutter gemacht, der hat ihr viele Freuden bereitet. Aber der hat sie auch fertiggemacht. Gearbeitet hat der nicht, der hat sich aushalten lassen. Später hat er dann so eine Schule mitgemacht. Da hat er diese Frau kennengelernt, mit der er jetzt das Kind hat. Aber vorher hat er vier Jahre bei uns gewohnt. Wie das so genau zwischen den beiden lief, weiß ich nicht. Ich hatte nur das Gefühl, es geht meiner Mutter gut. Man konnte mit ihr mehr anfangen als vorher. In der Zeit war sie auch wirklich wie eine Freundin mit mir. Nach Dieter ist sie nie wieder was geworden. Ich verstehe das, daß sie einen Freund brauchte. Ich hab ihr da nie dreingeredet, obwohl ich eifersüchtig war. Als der Dieter dann weg war, das hat meiner Mutter verdammt weh getan, das hat man ihr richtig angemerkt. Sie hat dann zwar immer so getan, als müßte man einem Menschen die Freiheit lassen, aber das war nicht ihre Überzeugung. Sie

konnte wohl auch nicht anders, weil der Dieter woanders studiert hat, da war's ja abzusehen, was dann passiert. Daß der sich irgendwann an eine Jüngere hält, das hab ich schon mit fünfzehn gewußt.

Erzogen hat uns meine Mutter nicht. Sie hat uns einfach gelassen, das war ihr alles zuviel, sich in unsere Probleme einzumischen. Wir haben zwar alles gekriegt, aber ansonsten konnten wir machen, was wir wollten. Meine Mutter hat uns keine Grenzen gesetzt. Wir haben auch Geld gekriegt, soviel wir wollten. Sparen habe ich nicht gelernt. Ich wußte nicht, daß man auch mal ohne Geld auskommen muß. Ich bin verwöhnt worden. Aber das Leben hat mir schon ein Schnippchen geschlagen, seitdem ich von zu Haus fort bin. Seit fünf Jahren bin ich fast ununterbrochen arbeitslos. Ich hab meinen Hauptschulabschluß gemacht und danach eine Lehre als Apothekenhelferin angefangen. Die haben mich rausgeschmissen, weil ich einen Gelenkschaden am Knie hab. Danach hatte ich zweimal einen Job. Einmal in einer Galvanikfabrik, da hab ich es aber nur zwei Monate ausgehalten, weil ich einen Hautausschlag bekam. Dann habe ich mal für ein Jahr auf der Krebsstation als Putzhilfe gearbeitet. Aber die meiste Zeit war ich halt arbeitslos. Ich hab jetzt gelernt, daß man auch mal nix haben kann, noch nicht einmal eine Wohnung oder ein Zimmer. An der Isar hab ich auch schon ein paarmal geschlafen. Mit dem Geld umzugehen, das hab ich jetzt gelernt. Aber noch immer nehme ich Geld nicht wichtig. Das ist doch auch was Positives.

Das Gefühl, daß meine Mutter für mich da ist, hatte ich nie. Meine Mutter war nie da, wenn ich sie brauchte. Aber jetzt, wo ich älter bin und immer darüber nachgedacht hab, wie das war bei uns, da bin ich draufgekommen, daß das gut war, so wie ich aufgewachsen bin. Hätte sie mir Sachen aufgezwungen, dann wär ich irgendwie in so einer Rolle drin, wäre gar nicht so auf mich selbst gekommen. Meine Mutter hat mich machen lassen, was ich wollte, ich konnte praktisch meine eigenen Gedanken und Ideen entwickeln. Sie hat sich zwar nie sonderlich dafür interessiert, was in meinem Kopf vorgeht und warum ich jetzt depressiv bin (ich war früher sehr depressiv), dafür konnte ich meinen Mist selber machen. Das war gut. Sie hat zwar manchmal gesagt, das und das ist nicht so gut, was du da machst, aber sie hat mich machen lassen. Sie

war schon für Gespräche da, aber da mußte es ihr entsprechend gutgehen. Ich will ja bloß, daß es dir gutgeht, hat sie immer gesagt. Nur damit konnte ich auch nicht viel anfangen.
Daß ich den Tunc damals ins Haus geholt habe, das war keine Trotzreaktion, das hab ich mir ganz selbstverständlich gedacht. Für mich war der Tunc wichtig, weil mir wahnsinnig viel Liebe gefehlt hat, auch in mir selbst. Ich wollte in meiner Mutter eine Freundin haben, mit der ich so reden kann wie mit dir jetzt. Ich wollte immer, daß mir meine Mutter aus ihrem Leben etwas erzählt. Ich hab meine Erfahrungen aber immer selber machen müssen, verdammt harte. Wir haben ja nicht mal über das Sexuelle geredet. Ich bin nicht aufgeklärt worden. Die Entjungferung, das war wie eine Vergewaltigung für mich. Über Verhütungsmittel haben wir auch nicht geredet. Ich hätte leicht schwanger werden können. Als sie mich mal fragte, hast du schon mit dem Tunc geschlafen, wußte ich gar nicht, was sie meint. Später hat meine Mutter mal ganz offen zugegeben, daß es für sie eine Qual war, mit meinem Vater zu schlafen, und daß ich auch mehr oder weniger das Produkt einer Vergewaltigung bin. Weil meine Mutter mir nie etwas verboten hat, da hab ich eben gedacht, dann bring ich meine Typen ins Haus. Ich hab nicht gemerkt, meiner Mutter ist das nicht recht. Ich hab sie da überrannt. Das habe ich aber erst viel später gemerkt. Wenn meine Mutter früher mal zu mir gesagt hätte, du, jetzt reden wir mal zusammen, wir gehn ins Wohnzimmer, und ich mach uns einen Tee, und dann reden wir miteinander, das hätte mich schon gefreut. Oder wenn mir meine Mutter mal gesagt hätte, du, ich hab Angst um dich, das wär schon gut gewesen. Ich kann doch mein Leben nicht so sehen, wie meine Mutter es sieht.
Irgendwann hab ich gemerkt, meine Mutter kann sich nicht mehr so richtig freuen. Das war wohl schon in der Zeit, als sie noch mit dem Dieter ging so. Warum? – Ich glaube, das liegt an ihrer Bescheidenheit. Meine Mutter ist ein Mensch, der immer meint, daß in der Bescheidenheit das Glück liegt und daß sie das gar nicht verdient, wenn man ihr mal 'ne Blume mitbringt. Und dann, meine Mutter konnte auch nie ihre Gefühle zeigen. Die hat sie in sich reingefressen. Ich denke manchmal, da ist ein bodenloses Loch in ihr. – Wenn die jetzt

zum Nachdenken kommen würde, ich glaub, die würde verrückt werden. Die hat so viel schon reingefressen in sich, die braucht wirklich therapeutische Hilfe. Wenn ich mir manchmal denk, ich wäre meine Mutter, ich könnte nicht leben. Die brauchte jemanden, der sie auch emotional unterstützt. Ich glaub nicht, daß sie von dem Dieter so richtig was gehabt hat, und von ihren Kindern, da hat sie auch nichts gehabt. Erst im letzten Jahr habe ich versucht, wieder eine Beziehung zu ihr zu kriegen. Sie ist wirklich jahrelang eine Fremde für mich gewesen, die ich halt so beobachtet habe. Erst im letzten Jahr, da hab ich sie mal wieder in die Arme genommen und ihr ein Bussi auf die Backe gedrückt und gesagt, du bist meine Mutter, ich mag dich. Da hat sie sich gefreut. Sie ist ein Mensch, der wahnsinnig viel gibt, auch finanziell, und nichts dafür will. Das verstehe ich einfach nicht, warum sie immer gibt und gibt und sogar auch auf Erpressungen von meiner Schwester reinfällt, die ihr geschrieben hat, wenn du mir die 200 Mark nicht schickst, dann sehe ich dich nicht mehr als meine Mutter an. Die hat das Geld gekriegt, klar. Meine Mutter ist einfach zu weich. Die weiß nicht links, die weiß nicht rechts, und wenn sie zurückblicken müßte, dann sähe sie lauter kaputte Sachen. Das kommt alles daher, weil sie ihre Gefühle nicht äußern kann, weil sie nicht offen genug ist. Die Ausstrahlung, die sie haben könnte, die sie vielleicht auch früher mal gehabt hat, ich weiß es nicht, die kommt doch nur zustande, wenn sie auch ihre Gefühle zeigt. Dann hätte sie vielleicht auch den Mann gekriegt, den sie wollte, einen, der zu ihr paßt. Das ist ja das. Ich glaub, ihr hat auch wahnsinnig viel Liebe gefehlt, weil sie so ein verworrenes Elternhaus hatte. Ihr Vater war nach einem Unfall geistig gestört. Ich glaub, daß auch ihre Mutter dadurch keine Zeit hatte, ihrem Kind das zu geben, was es brauchte. Meine Mutter kann kein Gewitter ertragen, da sitzt sie auf der Treppe und hält sich nur die Ohren zu.

Ich glaub auch, daß sie nie kapiert hat, daß man sich selber lieben muß, um eine Ausstrahlung zu haben. Sie glaubt an Gott, und irgendwie versucht sie, danach zu leben, wie ich jetzt auch, aber es fehlt ihr ein Stück. Sie hat die Liebe, die ich jetzt erlebe – in mir selbst und die Liebe zu dem anderen Menschen, zu meinem Freund, den ich heiraten will –, glaube ich, nie so erlebt wie ich. Sie hat mir erzählt, mein Vater hat sie zur Ehe gezwungen, und zwar dadurch, daß er gesagt hat, er bringt sich um, wenn sie ihn nicht heiratet. Sie hat sich immer durch andere führen lassen und sich aufgeopfert. Sie hat nie selber entscheiden wollen oder können. Sie ist ein wahnsinnig guter Mensch, aber wenn ich bei ihr sitze, dann kann ich mit ihr nicht reden, nur wenn ich nicht bei ihr bin, dann mag ich sie wahnsinnig gern. Einmal haben wir in den letzten Jahren gut miteinander geredet, das war über Gott.

Ich hab viel von meiner Mutter, nicht nur äußerlich, auch das Innere. Ich bin genauso wie sie, gutmütig und hilfsbereit. Ich will keiner Menschenseele was Böses. Das hab ich von ihr. Nur hab ich die Sache vielleicht vernünftiger im Griff als sie. Das Beispiel mit meiner Schwester, dieser Brief, wenn du mir das Geld nicht gibst, dann seh ich dich nicht mehr als meine Mutter an, das hätte ich nicht durchgehen lassen. Sie hat's eben gemacht. Sie meint vielleicht, daß man seine Töchter kaufen kann. Sie möchte eigentlich, daß wir drei uns untereinander verstehen. Das Ergebnis war eben, daß ich von meinen Schwestern aus dem Haus bugsiert wurde. Ich war für meine Schwestern immer der Störfaktor. Meine Schwestern haben so lange auf meine Mutter eingeredet, das ging über Monate, bis sie eben nicht mehr die Kraft hatte, sich das anzuhören. Die haben meine Mutter richtig erpreßt. Deshalb wurde ich rausgeschmissen. Ich seh das heute ja ein, das war Mist, daß ich den Tunc ins Haus geholt hab. Das war aber einfach, weil ich dachte, wenn meine Mutter sich ihren Typ herholt, dann hol ich meinen Typ auch. Das war ein Fehler von mir, ein gewaltiger, aber nur, weil meine Schwestern noch im Haus waren. Die waren eifersüchtig auf mich. Das hat meine Mutter mir auch später gesagt, daß sie mich eigentlich auch gar nicht rausschmeißen wollte. Aber ich bin halt mit dem Tunc mitgegangen. Das war der Mensch, der hat zu mir gehört in dem Moment. Je mehr der angegriffen wurde, um so fester habe ich natürlich zu ihm gehalten. Den habe ich geliebt damals, oder ich hab zumindest geglaubt, daß ich ihn liebe. Ich hab ihn aber nicht wirklich geliebt, ich hab mich nur an ihn geklammert.

Mit dem Bernhard, da war das schon anders, den habe ich wirklich geliebt. Aber nach zwei Jahren war's dann auch aus zwischen uns. Der Bernhard, der hat gleich nach mir eine andere Freundin gehabt. Mit der wollte er auch gleich schlafen, in meiner Wohnung, in meinem Bett. Wir hatten ja noch die Wohnung zusammen, auch als es schon aus war zwischen uns. Ich hab zu ihm gesagt, die Wohnung zahl ich, und da kommt mir keine andere Frau rein. Ich bin aber trotzdem weggefahren. Zwei Tage war ich dann bei meiner Mutter und hab die da praktisch bumsen lassen. Ich kam heim, und als ich aus dem Zug stieg, da stand der Bernhard mit seiner Freundin genau da, wo ich ausgestiegen bin, da hat mich schon die Wut gepackt. Ich kam dann in die Wohnung, das war plötzlich eine fremde Wohnung für mich, da hat mich das Spiegelei in der Pfanne gestört. Ich hab richtige Wutanfälle gekriegt. Der Bernhard, der arme Kerl, der kam dann auch noch heim. Ich hab geschrien mit dem und wußte gar nicht mehr, was ich sag, ich hab mich einfach nicht mehr halten können. Dann hab ich das Bett frisch überzogen und die Wohnung geputzt wie eine Wilde. Das hat mich so wahnsinnig gestört, daß der Typ, den ich zwei Jahre lang geliebt hab, daß der gleich nach mir eine andere hat, mit der bumst er dann auch noch in der Wohnung, die ich zahl. Das ist ja eigentlich egal, wer die zahlt, aber in solchen Momenten fällt es einem dann doch auf. Das ist schlimm für mich gewesen, daß der sich so schnell mit unserer Trennung abgefunden hat, und ich hab noch wahnsinnig damit zu kämpfen gehabt. Ich hab dazu ein Wahnsinnsgedicht geschrieben – Leihhausphilosoph –, ein böses Gedicht, willst du es mal hören?

Bei aller Deutlichkeit des Satzes –
ich liebe dich,
log doch die Oberlippe.
So trug ich
die schönen abgenutzten Worte
genau nach Reihenfolge
ins nächste Leihhaus,
bekam dafür den guten Rat,
dich schnellstens einzupacken,
zur sinnvollen Nutzung des Regals.
Das tat ich,
bekam dafür einen Gutschein,
den warf ich fort.
Ich sah noch,

wie ein kleines Gör ihn aufhob.
Du kannst jetzt hoffen,
vielleicht wird sie dich holen,
in fünf, sechs Jahren,
wenn du für deine Worte
auch den Verstand besitzt.

Meine Mutter ist jetzt nicht mehr wichtig für mich! Ich brauche sie nicht mehr. Wenn ich Probleme habe, gibt es andere Menschen, mit denen ich darüber reden kann. In der Pubertät fing das an. Da willst du ja versuchen, dein eigenes Leben zu leben. Da wird dir jede Einmischung, auch wenn's nur die Ahnung einer Einmischung ist, zuviel. Du lehnst alles ab. Seinen Eltern gegenüber ablehnend zu sein, ist einfach modern. Ich stelle jetzt oft fest, die Jugendlichen kommen sich dabei womöglich auch noch stark vor, wenn sie jemanden fertigmachen können, der älter ist als sie. Das ist der totale Wunsch, eigenständig zu sein. Die sehen gar nicht, daß ihre Mutter oder ihr Vater eigentlich ganz in Ordnung ist. Ich weiß erst jetzt mit zweiundzwanzig Jahren, mein Vater, der war schon ganz in Ordnung. Und ich weiß eigentlich erst jetzt, meine Mutter hat nichts falsch gemacht mit uns Kindern. Die hat alles richtig gemacht, nach ihren Möglichkeiten. Sie wußte es ja nicht besser. Aber sie hat wohl jetzt ein schlechtes Gewissen uns Kindern gegenüber. Meine Schwestern, die konnten meine Mutter damit erpressen. Ich versuche aber, meiner Mutter dieses schlechte Gewissen auszureden. Denn das ist doch so, die Jugendlichen wollen ihre eigene Freiheit haben und sind oft ganz schön egoistisch. Bei meiner Mutter, wenn die was gemacht hat, da hab ich mich immer eingemischt. Weil – na, die Mutter, die ist ja auch so eine Art Besitz, die hat man ein Leben lang, die ist immer für einen da, die läßt einen nicht im Stich. Ich seh's doch bei mir und meiner Mutter. Aber als ich anfing, meine eigene Welt aufzubauen, da wurde sie für mich immer fremder. Auch jetzt läuft da gar nichts mehr zwischen uns. Da ist gar nichts mehr in Ordnung. Daß ich sie inzwischen verstehe, damit ist mir überhaupt nicht geholfen.

»Nie war ich in meinem Leben so allein wie nach Frederics Geburt«

Lena, 45 Jahre, Medizinerin, arbeitet in einem Forschungsinstitut, ein Sohn, 14 Jahre alt

Nie war ich in meinem Leben so allein, wie nach Frederics Geburt. Ich war danach nicht nur vorsichtig und voller Abwehr gegen Männer. Ich habe die Männer gehaßt. Jahre habe ich gebraucht, um darüber hinwegzukommen und an diese schlimme Zeit nicht mehr denken zu müssen. Jetzt kommst du und fragst mich, wie es damals war.

Mit zwanzig Jahren, nach meinem Abitur, habe ich mich selbständig gemacht. Ich bin von zu Hause weggegangen und habe ein Medizinstudium angefangen. Von meinen Eltern bekam ich keinen Pfennig Geld. Ich mußte neben dem Studium arbeiten, um mein Leben zu finanzieren. Als mein Sohn vor vierzehn Jahren zur Welt kam, war ich einunddreißig Jahre. Ein Jahr zuvor hatte ich gerade mein Studium abgeschlossen und auch eine Stelle in einem Forschungsinstitut in Aussicht. Mit dem Tag meiner Einstellung im Institut muß ich schwanger geworden sein, denn genau neun Monate danach wurde Frederic geboren.

Als ich von meiner Schwangerschaft erfuhr, war ich bereits im dritten Monat. Frederics Vater war für mich nicht erreichbar. Er hatte ein paar Wochen zuvor sein Examen gemacht und war anschließend auf eine Weltreise gegangen. Ich wußte nicht, wo er gerade war. Wir hatten Schluß miteinander gemacht bei seinem Abschied. Damals, vor fünfzehn Jahren, einen Arzt zu finden, der eine Abtreibung machte, wäre sehr schwierig gewesen. Aber davon abgesehen, mein Kind abtreiben zu lassen kam für mich ohnehin nicht in Frage. Ich weiß nicht mehr, ob ich insgeheim auf die Rückkehr von Frederics Vater gehofft habe, daran geglaubt habe, er würde mich wenigstens finanziell unterstützen und den Unterhalt für Frederic zahlen. Eine Studienkameradin, die meinen Freund gut kannte, hatte mir klargemacht, daß ich nichts von ihm zu erwarten hatte. Ihre Worte vergesse ich wohl nie: »Du hast überhaupt keine Chance. Was hast du dir da aufgehalst. Die Mutter deines schönen Freundes tyrannisiert die ganze Familie. Jacob macht nichts ohne ihre Einwilligung. Und diese Frau ist prozeßwütig. Du kriegst keinen Pfennig für dein Kind.« Ich hatte so etwas schon selbst geahnt, wußte, daß die Familie sehr konservativ war. Jacobs Vater war Gynäkologe. Ich wollte die Pille über ihn bekommen. Aber Jacob mochte seinen Vater nicht danach fragen. Die Familie war verklemmt. Über solche Niederungen des Lebens sprach man nicht miteinander.

Im Herbst, kurz vor Frederics Geburt, kam Jacob von seiner Reise zurück. Ich wußte nicht einmal, daß er wieder da war. Aber Jacob mußte von meiner Schwangerschaft gehört haben. Jedenfalls tauchte er eines Tages mit einem Freund bei mir auf, und der Freund versuchte, mich in die Zange zu nehmen: »Gib doch zu, daß Jacob nicht der Vater ist. Gib doch zu, du hast Mehrverkehr gehabt und weißt gar nicht, wer der Vater deines Kindes ist.« So auf diese Tour redete Jacobs Freund mit mir. Jacob selbst sagte kaum etwas. Ich konnte mich nicht wehren, fand das alles so entwürdigend und hab nichts dazu gesagt, dachte mir nur: Hör bloß auf, es hat keinen Zweck, ehe ich mich so fertigmachen lasse, versuche ich es lieber allein mit dem Kind.

Nach Frederics Geburt bin ich auf Tauchstation gegangen. Ich hatte nur noch Kontakte zu einem früheren Freund. Den habe ich dann auch zu Frederics Patenonkel gemacht. Sonst lief mit Männern überhaupt nichts mehr bei mir. Nicht nur sexuell war ich tot, ich hatte auch sonst keine Gefühle mehr. Auch wenn ich keinen einzigen Gedanken an Männer oder an einen neuen Freund verschwendet habe, kann ich trotzdem nicht behaupten, ich wäre nur für mein Kind dagewesen. Ich lebte ohne jedes Gefühl. Meine Gefühle hatte ich ganz tief in mir versenkt. Meinen Sohn habe ich in diesen ersten Jahren nur versorgt. Ich war ihm keine einfühlsame, liebevolle Mutter. Zu meiner Gefühlskälte kam dieser Alltagsstreß – kleines Kind und Beruf. Ich war überfordert. Ich hatte gar keine Zeit, für Frederic zu sorgen und ihm gleichzeitig eine liebevolle Mutter zu sein. Ewig lief ich deshalb mit Schuldgefühlen herum. Und Schuldgefühle trennen dich nun mal von deinem Kind. Du hast das sicher auch erfahren. Ich kam überhaupt nicht mehr zur Besinnung, geschweige denn dazu, eigene Bedürfnisse zu entwickeln. Der Beruf, in dem ich neu war, forderte ja auch viel Kraft von mir. Die Tage vergingen in

Streß und Hetze. Mich beherrschte nur ein Gedanke, wie organisiere ich den nächsten Tag, wie halte ich durch, wie komme ich über die Runden.
Ich habe nicht gelebt, ich habe nur dahinvegetiert in dieser Zeit. Morgens um sechs klingelte der Wecker: aufstehen, mich anziehen, Frederic versorgen, das alles mußte in Windeseile geschehen. Dann bin ich mit ihm in die Kinderkrippe gerast und anschließend zur Arbeit ins Institut. Abends dann das gleiche, nur umgekehrt, nach der Arbeit zur Kinderkrippe, Frederic abholen, einkaufen, nach Hause, alles mit der Straßenbahn und mit dem Bus: zweimal umsteigen mit Kinderwagen. Zu Hause angekommen, habe ich Frederic wieder versorgt: Essen zubereiten, füttern, ausziehen, baden und ins Bett. Die Wohnung, zwei Mansardenzimmer ohne Abschluß, auf dem Flur ein Waschbecken und zwei Platten zum Kochen, machte in ihrer Primitivität meinen Alltag auch nicht leichter. Meistens war Frederic so zwischen acht und neun Uhr endlich im Bett. Wenn ich mich danach in mein Zimmer setzte, schlief ich regelmäßig im Sessel ein, wachte nachts um zwei oder drei wieder auf, bereitete den nächsten Tag vor und legte mich danach bis zum Weckerrasseln wieder schlafen. So vergingen die Wochentage. In den Nächten schlief ich traumlos, morgens wachte ich wie gerädert auf, und an den Wochenenden, wenn ich etwas Zeit hatte, bekam ich regelmäßig meine Entspannungsmigräne. Ich habe in diesen Jahren weder einen Film gesehen noch irgendwelche kulturellen Sachen gemacht, höchstens mal einen Krimi gelesen. Die losen Freundschaften, die ich früher hatte, waren längst eingeschlafen.
Weil das Haus, in dem wir damals wohnten, abgerissen werden sollte, erhielt ich die Kündigung. Ich lag gerade nach einer Operation im Krankenhaus. Frederic war bei mir völlig fremden Leuten untergebracht. Ein Kollege suchte nach einer neuen Wohnung für uns. Eines Tages kam er in mein Krankenzimmer gestürzt und schrie: »Ich habe eine Wohnung, ich habe eine Wohnung für euch gefunden.« Gegen den Protest der Schwester bin ich aufgestanden, habe mich ins Auto verfrachten lassen, und wir haben uns die Wohnung noch am selben Tag angesehen. Die Wohnung lag im fünften Stock. Einen Fahrstuhl gab es nicht, und ich dachte sofort, da mußt du künftig deinen Sohn mindestens zweimal am Tag

hinauf- und hinunterschleppen. Frederic war ja gerade erst zwei Jahre alt und ein Wonneproppen, schwer und fett, eben nicht richtig ernährt. Ich nahm die Wohnung. Zwei Zimmer mit Bad- und Küchenbenutzung. Ich hatte keine andere Wahl. Neben meiner Arbeit und der Betreuung von Frederic noch eine billige Wohnung für uns zu suchen, dazu fehlte es mir an Kraft und Zeit. Auch noch samstags morgens vor sechs Uhr aufzustehen, die Morgenzeitung mit dem Wohnungsmarkt zu kaufen, endlose Telefongespräche zu führen, Wohnungen zu besichtigen und mir anhören zu müssen: »Ach, alleinstehend sind Sie und mit Kind? Wir müssen uns das noch mal überlegen, es gibt noch andere Interessenten«, dazu hatte ich keine Lust.

Diese Wohnung und auch die Wohngemeinschaft, in die ich danach zog, waren nur so etwas wie eine Bleibe für mich und Frederic. Auch in der Wohngemeinschaft habe ich mit meinem Sohn allein gelebt. Die Leute, mit denen ich dann zusammenwohnte, lebten ein anderes Leben als ich. Sie studierten alle noch. Ich sah sie nur zwischen Tür und Angel. Für Gespräche, ein ausgedehntes Frühstück oder ein gemeinsames Abendessen mit ihnen hatte ich keine Zeit. Keiner von denen mußte so früh aufstehen wie ich, ein Kind versorgen und dann zur Arbeit hetzen. Wenn ich um sieben Uhr die Wohnung verließ, war alles noch totenstill. Wenn ich abends so gegen sieben Uhr wieder heimkam, saßen sie meistens in der Küche und berieten, wie sie den Abend verbringen wollten. Auf die Idee, mich ein wenig zu unterstützen, mir mal den Frederic für ein paar Stunden abzunehmen, kam keiner. Und auch ich habe niemanden um Hilfe gebeten. Daß ich so völlig frei von sexuellen Bedürfnissen war, konnten meine Wohngenossen nicht verstehen. Sie brachten oft Freunde oder Freundinnen mit und haben gebumst. Mich ließ das kalt. Ich habe ihnen sogar manchmal mein eigenes Bett überlassen und in Frederics Zimmer auf der Matratze geschlafen. Erst als ich zu sehr in die Partnerschwierigkeiten der anderen einbezogen wurde und auch darunter litt, raffte ich mich auf, wieder nach einer Wohnung zu suchen.

Ich fand eine Drei-Zimmer-Wohnung. Sogar einen Balkon hatten wir. Ich rappelte mich auf und versuchte diese Lethargie dem Leben gegenüber, die ich wie eine Schutzwand um mich herum aufgebaut hatte, zu überwinden. Mit viel Mühe

machte ich den Führerschein und kaufte ein Auto. Diese langen Wege zur Kinderkrippe und zur Arbeit, die Einkäufe im Supermarkt konnte ich nun mit dem Auto erledigen. Das Auto schenkte mir Zeit. Im Institut hatte ich eine Freundesclique kennengelernt, und die zogen mich langsam in ihren Kreis hinein. Dadurch kam ich wieder etwas in Gesellschaft. Ich erinnere mich noch gut an meine erste Einladung zu einer Doktorfeier. Da stand ich vor dem Rätsel, was zieht man an? Ich kam völlig altmodisch verkleidet auf die Party, und alle guckten mich verwundert an. Mir war das schrecklich peinlich. Ich kam mir vor wie ein Fossil, fühlte mich fehl am Platz und litt unter der Konkurrenzangst vor den Frauen. Beim Tanzen konnte ich mich nur ganz steif bewegen, so gehemmt war ich. Diese Party hat mich aufgeweckt. Zum ersten Mal spürte ich die Isolation, in die ich geraten war, ziemlich schmerzlich. Ich wollte raus aus dieser Isolation. Trotzdem konnte ich nicht gleich meine Mauern überspringen oder einreißen. Ich mußte sie mühselig Stein für Stein abtragen. Leicht war es nicht. Ich mußte ja nicht nur mich selbst, sondern auch noch die äußeren Umstände und Schwierigkeiten, die durch mein Leben mit Frederic gesetzt waren, überwinden. Ich konnte damals zum Beispiel an keiner Institutsfete teilnehmen. Die dehnten sich immer lange aus, weil da eine Flasche nach der anderen geöffnet wurde. Ich mußte aber spätestens um fünf Uhr weg, um Frederic aus der Krippe zu holen, und trinken durfte ich auch nichts, weil ich ja noch fahren mußte.
Mit dieser Freundesclique bin ich später dann auch in Urlaub gefahren. Mein erster Urlaub seit Jahren. Frederic war inzwischen dreieinhalb Jahre. Erst in diesem Urlaub habe ich wieder einen Mann kennengelernt. Der erste Mann nach Frederics Vater. Ein richtiger schöner Jüngling war das noch. Ich fühlte mich sexuell stark von ihm angesprochen und habe das mit Verliebtsein verwechselt. Wir konnten gut zusammen schlafen. Und obwohl ich etwas Angst hatte, Frederic könnte dahinterkommen, bin ich jede Nacht aus unserem Zimmer geschlichen, um mit meinem Freund zu schlafen. Nach dem Urlaub ging unsere Beziehung ziemlich schnell auseinander. Mit der Entfernung hatte das nichts zu tun. Wir wohnten beide in Frankfurt. Der Alltagsstreß hatte mich wieder, und ich merkte sehr schnell, ich brauchte nicht nur einen Mann,

der mich sexuell befriedigte. Ich brauchte einen Mann, der auch bereit war, sich meine Sorgen anzuhören und mir mit seinem Rat zu helfen. Ich brauchte einen Mann, der mir auch in schwierigen Situationen mal zur Seite stand. Bis auf diese Ausnahme habe ich vier Jahre enthaltsam gelebt. Sex und Männer waren mir gleichgültig. Du wunderst dich? Ja, mag sein, daß das auch daran lag, daß ich frigide bin. Meine Mutter hat mich zu einer frigiden Frau erzogen. Auch heute noch brauche ich immer etwas Alkohol, um mich sexuell freier zu fühlen.

Nach diesen vier Jahren habe ich Moritz kennengelernt, auch durch unsere Clique. Moritz hatte im Frühjahr bei uns im Institut seine Arbeit begonnen und beteiligte sich von da ab auch manchmal an unseren Ausflügen am Wochenende. Je nach Jahreszeit machten wir Radtouren, ausgedehnte Spaziergänge, gingen schwimmen oder trafen uns zu einem gemeinsamen Essen. Frederic war immer dabei. Den schleifte ich überall mit hin. Wie es anfing mit Moritz? Da muß ich erst überlegen. Zehn Jahre ist das nun schon her. Ich weiß nur, wie ich einmal dachte: Warum trägt dieser Mann an diesen Händen so einen blöden Siegelring. Mit diesem Gedanken habe ich Moritz zum ersten Mal bewußt wahrgenommen. Überhaupt waren es wohl seine Hände, die es mir angetan hatten. Ich habe mich zuerst in Moritz' Hände verliebt. Meine zweite bewußte Erinnerung hängt auch mit seinen Händen zusammen. Ich hatte die Clique zu einer Fete bei mir eingeladen. Moritz kam auch. Ich war nervös, die Vorbereitungen für die Fete hatten mich den ganzen Tag in Atem gehalten. Wenn Frederic etwas von mir wollte, schrie ich ihn an. Abends quängelte er noch immer zwischen den Gästen rum. Ich war gereizt, fühlte mich fürchterlich überfordert und hätte ihn am liebsten in den Mülleimer gesteckt. Ständig rannte ich zwischen den Gästen und der Küche hin und her. In dieser Situation hat Moritz mir geholfen. Ich habe diesen Augenblick noch in Erinnerung, als wäre alles erst gestern geschehen: Ich stehe in der Küche, aufgelöst und hektisch atmend, da kommt Moritz in seiner ruhigen, bestimmten Art auf mich zu, nimmt mir den runden Laib Brot ab und schneidet das Brot mit so geschickten Händen auf, daß es genau in meinen Brotkorb paßt, ein roter Binsenbrotkorb.

Mir hat das unheimlich imponiert. Den Brotkorb, den habe ich bis heute aufgehoben.
Erst Wochen nach dieser Begegnung haben wir uns wiedergesehen. Silvester war wieder eine Fete. Moritz war schon da, als ich mit Frederic dazukam. Moritz und ich haben uns mit den Augen begrüßt wie zwei engvertraute Freunde. Am Neujahrsmorgen rief Moritz mich an, um mich für den Abend zum Essen einzuladen. Danach haben wir uns häufiger getroffen. So ganz langsam fing eine sichere Sache zwischen uns an. Später besuchte Moritz mich auch in unserer Wohnung. Wir gingen kaum noch weg. Moritz ist ein ganz introvertierter Typ. Im Grunde ist er nicht gern unter Menschen. Er fürchtet sich fast vor solchen Situationen. Geselligkeit ist ihm zuwider. Moritz hatte mich gefunden und zeigte kein Interesse mehr, auf irgendwelche Feten zu gehen oder mit der Clique etwas zu unternehmen. Ich habe mich schnell seinen Bedürfnissen angepaßt. Dieses gesellige Leben, das ich gerade erst wieder aufgenommen hatte, habe ich Moritz zuliebe aufgegeben. Er war mir wichtiger, und deshalb schränkte ich mein Leben wieder ein. Auch heute noch schränkt mich Moritz wahnsinnig ein. Er will kaum etwas unternehmen, und Gäste bei mir mag er auch nicht. Ich muß jetzt nicht nur gegen meine eigene Trägheit kämpfen, sondern muß auch immer noch seinen Widerstand überwinden, ehe wir mal in ein Konzert oder ins Kino gehen.
Unsere ersten gemeinsamen Jahre waren nicht leicht. Ich merkte bald, daß Moritz und Frederic eifersüchtig aufeinander waren. Ich stand dazwischen und wußte überhaupt nicht, wie ich mich verhalten sollte. Frederic und Moritz zerrten an mir und meinen Nerven. Jeder wollte mich allein für sich haben. Beide kämpften um mich, aber nicht gegeneinander, sondern mit mir. Sie verlangten Beweise meiner Zuneigung. Ich fühlte mich aufgesogen. Mit dieser Eifersucht konnte ich überhaupt nicht umgehen, ich wurde krank. Damals bekam ich meine erste schwere Bronchitis. Von den Mitteln dagegen bekam ich eine Allergie. Wohl weil ich immer so atemlos war, hatte die Ärztin den Verdacht, meine Bronchitis könnte seelisch bedingt sein. Sie empfahl mir autogenes Training. Ich war aber nicht fähig dazu. Immer wenn ich mich zu den Entspannungsübungen hinlegte, die Augen schloß und mir vorredete: »Ich bin ganz ruhig, ich bin ganz ruhig, mein

rechter Arm wird schwer«, dann stürzte von oben mein ganzes Elend auf mich herein, und jedes Geräusch ließ mich furchtbar erschrecken. Später versuchte ich es mit einer Gruppentherapie, die ging aber auch daneben. Diese Therapie war wieder nur eine Mehrbelastung für mich. Ich hatte auch schon genug am Hals. Frederic war zu dieser Zeit gerade in einen Kinderladen gekommen, und ich mußte da viel mitarbeiten, putzen und kochen, dazu kamen die wöchentlichen Elternabende. So eine Kinderladen-Initiative verlangt einfach mehr von dir. Du kannst da dein Kind nicht einfach morgens bei den Erzieherinnen abgeben und es abends wieder abholen wie in einem normalen Kindergarten. Alleinstehende berufstätige Mütter werden in so einer Initiative überfordert. Die anderen Eltern nehmen auch keine Rücksicht auf deine besondere Situation. Ich weiß das nicht nur aus eigener Erfahrung, sondern auch von anderen Frauen. Ich war in diesen Jahren mal wieder völlig weg vom Fenster zur Welt. Es gab nur noch vier Dinge in meinem Leben. Meine Arbeit, Moritz, Frederic und den Kinderladen. Für eigene Bedürfnisse, die nicht mit Moritz oder Frederic zusammenhingen, blieb keine Zeit.

Ich habe mich immer dagegen gewehrt, Frederic mit den Augen von Moritz zu sehen, und ich habe nie bewußt versucht, Frederic an Moritz' Vorstellungen, wie Kinder zu sein haben, anzupassen, nur damit ich Moritz nicht verliere. Trotzdem hat es wohl Situationen in unserem Leben gegeben, wo so etwas doch passiert ist. Frederic hat dann sofort rebelliert. Du kennst Frederics Zimmer, eine Chaos-Bude. Er läßt seine Sachen überall fallen. Früher habe ich sein Zimmer immer selbst aufgeräumt und bin jedesmal halb ausgeflippt dabei. Als Frederic alt genug war, habe ich ihm die Verantwortung für die Ordnung in seinem Zimmer übertragen. Es ging schief. Ich entdeckte Ungeziefer in seinem Zimmer, Ameisen und Milben, die seinen Wellensittich befallen hatten, und griff wieder ein. Ich versuchte, Frederic zur Ordnung anzuleiten, und ertappte mich dabei, wie ich Moritz dazu als Druckmittel benutzte. Wenn Moritz an den Wochenenden zu uns kam, sah er sich schon in der Wohnung um, sparte auch nicht mit negativen Bemerkungen, wenn die Wohnung nicht aufgeräumt war. So sagte ich zum Beispiel zu Frederic: »Moritz kommt heute, wie dein Zimmer wieder aussieht, du

mußt vorher unbedingt noch aufräumen und den Vogelkäfig säubern, damit er nichts zu meckern hat.« Eine beschissene Situation, die ich so nicht haben wollte. Ich kam dann auf den Gedanken, wenn Moritz sich hier verantwortlich fühlt und irgendwelche guten Pfadfindertaten an uns vollbringen will, dann soll er Frederic beibringen, sein Zimmer ordentlich zu halten. Ich habe mit Frederic und Moritz darüber geredet, und beide haben meinen Vorschlag angenommen. Seitdem betrete ich Frederics Zimmer nur noch mit Scheuklappen. Ich fühle mich nicht mehr verantwortlich dafür, wie es darin aussieht. Die Grenzen sind jetzt klarer. Frederic muß die Unordnung in seinem Zimmer nicht mehr vor mir und Moritz verteidigen, er ist in diesem Punkt nur noch Moritz gegenüber verpflichtet. Warum soll ich mich immer allein verantwortlich fühlen, wenn da noch einer ist?
Es gibt auch heute noch Spannungen zwischen Frederic und Moritz. Diese Spannungen zwischen den beiden haben in den zehn Jahren nie aufgehört, auch wenn da keine Eifersucht mehr mit im Spiel ist. Ich stehe immer dazwischen und versuche, nach beiden Seiten zu vermitteln. Früher war es Frederics Erziehung im Kinderladen, für die ich mich entschieden hatte, die Moritz störte, weil sie ihm zu antiautoritär war. Heute ist es Frederics Größe, mit der Moritz Schwierigkeiten hat. Frederic ist mit seinen vierzehn Jahren schon mindestens dreizehn Zentimeter größer als Moritz und ist ihm fast körperlich überlegen. Vor zwei Jahren haben die beiden noch miteinander rumgeknoddelt, und Moritz konnte mit seiner athletischen Wendigkeit Frederics Dicklichkeit und Unbeholfenheit leicht ausnutzen und ihn überwältigen. Moritz hat immer zu Frederic gesagt: »Du bist mein großer Knoddelbruder.« Diese Zeit ist vorbei. Frederic ist ins Kraut geschossen, er ist jetzt 1,82 Meter groß, und Moritz kann ihn nicht mehr so leicht überwältigen.
Aber nicht nur Frederics Größe, sondern auch seine verbale Überlegenheit macht Moritz Schwierigkeiten. Frederic redet uns in jeder Diskussion glatt an die Wand. Er hat die besseren Nerven und keinen Respekt mehr vor uns. Frederic kann sehr realistisch argumentieren, aber ihm fehlt unsere Lebenserfahrung. Moritz ärgert sich darüber, wird unsicher und fühlt sich durch Frederic in seinem Erwachsensein in Frage gestellt. Auch wenn Moritz zehn Jahre jünger ist als ich, ist er genau

wie ich mit dem Respekt vor den Erwachsenen groß geworden. Da durfte es keine Widerreden geben. Ich weiß, Moritz muß sich oft beherrschen, um nicht einfach loszuschimpfen gegen Frederics Schlagfertigkeit und seine offene und ehrliche Art zu reden. Ich übrigens auch.

Ich stehe oft neben mir und beobachte mich, denke, das ist falsch, was du da wieder tust, oder, das hättest du anders machen müssen. Dann versuche ich, mit Moritz und Frederic darüber zu reden, auch wenn es mir schwerfällt. Mag sein, diese Spannungen, wie ich sie zwischen Moritz, Frederic und mir erlebe, gibt es auch in der Ehe, wenn Kinder da sind. Aber ich weiß nicht, wie diese Spannungen ausgetragen werden. Ich war ja nie verheiratet. Ich kenne nur die Ehe meiner Eltern, und die ist nicht maßgebend für mich. Meine Eltern haben uns Kindern immer ein gutes Eheleben vorgespielt, aber ich fühlte mich zwischen ihnen wie in einer fremden, kalten, unheimlichen Welt. Ich fand mich in ihrer Welt nicht zurecht. Diese Scheinharmonie, die zwischen meinen Eltern herrschte, die haben sie auch uns Kindern abverlangt. Noch heute habe ich damit Schwierigkeiten. Diese Offenheit und Spontaneität, die ich zwischen uns dreien zustande kriegen möchte, fällt mir schwer. Ich will keine Scheinharmonie zwischen uns, sondern ich will Offenheit zwischen uns vermitteln, aber ich habe diese Offenheit zu Hause nie erlebt. Ein schwieriges Unterfangen für mich. Moritz hat schnell rausgekriegt, was mit mir los ist. Durch ihn habe ich erst erfahren, daß das Zusammensein zweier Menschen nicht nur harmonisch verläuft. Ich habe durch ihn erfahren, wir können uns ruhig kräftig streiten, ich brauche keine Angst dabei zu haben, seine Liebe dadurch zu verlieren. Ich mußte erst langsam lernen, auch mit Frederic so zu leben. Er weiß jetzt, er kann mir ruhig etwas verheimlichen, und die Welt geht nicht gleich unter, ich sterbe nicht daran, und er stirbt auch nicht daran, das Leben geht weiter. Er weiß jetzt, wenn ich ihn angeschrien habe, ist hinterher alles wieder in Ordnung zwischen uns, und wenn er Mist gemacht hat, braucht er es nicht vor mir zu verheimlichen, ich helfe ihm schon weiter.

Wie wohl fast alle Frauen meiner Generation bin ich von meinen Eltern nicht aufgeklärt worden. Sexualität war in unserer Familie ein Tabu. Irgendwie habe ich natürlich doch etwas von der Sexualität meiner Eltern mitbekommen. Aber

ich wollte nichts davon wissen. Früher habe ich mir immer zurechtgelegt, meine Eltern tun das nicht. Soviel hatte ich immerhin mitbekommen, durch ihre Heimlichkeiten, ihr peinlich berührtes Schweigen in bestimmten Situationen: Sexualität ist etwas Schlimmes und Schmutziges. Also wollte ich gar nicht wahrhaben, daß auch meine Eltern miteinander schliefen. Als Kind will man ja seine Eltern herausheben und neigt dazu, sie zu idealisieren. Ich habe schon gesagt, meine Mutter hat mich zu einer frigiden Frau erzogen. Alle Körperteile unterhalb der Gürtellinie sind »pfui«, sind vor sich selbst und anderen zu verbergen, jede Berührung, mit Ausnahme der morgendlichen gründlichen Wäsche, ist strengstens verboten. Diese Erziehung hat so stark bei mir gewirkt, daß auch heute noch für mich der Moment des Ausziehens vor dem Verkehr in Gegenwart von Moritz mit Scham besetzt ist.
Meinen Sohn wollte ich anders erziehen, so hatte ich es mir geschworen. Ich wollte ihn sexuell aufgeklärt und ohne Hemmungen ins Leben entlassen. Heute bin ich mir gar nicht mehr sicher, ob mir das gelingt. Im Laufe des Zusammenlebens mit meinem Sohn habe ich begriffen, wie schwierig dieser Anspruch zu verwirklichen ist. Wie kann ich meinen Sohn sexuell frei erziehen, wenn ich selbst noch voller Hemmungen stecke? Mündlich habe ich Frederic schon lange aufgeklärt. Nur frage ich mich manchmal, wie erfährt er sinnlich, was Sexualität ist, wie kann er ein positives, unkompliziertes Verhältnis zu seinem Körper entwickeln, wenn ich ihn dabei nicht unterstützen kann? – Gut, Frederic hat zum Beispiel mitgekriegt, daß Moritz ganz andere Duschgewohnheiten hat als ich. An den Wochenenden, wenn Moritz uns besucht, laufen wir alle nackt in der Wohnung rum. Da kommt es dann schon vor, daß einer in der Badewanne zum Duschen steht, einer auf dem Klo sitzt und der andere vor dem Waschbecken steht. Moritz geht auch ohne abzuschließen hemmungslos aufs Klo. Das Klo ist ein Ruhepol für ihn, und wir akzeptieren das. Diese Lockerungen in meinem Verhalten habe ich auch wieder Moritz zu verdanken. Was für mich undenkbar und unvorstellbar war, ist für Frederic zur Selbstverständlichkeit geworden.
Frederic hat schon früh mitbekommen, wie Moritz und ich uns umarmen und küssen oder daß Moritz nach meinem Busen greift. Wir produzieren uns mit unserer Sexualität

nicht offen vor Frederic, aber wir sind auch nicht nur heimlich im Verborgenen zärtlich miteinander. Frederic weiß, wenn Moritz und ich zusammen im Bett liegen, sind wir nackt, während er immer einen Schlafanzug trägt. Nur, daß wir auch miteinander schlafen, ist lange Zeit nicht ausgesprochen worden. Ich habe damals gewartet, bis Frederic kommt und mich fragt. Forciert habe ich solche Fragen nicht. Seine Fragen habe ich so weit wie möglich beantwortet, auch wenn es mir schwergefallen ist. Ich denke, wir Mütter dürfen uns mit unserer Sexualität den Kindern nicht aufdrängen, das wäre das andere Extrem zu der Erziehung, wie ich sie erhalten habe.

Als Frederic noch kleiner war, haben wir manchmal zu dritt im Bett getobt. Doch meistens haben nur Frederic und Moritz nackt zusammen im Bett gekämpft. Ich konnte da nie unbefangen mitmachen, dazu war ich viel zu gehemmt. Ich konnte auch nie so richtig ausgelassen und hingebungsvoll mit Frederic spielen, als er noch kleiner war. Vor allem machten mir die Bettspiele Angst. Auch ein Relikt meiner Erziehung. Ich habe Frederic schon ganz früh, lange bevor ich Moritz kannte, abgewöhnt, nachts oder morgens zu mir ins Bett zu kommen. Immer, wenn Frederic zu mir ins Bett kommen wollte, habe ich für ihn und für mich eine rationale Ausrede gefunden. Ich habe ihm lang und breit erklärt: »Du kannst nicht bei mir schlafen, weil du zu unruhig im Bett bist; ich kann nicht schlafen, wenn du neben mir liegst.« Das war noch nicht einmal gelogen. Ich konnte wirklich nicht schlafen, wenn Frederic neben mir lag. Doch die Ursache war nicht seine Unruhe, auch wenn ich die mir damals vielleicht selbst eingeredet habe. Ich wollte Frederic nicht in meinem Bett haben, weil ich Angst hatte, es könnte ihn und mich sexuell erregen. Zärtlich zu sein mit meinem Sohn, ist mir immer schwergefallen. Mich wundert es deshalb, mit welcher Offenheit Frederic mich noch heute mit seinen vierzehn Jahren auf den Mund küßt. Ich habe schon mit zwölf Jahren jede körperliche Berührung mit meinen Eltern vermieden oder ganz entschieden abgewehrt. Später habe ich versucht, Frederic meine mangelnde Zärtlichkeit zu erklären. Ich habe ihm erzählt, wie das mit mir und meinen Eltern war. Ich weiß nicht, ob er mich verstanden hat. Es tut mir ja selber weh, wenn ich mir vorstelle, wie sehr er meine Zärtlichkeit viel-

leicht entbehrt hat. Falls Zärtlichkeit jemals nachzuholen ist, muß Frederic diesen erlittenen Mangel mit anderen Frauen nachholen. Muß ich mir deshalb Vorwürfe machen? Ich habe meinen Sohn nicht mit dieser falschen Moral, hinter der Eltern oft nur ihre eigene Unsicherheit verbergen, erzogen: Alles ist richtig, gut und schön, was Eltern machen, auch wenn es dir weh tut, auch wenn du noch so viel entbehren mußt, es geschieht zu deinem Besten, nur weil du klein bist, kannst du es jetzt noch nicht einsehen. Ich habe versucht, vor Frederic zu meiner Sexualität und zu meinen Fehlern zu stehen. Ich mußte nur selbst erst meine Fehler erkennen. Moritz hat mich durch seine Bedürfnisse und sein Verhalten darin unterstützt. Ich konnte meine Eltern zum Beispiel nie riechen. Moritz' Geruch mag ich. Viele meiner anerzogenen Hemmungen habe ich durch Moritz überwunden. Ich sage mir, wenigstens das hast du geschafft. Darüber bin ich glücklich. Das bindet mich aber auch an ihn.
Seit einigen Monaten stehe ich vor neuen Schwierigkeiten und Konflikten. Da spielt mehreres zusammen. Frederic ist jetzt in diesem schamhaften Alter. Ich denke, Moritz und ich müssen uns zurückhalten und dürfen sein Schamgefühl nicht verletzen. Wie früher, als meine Beziehung mit Moritz anfing, habe ich auf einmal Hemmungen, mit ihm zu schlafen, weil ich fürchte, Frederic könnte uns hören. Sein Zimmer liegt direkt neben meinem Schlafzimmer. Du weißt ja, in so einem Neubau haben die Wände Ohren. Und Frederic hat durchgesetzt, an den Samstagen mit uns aufzubleiben. Ich konnte es nicht mehr verhindern. Moritz und ich haben nicht einmal mehr die Samstagabende für uns allein. Frederic ist immer dabei. Mich stört das wahnsinnig. Manchmal denke ich: Muß mir Frederic nun auch noch unser sexuelles Zusammensein nehmen? Er geht ja dann auch zu gleicher Zeit mit uns ins Bett. Er schläft noch nicht, wenn ich mit Moritz zusammen sein will. Aber uns bleiben nur die Samstagabende für unser sexuelles Zusammensein, denn während der Woche sehen Moritz und ich uns nicht, da telefonieren wir nur miteinander. In der Woche gibt es für Moritz nur die Arbeit, da will er sich durch nichts ablenken lassen. Erst samstags vormittags kommt er dann zu uns und bleibt bis zum Sonntag. Es ist fast wieder wie früher, da habe ich Frederic zum moralischen Stellvertreter meiner Eltern gemacht. Als

ich Moritz kennenlernte, wollte ich Frederic zuliebe nicht mit ihm schlafen, und wenn ich es doch tat, hatte ich dabei ein schlechtes Gewissen, und Frederic sollte wenigstens nichts merken. Ich konnte mich kaum entspannen. Bei jedem Geräusch aus seinem Zimmer schreckte ich aus allem auf und hatte eine Heidenangst, mein Sohn könnte uns beim Geschlechtsverkehr überraschen. Jetzt ist es ähnlich. Ich habe deshalb kaum noch Lust, mit Moritz zu schlafen. Und ihm ist es recht so. Ich werde das Gefühl nicht los, Moritz hat sich auch körperlich von mir entfernt. Wir haben uns in den letzten zwei Jahren auseinandergelebt. Zeitweise konnten wir überhaupt nicht mehr miteinander reden. Unser sexuelles Zusammensein war für uns die einzige Möglichkeit, uns wieder nahezusein, es war die Grundlage unserer Beziehung. Die ist nun auch gestört.

Ich weiß nicht, wie es weitergehen wird mit uns. Ich will mich nicht von Moritz trennen. Ich mag Moritz. Ich bin zwar nicht finanziell abhängig von ihm, aber emotional bin ich abhängig von ihm. Vor Frederics Geburt hat es andere Männer in meinem Leben gegeben. Mit keinem Mann war es sexuell so schön und befriedigend wie mit Moritz. Es lag damals sicher auch an mir, weil ich zu unerfahren war, um meine Bedürfnisse geltend zu machen. Ich wußte ja nicht einmal, welche Bedürfnisse ich habe. Moritz war der erste Mann, der mich sexuell ernst genommen hat, der mich akzeptierte, der auf mich Rücksicht nahm und mir mit seinen Händen zeigte, wie sehr er mich mag. Ich habe durch ihn eine gewisse sexuelle Sicherheit und Vertrauen, nicht nur zu ihm, sondern auch zu mir selbst, entwickelt. In diesen zehn Jahren mit Moritz habe ich einmal mit einem anderen Mann geschlafen. Er war auch jünger als ich. Wir hatten eine heiße Nacht, und Moritz war weit weg. Ich habe mich bis zum Bumsen hintreiben lassen. Nachdem wir einmal miteinander gebumst hatten und dieser Typ noch immer nicht befriedigt war, hatte ich die Nase voll und arge Gewissensbisse wegen Moritz.

Auch Frederic zuliebe will ich mich nicht von Moritz trennen. Trotz der Spannungen, die es immer wieder zwischen den beiden gibt, haben sich Moritz und Frederic mit den Jahren zusammengerauft. Das zu trennen, Frederic vielleicht wieder an einen anderen Mann zu gewöhnen, erscheint mir unvorstellbar. Soll ich denn wieder von vorn anfangen, all die

Krisen und Konflikte noch mal durchleben? Moritz ist für Frederic die einzige männliche Bezugsperson. Die beiden verstehen sich jetzt ganz gut und haben einen Modus gefunden, miteinander umzugehen, viel besser, als ich es mit beiden kann. Ich störe sogar manchmal. Beide spielen ihre Spielchen miteinander, mir geht das oft an die Nerven, weil sie so ernst dabei scheinen. Samstag und sonntags üben die beiden Mathematik und Physik miteinander, wenn sie da streiten, hört sich das sehr hart an, aber hinterher ist alles wieder gut.
Von Zuhause habe ich mich innerlich immer noch nicht lösen können. Dieser Brief, der jetzt von einem Rechtsanwalt mit der Mitteilung kam, mein Vater hat mich von der Erbschaft ausgeschlossen, hat mir ziemlich weh getan. »Was erwartest du noch von deinen Eltern? Richte dich doch endlich damit ein, daß du nichts mehr von ihnen zu erwarten hast«, meinte Moritz nur dazu. Er hat ja recht. Mir ist durch diesen Brief wieder aufgefallen, mein Zuhause ist immer noch mein Elternhaus. Wenn ich von Zuhause spreche, meine ich nicht diese Wohnung, in der ich nun schon so viele Jahre mit Frederic lebe, sondern mein Elternhaus. Aber für Frederic ist diese Wohnung sein Zuhause, alles, was ich sage und was ich hier mache, gehört ja dazu, ist sein Zuhause, auch ohne einen Vater. – Ich habe Angst, Moritz verläßt mich irgendwann. Der Gedanke, ohne ihn die nächsten zwanzig Jahre planen zu müssen, ist frustrierend für mich. Ich kann es nicht. Am Ende dieses Gedankens ist nur noch Hoffnungslosigkeit. Moritz hat mir mal gesagt, ich soll meine Pläne für die nächsten Jahre ohne ihn machen. Ich soll mich fragen, was ich noch in meinem Leben verwirklichen will, und wenn unsere Pläne zusammenpassen, könnten wir weiter ein Stück Weg gemeinsam gehen. Aber zunächst soll jeder wissen, was er noch aus seinem Leben machen will. Es sei außerdem leichter, eine zweite Person in die eigenen Pläne mit aufzunehmen, als umgekehrt plötzlich allein zu sein mit den Plänen und Träumen, die man zu zweit gehabt hat.
Im Moment kann ich nichts allein für mich planen. Vielleicht habe ich zu viele Jahre allein dieses Leben für Frederic und mich planen und organisieren müssen.
Welche Lebensperspektive könnte ich mit fünfundvierzig Jahren noch für mich entwickeln? – Neulich hatte ich wieder den dringenden Wunsch, Orgel zu spielen. Ein Kinder-

wunsch von mir, der nicht mehr zu verwirklichen ist. Schließlich kann ich damit nicht mehr anfangen, wenn Frederic aus dem Hause ist oder ich pensioniert bin. Als könnten wir unser Leben aufsparen, habe ich vor einigen Jahren mein augenblickliches Leben als Übergangsphase betrachtet und immer nur davon geträumt, was ich alles noch kann und machen werde, wenn ...! Ich wollte Atemtherapeutin werden, nicht nur, um mich selbständig zu machen. Die aktive Patientenbetreuung ist ein altes Berufsziel von mir. – Aber auf einmal weißt du, es ist zu spät für Pläne und Träume. Das Leben und die Jahre sind an dir vorbeigegangen. Ich bin seit zwei oder drei Jahren nicht nur in einer körperlichen Krise und komme da einfach nicht heraus. Ich stecke auch in einer tiefen seelischen Krise. Da kannst du mir lange erzählen, daß niemand auf die Idee kommt, ich sei fünfundvierzig. Auch mein Arzt hat mir neulich bestätigt, ich hätte noch den Körper einer jungen Frau. Ich kann das nicht glauben und annehmen. Da kann auch meine Freundin predigen: »Geduld, Geduld, du mußt nur Geduld mit dir haben.« Sie ist eben noch nicht so alt wie ich. Sie ist erst achtundzwanzig, und sie hat keinen Hängebusen, von dem sie weiß, er geht nicht mehr weg, weil sie ein Kind geboren hat. Sie hat keinen dicken Bauch und hat nicht das Gefühl, sie kriegt ihn nicht mehr weg. Ich war früher superschlank, ich weiß, in deinen Augen bin ich es noch. Aber das stimmt nicht. Ich habe auf einmal einen Bauch, den ich nicht mehr loskriege. Dabei habe ich nicht mal Übergewicht, das ist idiotisch. Ich habe einen Zornbauch, den ich wegkriegen würde, wenn ich all diesen Zorn und Ärger nicht mehr in mich hineinfressen würde, ihn los wäre.

Was ich Positives in den nächsten Jahren für mich machen will, weiß ich wirklich nicht. Ich weiß nur, ich muß versuchen, die nächsten Jahre positiver zu überstehen, zu überleben: den Beruf lässiger zu nehmen und den Rest des Lebens bewußter zu gestalten. Und ich weiß, die nächsten drei bis vier Jahre werden noch ganz mit Frederic ausgefüllt sein. – Ich wage mich an das, was ich will, immer noch nicht heran.

»Ein Mann macht mich größer und die Alltagssorgen kleiner«

Karin, 27 Jahre, Bankangestellte, zwei Söhne, 8 Jahre und 6 Jahre

Mein Mann ist durch einen Arbeitsunfall ... das war ganz schlimm, als ich plötzlich morgens gesagt krieg, der Jürgen ist tot. Unvorstellbar, daß der Mensch neben dir auf einmal nicht mehr da ist. Aber Angst davor es allein, ohne den Jürgen nicht zu schaffen, hatte ich nicht. Ich wußte nicht, was da alles auf mich zukommt.

Die erste Zeit nach Jürgens Tod habe ich versucht, so zu leben, als hätte sich nichts verändert. Nur daß ich sehr viel gemacht hab, immer rumwurschteln mußte, wohl um diese Leere, die ich überall spürte, zu füllen. Irgendwann war ich dann ziemlich fertig. Ich hatte ganz viel abgenommen, bekam einen Kreislaufkollaps und mußte ins Krankenhaus. Danach war ich noch in einer psychosomatischen Klinik, wo ich mich so langsam wieder gefangen hab. Ich habe autogenes Training dort gelernt und Atemtechnik und weiß jetzt, was ich in solchen Angst- und Depressionsphasen machen muß. Ich hab für mich erfahren, daß ich nicht körperlich krank bin, daß ich auf meinen Körper achtgeben muß, mich beobachten muß, damit ich merke, wenn ich nicht mehr kann, und mir dann auch zugestehe, mich auch mal hinzulegen und nicht mehr weiterzumachen. Ich hab mir einfach in dem ersten halben Jahr ohne Jürgen zu viel abverlangt, hab die Zähne zusammengebissen und bin da durchgegangen. Ich hab nur ganz selten geweint, sondern immer versucht, mich ganz schnell mit Arbeit abzulenken, nur um so zu tun, als wenn nichts wäre. Aber Jürgens Tod hat mein Leben total erschüttert. Es war ein Schock für mich, plötzlich allein ohne ihn zu sein. Meine Traurigkeit, die habe ich erst viel später gespürt.

Die Abende waren das Schlimmste. Ich bin damals schon viel in Kneipen gegangen. Ich wollte mich ablenken. Nur in meinen Träumen, da war keine Ablenkung mehr möglich. Abends hielt ich es zu Hause nicht mehr aus. An den Reaktionen der Leute, mit denen ich vorher auch mit Jürgen zusammen war, habe ich gemerkt, daß die das nicht verstanden haben, wenn ich abends weg bin. Doch irgendwie wär's scheinheilig gewesen, zu Hause zu sitzen. Auf meine Art hab ich vielleicht länger getrauert als andere Menschen. Was heißt schon Trauer? Ich trauere jetzt noch, aber das muß doch niemand sehen. Der Mann meiner Nachbarin ist ein paar Wochen später verunglückt, das war auch ein Arbeitsunfall. Die hatte viel schneller wieder einen Busenfreund. Die war schon zweiundsechzig, hat also noch viel länger als ich mit ihrem Mann zusammengelebt. Daß die Frau so schnell wieder einen Freund hatte, daraus muß man doch nicht schließen, sie trauert nicht mehr um ihren Mann.

Mit meinen beiden Söhnen verstehe ich mich prima. Wir haben keine Probleme miteinander. Wenn ich mich mal über sie ärgere, sie angeschrien hab, dann gehe ich für einen Augenblick aus dem Zimmer, um mich zu sammeln, danach gehe ich wieder zu ihnen und entschuldige mich, erkläre ihnen, weshalb ich so wütend war, damit ist es wieder gut zwischen uns. Für meine Söhne da zu sein, ist für mich ganz wichtig. Nur die ersten Monate nach Jürgens Tod, da mußte ich erst selbst mein Gleichgewicht wiederfinden. Die Kinder und die Arbeit daneben, das war ganz schwierig für mich. Ich habe sechseinhalb Stunden am Tag gearbeitet. Der Peter, der war damals noch ganz klein, zwei Jahre, den mußte ich ganztags in eine Krippe geben, und der Rainer, der ging dann ganztags in den Kindergarten. Mein Gott, vier Jahre ist das nun schon her... manchmal ist mir diese Zeit noch ganz nah.

Jürgen war sehr fürsorglich. Er hat mir sehr viel Arbeit abgenommen, auch in den ersten Jahren, als wir nur das eine Kind hatten und ich nicht gearbeitet habe. Ich war ja auch noch ganz jung, als wir geheiratet haben, achtzehn Jahre. Jürgen war zehn Jahre älter als ich. Ich hatte damals keine festen Lebenspläne, nur daß ich mit Jürgen zusammenleben wollte, wußte ich, und Hausfrau wollte ich nicht sein. Ich konnte noch nicht mal kochen, als wir geheiratet haben. Zu Rainer, unserem ersten Kind, hab ich mich durch Jürgen überzeugen lassen. Jürgen wollte das Kind, und ich wollte es dann auch, weil ich Jürgen so sehr geliebt hab. Für Jürgen war das wohl so ein Lebensabschnitt. Er sagte, jetzt bin ich bald dreißig und hab schon so viel gemacht und erlebt, jetzt möchte ich auch ein Kind haben.

Am Anfang unserer Ehe lief unser Haushalt sehr chaotisch. Wir hatten keine Möbel, keinen Kochtopf, überhaupt nichts, was zu einem Haushalt gehört. Ich fand das nicht schlimm. Nur in der Nacht, als der Rainer geboren wurde, als ich merkte, jetzt geht es los, weil etwas Fruchtwasser abging, da mußte ich weinen. Ich habe schrecklich geweint, bevor ich Jürgen geweckt habe, und dachte, jetzt kommt das Kind auf die Welt, und du hast nichts vorbereitet für dieses Kind, hast nicht einmal was zum Anziehen für das Kind. Es war wirklich nichts da, kein Bett, keine Windeln, kein Jäckchen, kein Hemdchen, kein Höschen, nichts. In den frühen Morgenstunden hat mich Jürgen dann in die Uni-Klinik gefahren und gesagt, ich gehe weg, bis du das Kind gekriegt hast. Wenn ich wiederkomme, dann haben wir alles, was unser Kind braucht. Und so war es auch. Der Jürgen ist mit seiner Schwester losgegangen und hat alles für das Kind gekauft.
Nach der Geburt unseres Sohnes habe ich aufgehört zu arbeiten. Das war ganz klar für mich. Ich wollte mit meinem Sohn zusammen sein. Aber als ich dann mit Rainer zu Hause war, jeden Tag, da ist mir manchmal schon die Decke auf den Kopf gefallen. Nur alles was ich mit Rainer machte, ihn umsorgen, ihn stillen, ihn ansehen und beobachten, mit ihm spielen, machte mir großen Spaß. Ich habe ganz viel mit Rainer gespielt. Um den Haushalt habe ich mich ganz wenig gekümmert. Ich weiß gar nicht mehr, wie die Tage vergingen. Die vergingen sehr schnell, und wenn Jürgen dann abends von der Arbeit nach Hause kam, hatte ich oft nichts eingekauft, nichts gekocht und auch nichts in der Wohnung gemacht. Die Wohnung war überhaupt ein Problem. Wir hatten nur ein Zimmer zu dritt und die Küche.
Ich wollte unbedingt ein zweites Kind, weil der Rainer nicht so als Einzelkind wie ich aufwachsen sollte. Ich dachte, wenn ich für ein Kind sorgen kann, dann kann ich es auch für zwei Kinder. Peter ist zwei Jahre nach Rainer auf die Welt gekommen. Wir hatten inzwischen auch eine größere Wohnung. Jürgen, der vorher fast ein Jahr arbeitslos war, hatte eine Stelle bei der Bundesbahn bekommen, und dadurch bekamen wir auch diese Wohnung hier in der Eisenbahnersiedlung. Ich wollte eigentlich weg aus dieser Wohnung. Ohne Jürgen war die Wohnung kein Zuhause mehr für mich.

Ich bin geblieben, weil die Wohnung so billig ist. Jetzt habe ich mich daran gewöhnt, ohne Jürgen hier zu leben.
Zweieinhalb Jahre nach Jürgens Tod habe ich Hans kennengelernt. Da war ich noch ganz unten. Ich war im Uni-Keller nachts, da bin ich hingegangen, weil ich tanzen, mich mal so richtig austoben wollte. Da hab ich dann den Hans gesehen, der war schon hagelblau, aber irgendwie gefiel der mir besser als alle anderen. Wir haben dann zusammengesessen und blödes Zeug geschwätzt. Später hat mich der Hans nach Haus gebracht. Die Kinder, die waren an diesem Tag bei meinen Eltern. Am nächsten Tag, das war ein Sonntag, da sind wir zusammen essen gegangen, und danach hab ich gesagt, daß ich meine Söhne holen muß. Hans ist mitgefahren, das hat mir gefallen. Am nächsten Tag ist er gleich wiedergekommen, und von da an war er eigentlich immer da. Mit Hans, das war eine schöne Zeit. Wie mein Mann hat der mich auch immer vom Geschäft abgeholt und sich um mich bemüht.
Probleme, die hatten wir natürlich auch, weil der Hans so viel getrunken hat. Fast jeden Abend hat er getrunken. Hans war damals noch Student. Mit seinen Studienfreunden ist er eben viel in die Kneipen gegangen. Mit dem Alkohol, das hab ich nicht akzeptiert, das gab immer Streit zwischen uns. Der Hans hatte zwar eine Wohnung, aber eigentlich hat er doch bei mir gewohnt. Die Nachbarn haben das akzeptiert. Ich hatte auch das Gefühl, jetzt bin ich für die Nachbarn wieder wer. Ich glaube, vor allem die Frauen haben mich kritisch angeguckt, wie macht die denn das so allein – arbeiten und die Kinder? Als der Hans bei mir wohnte, war das für sie wieder normal. Jetzt war ich wie sie wieder eine Frau mit Mann. Mit dem Alkohol, das haben die Nachbarn nicht mitgekriegt, obwohl Hans selten zu Hause trank, sondern immer wegging und dann auch ziemlich angeturnt heimkam. Hans war immer sehr beherrscht. Wenn er getrunken hatte, konnte ihm das niemand anmerken. Nur ich konnte es merken, weil ich ihn ja gut kannte. Streit zwischen uns gab es nicht, wenn der Hans getrunken hat. Er war dann immer ganz lieb. Nur am anderen Tag hab ich geschimpft. Da kam die große Auseinandersetzung, und ich hab ihm gesagt, er kann abhauen, wenn er so weitermacht. Ich wollte es nicht wirklich. Das sollte eine Drohung sein. Er sollte mit dem Trinken aufhören.
Am Anfang haben die Kinder schon geguckt, wer das ist und

wer da nun bei uns wohnt. Doch dann haben sie sich schnell an Hans gewöhnt, der konnte ja auch so lustig sein, so viel Blödsinn machen und auf die Kinder eingehen, das brauchten sie. Ich konnte damals gar nicht lustig mit ihnen sein und auf den Blödsinn der Kinder eingehen. Die Kinder mochten den Hans gleich sehr gern. Für mich war das auch gut. Ich hab mich sehr stabilisiert in dieser Zeit. Ich brauchte das, jemanden der lustig ist, der mich ablenkt. Abends nach dem Essen haben wir immer ganz lange am Küchentisch gesessen und erzählt und Witze gemacht und so. Der Hans hat uns viel fotografiert und dazu immer gesagt, nun lacht mal endlich, und hat selbst dazu Kaspereien gemacht, bis wir alle lachen mußten, ich auch. Das war schön zu wissen, daß da jemand da ist für uns. Ich hab dem Hans gar nichts von meinen Problemen erzählt, der wollte die vielleicht auch nicht hören, aber abgelenkt hat er mich von meinen Problemen. Abends sind wir oft weggegangen, auch zum Tanzen. Nur das Trinken, das machte mir angst. Und was mir auch nicht so gefallen hat, daß der politisch völlig resigniert war. Früher war er wohl politisch sehr engagiert, und dann hat er es aufgegeben, weil er meinte, mit den Leuten, das rentiert sich nicht. Da war Jürgen ganz anders. Der hat politisch unheimlich viel gemacht, in der Gewerkschaft und in der Partei. Der Jürgen, der ließ sich in seiner politischen Arbeit durch nichts abhalten, der hatte sogar mal ein Anhörungsverfahren, sollte wegen seiner Parteizugehörigkeit nicht verbeamtet werden.

In der ersten Zeit nach Jürgens Tod hab ich politisch auch viel gemacht. Erst als ich krank geworden bin, hab ich langsamer gemacht, bin kaum noch auf die Parteiveranstaltungen gegangen, hab eigentlich nur noch bei unserer Zeitung mitgearbeitet. Als ich dann mit Hans zusammen war, habe ich mich wenig um Politik gekümmert, obwohl ich ja durch ihn mehr Zeit hatte. Unser Zusammenleben war wie eine Schutzwand vor der Welt draußen. Ich wollte gar nicht wissen, was alles um mich herum passiert, das war mir noch immer alles zuviel.

Bevor ich Hans kannte, hatte ich ganz viele Schwierigkeiten im Geschäft. Ich hab meine Arbeit schlechter gemacht, hatte Ärger mit meinem Chef und den Kollegen. Die kleinste Kritik hat mich gleich wahnsinnig aufgeregt. Ich hab mich dann gleich selbst hinterfragt und hatte eigentlich ständig Angst, meine Stelle zu verlieren, weil ich mich so schlecht konzentrieren konnte und viele Fehler gemacht hab. Mit der Arbeit hatte ich schon vor Jürgens Tod angefangen. Aber dann als Jürgen nicht mehr da war, war das so ein Gefühl, da ist kein Boden unter meinen Füßen, wofür arbeite ich noch? Nur die Kinder haben mich gehalten. Ich wußte, für die muß ich da sein, muß mit allem weitermachen. Das ging ganz lange so.

Mit Hans war auf einmal wieder jemand da, der mich wichtig genommen hat, der mich zum Lachen bringen wollte und mich gern mochte. Das hab ich immer gespürt. Der Hans hat mich wichtiger als alles andere in der Welt genommen, das brauchte ich. Ich bin dadurch wieder selbstsicherer geworden, gelassener gegenüber den kleinen täglichen Ärgernissen. Auch im Geschäft hatte ich keine Schwierigkeiten mehr. Wenn ich da mal wieder kritisiert wurde, konnte ich das ruhig annehmen, mußte mich nicht gleich mit allem in Frage stellen.

Nach einem Jahr war es aus zwischen uns. Hans war mit seinem Studium fertig und ging in eine andere Stadt. Er hatte dort eine Stelle bekommen. Wir konnten uns nicht mehr so oft sehen und haben uns auseinandergelebt. Das war für mich die zweite große Trennung. Danach stand ich genauso leer da wie nach Jürgens Tod. In den letzten Monaten mit Hans hatte ich gerade wieder angefangen, politisch etwas zu tun. Ich bin wieder auf die Gewerkschaftsveranstaltungen und hab auch wieder was für die Partei gemacht. Der Hans war dann für die Kinder da, und ich konnte ruhig weggehen. Ich wußte, er macht das auch gern. Manchmal motzte er zwar etwas, sagte, den Abend hatte ich mir aber anders vorgestellt, ich wollte ihn mit dir verbringen, wir sollten mehr Zeit für einander haben. Trotzdem hat er immer etwas mit den Kindern unternommen, wenn ich weg war.

Ich wäre gern mit Hans zusammengeblieben. Ich wollte nicht mehr alleinleben, ohne einen Mann. Mir gab das einfach Kraft, daß Hans da war. Er hat mich entlastet, auch mit den Kindern. Jetzt, wo der Hans weg ist, kann ich seltener auf politische Veranstaltungen gehen. Gewerkschaftsarbeit ist schon gar nicht drin, die beginnen mit ihren Sitzungen ja immer schon um fünf. Die Parteiveranstaltungen fangen zwar später an, um acht meistens, aber ich mag nicht gleich wegrennen, wenn ich die Kinder gerade ins Bett gebracht hab. Wenn ich weiß, die Kinder schlafen, bin ich ruhiger, dann habe ich keine Angstgefühle und kein schlechtes Gewissen den Kindern gegenüber. Ich sag den Kindern natürlich vorher immer, daß ich noch weggehen will. Bei den Parteiveranstaltungen bin ich immer zu spät. Das ist mir unangenehm. Die Kinder wollen ihre Geschichte hören, wenn sie im Bett sind, da kann ich nicht nach zehn Minuten sagen, so jetzt ist Schluß mit der Geschichte, ich muß zur Partei. Wenn so eine Veranstaltung zu Ende ist und die anderen gehen noch irgendwo gemeinsam hin, um was zu trinken, dann gehe ich nie gleich mit, sondern fahr heim und guck, ob alles in Ordnung ist.

Als Hans diese Stelle in einer anderen Stadt bekam, war unsere Freundschaft natürlich nicht gleich aus. Wir haben uns zuerst immer noch an den Wochenenden gesehen. Er ist jedes Wochenende gekommen, oder ich bin auch mal mit den Kindern zu ihm gefahren. Was uns vielleicht fehlte, war die Zeit, miteinander zu reden, so einfach mal zwischendurch etwas abzulassen, was uns geärgert hat. Erst mit der Zeit wurden unsere Besuche immer seltener. Mal hatte ich am Wochenende etwas anderes vor und mal der Hans. Eines Tages hatte der Hans eine Freundin. Unser Verhältnis wurde von da ab immer gespannter. Wenn ich anrief, war die Freundin manchmal am Telefon, das hat mich furchtbar wütend gemacht. An einem Wochenende bin ich zu ihm gefahren, und wir wollten noch einmal über uns reden. Daraus wurde nichts, weil wir anderthalb Flaschen Kognak dabei getrunken haben. Ich wollte unbedingt unsere Freundschaft aufrechterhalten. Es war wohl schon zu spät.

Jetzt treffen wir uns ab und zu noch und verstehen uns wieder. Dieses Gefühl, daß wir uns sehr mögen, ist geblieben. Aber die erste Zeit unserer Trennung war ganz schwer für mich. Ich war wie verrückt. Aus Trotz bin ich oft mit einem Freund zu Hans gefahren. Ich wollte ihm weh tun, ihn eifersüchtig machen. Wenn er zu mir kam, hab ich es immer so eingerichtet, daß ich viel Besuch hatte, auch Männer, dann habe ich mit einem dieser Typen besonders viel gesprochen, war besonders aufmerksam ihm gegenüber. Ich wollte dem Hans zeigen, ich brauche dich nicht. Es geht auch ohne dich.

Erst viel später konnte ich über alles nachdenken. Wenn ich meine Beziehung zum Hans wichtiger genommen hätte als alles andere, wichtiger als die politische Arbeit, dann wäre es mit uns wahrscheinlich nicht zu Ende gewesen. Wir hätten diese räumliche Trennung überstanden. Warum mußte ich eigentlich immer noch an den Wochenenden zu irgendwelchen Veranstaltungen rasen, war das unbedingt notwendig? Ich war immer im Konflikt mit mir selbst. Das war nicht nur der Alkohol, der uns auseinandergebracht hat. Die Leute, mit denen ich politisch zusammenarbeite, die haben den Hans nicht akzeptiert, das war auch mein Konflikt. Ich hab mich zwar auch immer wieder selber gefragt, wie weit ich das vor mir rechtfertigen kann, daß ich mit einem zusammen bin, der trinkt und manchmal dann auch Scheiß baut, viel Mist erzählt, grad aus Provokation. Ich habe mich geschämt, wenn Hans besoffen war. Ich hab ihn dann alleingelassen, hab nicht zu ihm halten können, weil ich selbst so unsicher war. Ich hätte ihn unterstützen müssen vor meinen Freunden, die kannten ihn ja gar nicht so gut wie ich und sahen immer nur die eine Seite, daß er was getrunken hat und politisch nichts mehr machte. Ich glaube, das hat mit zu unserer Trennung geführt, daß ich eben nicht konsequent auf seiner Seite gestanden bin. Ich fühlte mich hin- und hergerissen zwischen meinen politischen Freunden und Hans, der eben derjenige war, der mir in einer ganz schwierigen Zeit geholfen hat. Von meinen politischen Freunden kann ich das nicht sagen, der menschliche Kontakt zu denen, der fehlt mir oft. Ich weiß gar nicht, ob die meine Situation so richtig verstanden haben und auch nachfühlen konnten. Ich glaube nicht.
Was Hans nicht wußte, daß ich mich auch selbst immer vor den Genossen verteidigen mußte, weil die nicht verstanden, daß ich so einen unpolitischen Freund hatte. Die fürchteten wohl auch, daß ich selbst mit dem Hans politisch abdrifte, nichts mehr mache. Soweit wäre das nie gekommen. Ich steh schon zu meiner politischen Auffassung. Ich finde, daß man solche Orientierungspunkte im Leben braucht, wissen muß, wo man hingehört. Ich möcht nicht in einer Säuferclique enden oder als resignierte Mutter zu Hause rumhängen. Ich bin zwar ziemlich unsicher, aber ich weiß, was ich will, auch politisch, da kann ich sehr konsequent sein.
Daß man sich in der Partei als Mensch nicht wiederfindet,

ärgert mich oft. Was unser Leben ausmacht, wird da einfach ausgeblendet. Ich find mich da nicht wieder, bin nur zur Hälfte, nur mit meiner politischen Arbeit, die ich einbringen kann, als Mensch akzeptiert. Da hatte mein Freund schon recht, die reden ständig von Solidarität, aber die Solidarität bleibt abstrakt, ist nur die große Linie. Ich finde, daß man einen Menschen nicht nur nach seinem politischen Engagement beurteilen darf oder nach seinem politischen Bewußtsein, und das haben die Genossen eben leicht drauf. Die haben dem Hans gar keine Chance gelassen. Man muß doch auch mal ganz normal miteinander reden können und nicht immer politische Diskussionen führen. Wenn die den Hans als Mensch akzeptiert hätten, hätte er vielleicht auch wieder zurückfinden können, hätte politisch auch wieder was gemacht. Aber so hat er nur sauer und trotzig reagiert, konnte nur noch provozieren.

Ich kann Hans verstehen, aber ich kann auch meine Leute verstehen. Als Linker bist du in dieser Gesellschaft eh schon ein Außenseiter, und deshalb machen die jeden, der zu ihnen kommt, auch gleich zum Außenseiter in ihrer Gruppe, wenn der nicht das richtige politische Bewußtsein hat, oder sie versuchen, ihn krampfhaft zu überzeugen.

Die Kinder haben sehr an dem Hans gehangen. Sie denken auch jetzt immer noch an ihn. Hans ist gar nicht weg für sie. Wenn der Peter ein Bild malt, dann kommt der Hans immer darin vor. Wenn mein Sohn mir dann erklärt: »Und das ist der Hans, siehst du Mutti, der kocht gerade was für uns«, tut mir das weh. An solchen Kleinigkeiten merke ich, daß sie ihn vermissen und noch nicht vergessen haben, obwohl wir nun schon lange auseinander sind und ich auch kaum über ihn rede. Die beschäftigen sich in Gedanken noch immer mit ihm, stellen plötzlich irgendwelche Zusammenhänge her oder sagen dann zu mir: »Das hat der Hans aber anders gemacht.« Wenn wir irgendwo hingehen, erinnern sie mich: »Mit dem Hans sind wir mal über eine Wiese gelaufen, da stand das Gras ganz hoch, weißt du noch?« Wir waren oft zusammen zum Grillen, was das für einen Spaß gemacht hat, das können die Kinder immer wieder erzählen.

Soweit das geht, habe ich versucht, dem Rainer und dem Peter zu erklären, warum der Hans und ich nicht mehr zusammen sind. Ich hab ihnen gesagt, daß wir nicht mehr so befreundet sind, weil der Hans jetzt in einer anderen Stadt wohnt und eine neue Freundin hat. Das mit der Freundin verstehen sie wohl noch nicht. Jedenfalls reden sie nicht darüber, sagen nur sehr oft: »Schade, daß der Hans so weit weg wohnt und deshalb nicht mehr soviel Zeit für uns hat.« Meine Söhne haben ja das Problem mit dem Alkohol gar nicht mitgekriegt. Die haben nur gemerkt, daß er Zeit für sie hatte und sie gernmochte. Wir haben so oft am Wochenende zusammen gezeltet und waren auch zusammen im Urlaub. Die Kinder vermissen ihn, weil sie das Gefühl hatten, der Hans war nicht nur für mich da, der war auch für sie da.

Ich bin unausgeglichener, seitdem ich wieder mit den Kindern allein bin. Ich hab ganz oft das Gefühl, ich schaff das nicht mehr allein. Ich fühl mich kaputt und will mich einfach nur noch ins Bett legen und schlafen, schlafen. Es gibt Zeiten, da hab ich auch für die Kinder kein Ohr mehr. Das kommt bei mir so phasenweise. Eine Zeitlang mach ich unheimlich viel, und dann kommt so eine Phase, wo ich merk, daß ich gar nicht mehr kann, daß mir alles zuviel wird, ich nur noch müde bin und mich innerlich zurückziehe, auch ein bißchen von den Kindern. Dann habe ich ein schlechtes Gewissen und denke, ach, das bringt ja auch nichts, sich so in die Ecke zu stellen, du mußt da durch, du mußt wieder was machen, auch für dich.

Achim habe ich vor vier Wochen kennengelernt, seitdem geht es mir besser. Ich erlebe wieder dieses schöne Gefühl, daß ich jemanden ansehe und weiß, ich will bleiben. Ich habe auch wieder neue Vorsätze für mein Leben gefaßt. Anstatt abends in irgendwelchen Kneipen rumzuhängen, will ich wieder alte Freunde besuchen. Früher habe ich mit Hans oft Schach gespielt, das will ich jetzt auch wieder anfangen. Und dann will ich wieder regelmäßig in der Partei und in der Friedensinitiative mitmachen. Schon als ich Achim kennenlernte, habe ich mir vorgenommen, diesmal will ich alles ganz anders machen. Am ersten Abend wäre ich wirklich liebend gern mit ihm nach Hause gegangen. Ich habe es nicht gemacht. Wir haben uns wieder getroffen, und das war unheimlich schön. Das war der schönste Abend seit langem, das habe ich ihm auch gesagt, und er hat mich dann nur angesehen und so genickt und gelächelt, daß ich wußte, wir fühlen jetzt dasselbe. Wir waren bis zum Hellwerden beisammen und haben

es dabei belassen. Wir haben wieder nicht miteinander geschlafen. Zuerst waren wir in einem Tanzlokal, und nachdem da Schluß war, sind wir noch spazierengegangen. Wir hatten uns so viel zu erzählen. Von Anfang an war da so ein vertrautes Gefühl zwischen uns.
Erst nachdem Achim und ich uns schon einige Male getroffen hatten, bin ich mit ihm nach Hause gegangen, und dann haben wir auch zusammen geschlafen. Das war am Vorabend zum 1. Mai. Am anderen Morgen mußte Achim dann ganz früh aufstehen und zu seiner Gewerkschaft. Ich hab gesagt, ich geh dann auch bald, weil ich ja auf die Mai-Demonstration wollte. Ich hab es mir anders überlegt. Ich bin nicht auf die Demonstration gegangen, sondern bin in Achims Wohnung geblieben und hab ein Buch gelesen, hab einfach den ganzen Tag in seiner Wohnung rumgegammelt. Das war unheimlich schön. Ich hatte gar kein schlechtes Gewissen. Da hab ich wirklich zum ersten Mal ganz bewußt meine Pflicht verletzt. Sonst habe ich nie eine Mai-Demonstration versäumt. Diesmal hatte ich sogar meine Söhne zu meinen Eltern gegeben, um auch noch nachmittags an der Gewerkschaftsveranstaltung teilnehmen zu können. Abends ist Achim nach Haus gekommen und hat sich gewundert: »Du bist ja noch immer da.« Da habe ich ihm gesagt: »Ja – ich hab halt einen Tag Urlaub in deiner Wohnung gemacht.« Das fand Achim schön, konnte es aber gar nicht so richtig verstehen und sagte, bei mir ist es doch gar nicht so schön. Für mich war das wirklich wie Urlaub, ich habe mal meine Wohnung nicht gesehen und keine Verpflichtungen gefühlt. Achim hat noch eine Pizza geholt, und wir haben Wein zusammen getrunken. Wir waren zwei Abende hintereinander zusammen, ohne daß da ein Bruch zwischen diesen Abenden bestand. Ich hab sämtlichen Verpflichtungen den Rücken gekehrt. Ich bin nicht gleich weggelaufen nach der ersten Nacht.
Den ersten Streit hatten wir inzwischen auch schon. Das fing ganz harmlos an. Erst zuletzt hat sich das so zugespitzt. Und zum Schluß war es eben so, daß ich gesagt hab, gut, dann warten wir eben zwanzig Jahre, bis du drauf kommst, wenn du dir jetzt nichts überlegst. Bei mir kamen alle möglichen Sachen hoch, die ich in den ganzen letzten Monaten so mit mir rumgeschleppt hab, oder auch Dinge, die schon Jahre zurücklagen, das hab ich alles mit dem Achim in Verbindung

gebracht. Aber das ist mir erst hinterher aufgegangen. Ich habe ihm vorgeworfen, so wie du reagierst, so reagiert ja der und der, und das reicht mir so langsam, das kenn ich schon. Der Achim hat bloß gesagt, was hab ich denn mit dem zu tun. Das hat mich erst recht wütend gemacht. Ich hab mich in mein Auto gesetzt und bin weggefahren, hab schon gedacht, na ja, dann ist es eben wieder aus zwischen euch. Unterwegs habe ich mich dann in ein Cafe gesetzt, da fing ich an, noch mal alles zu überdenken. Diese Vergangenheit, die ich wie einen Rucksack mit mir rumschleppe. Immer muß ich die Männer mit Jürgen vergleichen. Ich hab mir gedacht, jetzt bist du wieder weggelaufen, beim ersten Ärger bist du weggerannt, das hat doch keinen Sinn, gleich wieder zu denken, ich kann's auch alleine, das werde ich dir schon beweisen, daß ich auf dich nun wirklich nicht gewartet habe. Als ich das soweit für mich klar hatte, bin ich wieder zu Achim gefahren, mit Herzklopfen, wie der jetzt reagieren wird. Aber dann konnten wir ganz ruhig über unseren Streit reden, das hat mein ganzes Innenleben gereinigt. Es ist ja auch naiv zu glauben, daß ich jemanden finde, der ganz unkompliziert ist, der nur darauf wartet, alles so zu machen, wie ich mir das vorstelle.

Unsicher bin ich natürlich immer noch. Bloß nicht zu weit rangehen, denke ich manchmal, nicht zuviel Gefühl hergeben, damit es nicht wieder eine Enttäuschung wird. Das ist alles noch sehr widersprüchlich. Wenn Achim mal einen Tag nicht anruft, dann sage ich mir, reg dich bloß nicht auf. Ich rede mir ein, der ist ganz unwichtig für dich, du kannst auch allein leben, du machst das ja schon die ganze Zeit allein, du brauchst niemanden und ihn schon gar nicht, du willst ja gar nichts von ihm. Wenn er dann anruft, springe ich innerlich vor Freude in die Luft und finde die Welt und mich wieder begehrenswert. Dann gibt es wieder Momente, da stürze ich in meine Angst wie in ein tiefes Loch, kann's nicht glauben, daß Achim sich für mich interessiert und mich mag, daß er mich wiedersehen will.

Achim ist auch sehr vorsichtig. Er hat schon zu mir gesagt, ich will nicht zuviel an dich denken, damit ich mich nicht so stark an dich binde. Ich will nicht, daß wir voneinander abhängig werden. Achim hat gerade eine Freundschaft beendet, die ganz schlimm verlaufen ist. Das tut ihm noch immer weh. Er

will auf keinen Fall wieder so schnell in eine neue Beziehung reinlaufen. Das ist wie eine Gratwanderung, die wir da machen, bei der wir auch unheimlich schnell abstürzen können. Wir wollen uns beide vor neuen Enttäuschungen schützen. Aber ich sage mir, wenn wir uns immerzu gegen Leid und Verletzungen unempfindlich machen wollen, wie können wir dann glücklich sein.
Zwischendurch gehe ich immer mal wieder auf Distanz, versuche, Achim ganz kühl und kritisch zu beobachten. Dann sage ich mir wieder, woher nehme ich mir eigentlich das Recht her, ihn so kritisch und hart zu beobachten und alles, was er macht, zu hinterfragen. Was ich bisher von ihm weiß, ist doch, daß er sehr geschickt und fleißig ist. Er liest viel, und was er politisch macht, daß er im Knast mit den Knackis zusammen arbeitet, finde ich auch gut. Aber dann ertappe ich mich wieder dabei, daß ich ihn ganz kalt und mißtrauisch beobachte, jede Bewegung und jedes Wort von ihm kontrolliere und mich dabei frage, kannst du damit leben, läßt er dir auch deinen Platz zum Leben. Nur, so gut bin ich ja auch nicht. Wenn Achim mich genauso beobachten würde, wäre ich gleich unsicher und würde wieder abhauen. Vielleicht gerade auch, damit er nicht so hart mit mir ins Gericht geht, bin ich lieber gleich die Beobachtende, damit ich nicht kritisiert werde und unter Beschuß gerate.
Vor einer Woche mußte ich ins Krankenhaus. Ich hatte eine Abtreibung. Ich bin vorher zu Achim gegangen und hab ihm gesagt: »Du, ich habe ein Problem, ich muß für zwei Tage ins Krankenhaus, und der Willi – ein alter Freund von mir – will die Kinder nehmen.« Achim ist ganz wütend geworden und hat dann zu mir gesagt: »Ja, warum kommst du denn damit nicht zu mir, das ist doch viel einfacher.« Ich wollte Achim damit nicht belasten, weil wir verabredet haben, daß wir uns gegenseitig mit unseren Problemen verschonen. Achim wurde immer wütender, und dann hat er gesagt: »Jetzt rufen wir sofort den Willi an, der macht es nicht, ich mach's, ich nehme deine Kinder.« Rainer und Peter haben sich in den zwei Tagen ganz gut mit Achim angefreundet. Dadurch, daß ich ein Problem gehabt hab und damit auch zu Achim gegangen bin und er mir geholfen hat, sind wir uns wieder ein Stück nähergekommen.
Die Abtreibung war schlimm für mich. Diese Rennerei, zum

Arzt, zu Pro-Familia und dann wieder zum Arzt. Eine Woche lang bin ich fast jeden Tag zum Arzt gewetzt. Ich war völlig entnervt. Zu meinen Eltern wollte ich die Kinder nicht bringen, die hätten ja auch gleich wissen wollen, warum ich nicht da bin, und das wollte ich ihnen nun doch nicht erzählen. Daß das heute immer noch mit soviel Rennereien verbunden ist, wenn eine Frau eine Abtreibung machen will, finde ich nicht gut. Vor lauter Rennerei kommt man ja gar nicht dazu, sich wirklich für sich zu überlegen, ob man das Kind nun will oder nicht. Das ist doch schließlich auch eine Entscheidung, die nicht nur mit dem Kopf getroffen werden kann. Bei mir im Zimmer lag eine Frau, die ist morgens, bevor der Arzt kam, einfach aus der Klinik weggerannt. Ich war ganz fix und fertig, hab immer gedacht, ist schon schade, daß ich das Kind nicht kriegen kann. Aber ich wußte auch, daß ich in meiner Situation das Kind nicht behalten konnte, das hat mir geholfen, über meine traurigen Gedanken wegzukommen. Ich war traurig, weil ich immer dachte, der Achim, mit dem ich jetzt zusammen bin, der ist es nicht gewesen, von dem ist das Kind nicht, der ist so lieb. Verrückt, wenn das Kind von Achim gewesen wäre, wäre mir die Abtreibung ja noch schwerer gefallen.
Den Kindern habe ich erzählt, daß ich zu einer Untersuchung ins Krankenhaus müßte, und die wollten wissen, ob ich krank bin. Als ich dann wiederkam, fragte der Peter, ob alles in Ordnung ist, ob ich gesund bin, und dann sagte der Rainer plötzlich: »Oder kriegst du vielleicht ein Kind und willst uns noch nichts davon sagen?« Ob die Kinder doch was gespürt haben?
Wenn ich früher so mit den verschiedenen Männern geschlafen habe, dann kamen die schon manchmal mit zu mir. Meine Söhne haben das auch mitgekriegt. Ich habe denen gesagt, das war ein Freund von mir. Gedanken, wie sie das später mal verkraften werden, mache ich mir schon darüber und hab ein schlechtes Gewissen. Ich weiß ja noch nicht mal jetzt, was sie sich dabei denken, wenn die verschiedenen Männer so zu mir kommen. Gefragt haben sie eigentlich nichts. Das ging ja auch meistens dann so schnell morgens, daß die weggegangen sind. Mit Frühstück war da nichts mehr. Die Typen waren ja auch nicht gerade scharf darauf, meine Kinder kennenzulernen, und mir war das auch ganz recht so. Das ist ja heute noch

immer verpönt, als Frau auszuprobieren, welcher Mann paßt nun zu dir, denn dazu gehört nun mal auch das Bett. Als Frau darfst du nicht mit zu vielen Männern schlafen. Die Kinder sind da eine gute Kontrollinstanz. Nur, warum sollen die Kinder das nicht verkraften, wenn ihre Mutter mit vielen Männern schläft, vorausgesetzt, das nimmt ihr nicht zu viel Zeit und Kraft weg und sie vergißt sie nicht dabei.
Ich bin da knallhart gewesen. Ich habe meinen Söhnen gesagt: »Heute Abend muß ich mal wieder weg und gucken, ob ich einen Freund finde, ich fühle mich sonst so alleine.« Ja und wenn dann morgens einer da war und Rainer und Peter haben den auch gesehen, ich aber wußte, der kommt nicht wieder, habe ich ihnen gesagt, daß ich mich mit dem nicht so gut verstanden habe und noch weitersuchen müßte. Ich glaube, meine Söhne haben das auch akzeptiert. Such dir halt einen Freund, haben sie gesagt. Wieweit sie das mal später verwerten, für sich, das weiß ich eben nicht. Sie haben auch manchmal schon gefragt: »Warum wolltest du den denn nicht nehmen, der war doch ganz lieb?«
Hemmschwellen, die habe ich auch. Ich bin unsicher, wie weit ich ihnen das schon erklären soll, warum es so schwierig für mich ist, einen Freund zu finden. Das war mir ja bis vor einiger Zeit selber nicht richtig klar. Manchmal stelle ich mir vor, meine Söhne erzählen in der Schule, die Mutti geht abends weg und sucht sich einen Freund. Wie reagieren die anderen Kinder da, die aus vollständigen Familien, bei denen der Vater immer abends zu Hause bei der Mutter ist? In der Schule werden die Kinder ja von den Lehrern gefragt: »Na was ist denn so alles los gewesen am Wochenende, was habt ihr denn mit euren Eltern unternommen?« Meine Söhne können noch ganz unbefangen über alles reden. Vielleicht haben sie wirklich schon gesagt: »Die Mutti hatte am Sonntag einen neuen Freund zu Besuch, aber das war noch nicht der Richtige.« Und wer weiß, wie der Lehrer und die Schüler da geguckt haben und was die darauf zu meinen Söhnen gesagt haben. Vielleicht haben Peter und Rainer da schon einen Dämpfer bekommen und mögen deshalb auch mit mir nicht darüber reden. Bei meinem älteren Sohn kann ich mir das schon vorstellen. Ich müßte ihn wirklich mal danach fragen. Bisher habe ich das immer verdrängt, obwohl ich schon oft darüber nachgedacht habe.

Ich bring natürlich auch nicht blindlings jeden mit nach Hause. Aber das ist auch wieder so eine zweischneidige Geschichte. Ich glaube, man überfordert die Kinder, wenn längere Beziehungen, in denen auch die Kinder mit eingeschlossen waren, wieder auseinandergehen. So wie das mit Hans und mir war. Das macht mir manchmal schon ein bißchen Angst, wenn ich daran denke, was meine Söhne da aushalten und verkraften mußten. Den Hans haben die ja noch nach einem Jahr kein bißchen vergessen. Vielleicht wäre es besser, er würde uns noch öfter besuchen, sonst müssen die beiden ja denken, der Hans hat uns so schnell vergessen und mag uns nicht mehr. Solche Gedanken belasten mich oft. Und jetzt, seitdem ich Achim kenne, mache ich mir ständig Sorgen. Wenn das nun wieder scheitert mit uns?
Einmal in der Zwischenzeit hatte ich einen Freund, mit dem hielt das ungefähr eine Woche. Der war ganz steif und verkrampft meinen Söhnen gegenüber. Der trug seine Krawatte innerlich. Das haben meine beiden auch ganz schnell mitgekriegt und mußten den ständig provozieren. Ich wurde schrecklich nervös, hab immer mit meinen Söhnen rumgeschimpft, weil ich dachte, mein Gott, was denkt der Mann jetzt über uns. Ich konnte mir in dieser Situation auch nicht sagen, wenn der jetzt was Schlechtes über uns denkt, dann hat das eh keinen Zweck, vergiß ihn lieber. Da kommen ja zwei Sachen zusammen, das Alltägliche und das Besondere. Die Kinder und daß sie auch mal ihren Scheiß bauen, das ist das Alltägliche, und das Besondere, das ist der Mann, den du kennengelernt hast, in den du dich verliebt hast. Da wirst du schon nervös. Aber eigentlich hat das ja auch was Gutes, unsere Situation. Die Kinder stellen einen Menschen ja viel schneller auf die Probe, die bringen dich ziemlich rasch wieder auf den Boden der Tatsachen zurück. Verliebtsein hin oder her. Die Kinder bringen den Alltag ans Licht, daran kannst du dich nicht vorbeimogeln, und dann mußt du dich fragen: Kannst du mit dem Mann in der Alltagssituation auch noch was anfangen, könnt ihr den Alltag miteinander bestehen? Eine Frau ohne Kinder kann sich da vielleicht viel länger etwas vormachen, weil sie den Mann ja immer nur in Ausnahmesituationen sieht.
Eine Zeitlang habe ich jedem Mann gleich gesagt, ich hab zwei Kinder. Das kam schon ein bißchen provozierend von mir.

Aber ich wollte nicht nur provozieren. Ich wollte auch sofort Realität zwischen uns reinbringen. Natürlich hab ich auch ein bißchen mit dieser Provokation gespielt. Oft waren die Männer gleich so perplex, daß sie sofort einen Rückzieher machten, zumindest innerlich. Ich hab das gleich so abwehrend gesagt, hab die Kinder wie eine Schutzwand vor mich geschoben. Das war ein doppeltes Spiel, was ich getrieben habe: Du brauchst dir gar nichts zu denken, ich hab zwei Kinder, da läuft sowieso nichts mit uns. Nur ganz tief innen, da wollte ich doch etwas anderes, ich wollte, daß einer diese Schutzwand durchbricht. Aber diese Hoffnung mochte ich mir kaum selbst eingestehen.
Der Achim, mit dem ich jetzt zusammen bin, der pflückt mir manchmal Blumen oder kocht mir einen Kaffee oder ruft mich morgens an und wünscht mir einen guten Tag, der ist so lieb. Um acht muß ich morgens immer aus dem Haus, und dann kommt da manchmal so ein Anruf, und da fragt mich jemand, hast du gut geschlafen, und wünscht mir einen schönen Tag. Das ist so wichtig zu wissen, da ist einer, der an mich denkt, der mich mag und ein bißchen mit mir fühlt. Das ist ein Lichtblick. Ich werde größer und die Alltagssorgen kleiner. Diese kleinen Aufmerksamkeiten, die habe ich so sehr vermißt. Ich brauche das für mein Leben, daß da einer ist, der an mich denkt, der mich mag und mir das auch zeigt, der meine Schwierigkeiten sieht und mich manchmal auch ein bißchen verwöhnt. Ich habe mich früher einfach nur hart gemacht. Wenn mich jetzt etwas ärgert an Achim, dann denke ich, mit meinem Mann, mit dem Jürgen, da war es ja auch so. Wir hatten auch ganz viele Probleme, die mußten wir ja auch zusammen durchstehen, und da ist es mir ja auch nicht eingefallen, einfach wegzurennen. – Aber im Grunde lebe ich mit dem Gefühl, den Jürgen, den kann mir keiner ersetzen.

»Meine Tochter hat mir das Leben wiedergeschenkt«

Angela, 30 Jahre, Sekretärin in einem Druckerei- und Satzbetrieb, eine Tochter, 10 Jahre

Heiraten – nein, ich möchte nicht wieder heiraten. Ich verstehe die Frauen nicht, die nach einer gescheiterten Ehe so schnell wieder heiraten oder mit einem Mann zusammenleben wollen. Natürlich weiß ich auch, daß das Leben als unverheiratete Frau mit Kind sehr schwierig ist. Das Denken der Menschen ist noch sehr familienbezogen. Und Familie, das heißt eben: Vater, Mutter, Kind bzw. Kinder. Allein mit einem Kind leben – und wenn das Kind dann noch kleiner ist und du dann auch noch arbeiten mußt, da weißt du oft nicht mehr, wie du zurechtkommen sollst.
Daß du nicht richtig akzeptiert wirst als alleinstehende Frau, habe ich oft zu spüren bekommen. Die Nachbarn und vor allem die Kolleginnen im Betrieb haben meinen Alleingang mit Kind immer sehr skeptisch betrachtet. »Warum versuchen Sie nicht wieder, einen Mann zu finden, der Sie heiratet, dann wäre doch alles viel leichter für Sie.« So was oder ähnliche Sätze habe ich oft zu hören gekriegt, gerade als meine Tochter noch kleiner war. Ich solle doch auch an mein Kind denken, das ist doch nichts für das Kind, wenn es mittags aus der Schule kommt und dann den ganzen Nachmittag allein ist. Was ich damit meinem Kind antue. Ein Schlüsselkind. Ich kriegte immer eine Gänsehaut bei solchen Sätzen, wurde innerlich ganz stumm. Eine Antwort darauf fiel mir nie ein. Ich hätte ja zum Beispiel sagen können, daß es gar nicht so leicht ist, einen Mann zu finden, der nicht nur mich, sondern auch das Kind will. Diese wohlmeinenden Sätze der anderen kamen mir nie echt vor. Ich hörte eher einen Vorwurf daraus, und das machte mir natürlich zu schaffen.
In der Firma, in der ich jetzt arbeite, fühle ich mich auch oft isoliert. Die Frauen, mit denen ich arbeite, sind alle verheiratet oder verlobt. Die beraten sich dann, was sie am Abend oder am Wochenende für ihre Männer kochen. Und dann treffen die sich auch schon mal privat, gehen gemeinsam in die Sauna, machen Ausflüge oder veranstalten Kartenspielnachmittage. Mich hat noch niemand dazu eingeladen. Ich habe

aber auch nie ein Interesse daran gezeigt, wenn im Büro über solche Unternehmungen geredet wurde. Ich will da gar nicht mitmachen. Ich habe jetzt eine Freundin, die hat auch keinen Freund. Sie ist zwar zehn Jahre jünger als ich, wir verstehen uns aber trotzdem sehr gut. Mit der mache ich viel zusammen. Kino- und Kneipenbesuche, Spaziergänge, und manchmal kochen wir auch zusammen. Aber das ist ganz komisch, wenn die Frauen im Betrieb über ihre Männer oder ihre Familie reden, was sie kochen wollen oder was sie sich anschaffen wollen oder was sie am Wochenende gemacht haben, dann wünsche ich mir, so normal wie die anderen zu sein und zu leben. Das tut mir manchmal richtig weh.

Ich habe es erst neulich wieder erlebt. Da, wo ich jetzt wohne, ist es üblich, eine Nachtwanderung in den ersten Mai zu machen. Schon eine Woche vorher haben die Frauen ständig davon erzählt, haben ihre Erinnerungen an frühere Ausflüge erzählt, überlegt, ob sie diesmal wohl wieder grillen können und solche Sachen. Ich bekam richtig Lust, da auch mitzumachen. Ich habe natürlich nichts gesagt. Ja, vielleicht war das falsch von mir, nicht ganz einfach zu sagen: »Ich möchte da auch gern dabei sein.« Aber da stand mir meine Angst im Wege. Das sind alles Pärchen, die sind verheiratet oder verlobt. Was will ich dazwischen, allein? Drei Kolleginnen haben auch Kinder, die sind aber noch ganz klein. Nicole mit ihren zehn Jahren könnte schon den Baby-Sitter für sie machen. – Weißt du, was mir manchmal sehr weh tut, wenn ich sehe, wie andere Väter ganz liebevoll und fürsorglich mit ihrem Kind umgehen oder so mit ihrem Kind herumtoben, es in die Luft werfen, so Sachen, die ich früher gar nicht mit meiner Tochter machen konnte. Ich muß dann immer denken, Nicole hat das alles nicht gehabt, die mußte so viel vermissen. Da könnte ich auf der Stelle losheulen, so nah geht mir das. Nicole hat ja nur mich. Ihr Vater zahlt nur für sie, sonst denkt er wohl gar nicht mehr an sie. Da ist mir manchmal so, als wäre ich zweimal von ihm verlassen worden.

Was da so abläuft in mir, ist schon ziemlich konfus. Ich will nicht mehr heiraten. Aber den Wunsch, daß es wieder einen Mann in meinem Leben gibt, der mir etwas bedeutet, der mich auch braucht, den habe ich schon. Wie ich mir meine Zukunft mit einem Mann vorstellen soll, weiß ich nicht.

Heiraten oder mit einem Mann wieder zusammen in einer Wohnung leben, ich glaube, ich könnte das nicht. Dazu lebe ich auch schon viel zu lange allein. Wenn ich daran denke, muß ich mir sofort wieder dieses Ehegrau vorstellen, wie ich es erlebt habe. Davor habe ich heute noch fast so eine körperliche Angst: Öde Sonntagsspaziergänge, auf denen wir uns nichts mehr zu sagen hatten. Der Alltag war in ein so festes Schema gepreßt. Arbeiten, Nicole aus der Krippe holen, Nicole versorgen. Alles immer in Hetze, weil die Wohnung noch aufgeräumt werden muß, Wäsche gewaschen oder gebügelt werden muß, das Abendessen noch gemacht werden muß. Während des Abendessens lief immer der Fernseher. Ich weiß selbst nicht, wie wir in diese Tretmühle reingekommen sind. Trotz der vielen Arbeit habe ich mich in der Ehe gelangweilt, innerlich. Ich fühlte mich ganz leer. Hinter allem, was ich machte, stand so ein »Muß«, schrecklich. Der Rainer, der blühte auf, wenn Besuch kam, und ich hab mich geärgert. Da war er auf einmal wieder der Rainer, wie ich ihn vor meiner Ehe gekannt habe. Geldprobleme hatten wir natürlich auch. Die vielen Raten, die wir abzahlen mußten, für das Auto und für die Wohnungseinrichtung, und dann wollte Rainer immer sparen, für den Notfall oder was weiß ich, für ein neues Auto. Kaum hatten wir uns das Auto gekauft, da träumte er schon wieder von einem neuen Auto. Mir war das völlig egal, was für ein Auto wir hatten. Aber das Auto, das war wohl Rainers Fluchtburg, jeden Samstag bastelte er an dem Auto rum.

Die Ehe hat mich frigide gemacht. Im Bett wollte ich nur noch meine Ruhe haben. Ich war so müde. Vor meiner Ehe, da war es ganz anders. Ich hatte die tiefsten Empfindungen, vom Weinen bis zum Schreien und Lachen vor Glück. Das war so ein dichtes Auf und Ab, kam so geballt, ich glaubte manchmal, daran zerspringen zu müssen. Mit Rainer habe ich alles, was du dir nur denken kannst, gemacht. Nur eben richtig zusammen geschlafen haben wir vor der Ehe nicht. Das haben wir uns einfach nicht erlaubt. – Verrückt, nicht wahr. Erst in den Flitterwochen, ein blödes Wort, da haben wir zum ersten Mal richtig zusammen geschlafen. In der Ehe habe ich mich ganz ausgelöscht. Ich wollte nicht mehr ich sein. Ich wollte meinem Mann eine gute Frau sein. Darüber bin ich wohl frigide geworden. An meiner sexuellen Unaufgeklärtheit lag

es sicher nicht, auch wenn ich damals nichts von der Existenz meiner Klitoris wußte und wie wichtig sie für meine Stimulation ist. Ich hatte ja mit Rainer dieses wahnsinnig schöne Gefühl, da unten gestreichelt zu werden, kennengelernt und wußte auch, wie ich mich in diesem Gefühl verändere. Dieses Gefühl machte mich schön. Es war einfach weltbewegend. Auch das Leben war am nächsten Tag noch schön. Da konnte mir niemand etwas anhaben. Ich war unberührbar. Ich weiß noch, wie ich einmal, nachdem Rainer weggegangen war, am Fenster meines Zimmers stand und den Menschen auf der Straße nachblickte. Es war später Nachmittag. Der Blick aus dem Fenster meines Zimmer war wie immer. Nichts hatte sich äußerlich verändert, und doch schien mir alles verändert. Ich war in einer wehmütig schönen Abschiedsstimmung, dachte und spürte irgendwie, du bist jetzt anders geworden, du gehörst nicht mehr dazu. So sorglos wie dieses junge Mädchen da unten wirst du nie wieder eine Straße überqueren. Wie soll ich dieses Gefühl nur erklären? Wie bei einem Bild hatte das Leben um mich herum auf einmal an Tiefenschärfe gewonnen. Es war als lebte ich intensiver, und dabei fühlte ich mich aber weit weg, getrennt von den anderen, ohne einsam dabei zu sein. Und dann mußte ich dabei auch an meine Mutter denken. Gab es so eine schöne Erfahrung in ihrem Leben? Ich konnte mir damals diese Erfahrung in ihrem Leben nicht vorstellen. Ich wurde traurig für sie. Diese Traurigkeit, dieses schlechte Gewissen meiner Mutter gegenüber, wenn ich was Schönes erlebt habe, hat mich bis heute nicht losgelassen. Ich muß mich immer wieder darüber hinwegsetzen. Damals fiel mir das leicht, heute ist es schwieriger. Ich verstehe meine Mutter besser.
Ich glaube, Rainer hat in dieser Zeit vor unserer Ehe ähnlich intensiv wie ich empfunden. Wir haben uns wirklich geliebt. Diese Erfahrung mit unserem Körper, die war eigentlich Aufklärung genug, sexuell meine ich. Wie wir uns lieben, berühren müssen, haben wir schnell herausgefunden, darüber brauchten wir keine Aufklärung. Was mich frigide gemacht hat, war der Ehealltag, darüber wußte ich nichts, in diesem Alltag wurden meine schönen Gefühle begraben. Jedes kritische Wort von Rainer verletzte mich tief, weil ich eine gute Ehefrau sein wollte. Ich lebte in der Illusion, wenn sich zwei Menschen lieben, dann dürfen sie sich nicht streiten, dann

können sie auch alle Konflikte und Probleme lösen. Wie schnell sich Gefühle in Gesprächen über Geld und Ratenzahlungen aufzehren, habe ich erst in meiner Ehe erfahren. Und wenn Rainer zu mir mal wieder gesagt hatte, du kannst das Geld nicht zusammenhalten, dann war sowieso alles aus bei mir. Das war so eine tiefe Kränkung. Woher ich diese Illusionen über Liebe und Ehe hatte, weiß ich nicht. So genau hatte mir das ja niemand gesagt. Meine Eltern haben sich oft gestritten, nicht sehr laut, und worum es ging, erinnere ich auch nicht mehr. Wenn sich meine Eltern gestritten haben, dann haben sie sich immer nur angefaucht mit so einer verhaltenen Wut in ihren Stimmen, aber immer höflich. Ich habe trotzdem gewußt, sie streiten sich, da ist etwas Schlimmes im Gange. Als ich noch klein war, habe ich sehr darunter gelitten, fühlte immer so einen Druck, mich dazwischenwerfen zu müssen, und traute mich aber nicht. Ich bin dann meistens aus dem Zimmer gegangen. Diese Streitereien machten mir angst. Später habe ich mir gesagt, die lieben sich nicht, ich werde nur einen Mann heiraten, den ich wirklich liebe. Eine verheerende Illusion, wenn du nichts über dich weißt, über deine aggressiven oder depressiven Gefühle und woher sie kommen. Zu Hause, von meiner Mutter, habe ich ja nur gelernt, meine Gefühle zu unterdrücken oder sie jedenfalls nicht ernst zu nehmen. Für meine Mutter war das wahrscheinlich ein Lebensideal. Es gibt da ein Lied aus einer Operette, Land des Lächelns, das war ihr Lieblingslied. Wir haben es manchmal zusammen gehört. Ich mochte dieses Lied auch sehr gern. Da kommt so eine Stelle drin vor: Und wie es da drinnen aussieht, geht niemand was an. Dieses Lied habe ich bis heute nicht vergessen. Ich höre es immer noch gern und bin ganz gerührt, wenn ich es zufällig im Radio höre, das ist das Schlimme, denn so leben will ich ja nicht mehr. – Meine Mutter, die hat sich mit diesem Lied getröstet.

Meine Mutter hat nur für meinen Bruder und mich gelebt. So kommt es mir heute vor. Sie war immer für uns da. Sie kümmerte sich um uns, den Haushalt und den riesigen Garten, den wir hatten. Ich mußte ihr immer im Garten helfen. Mein Vater, der war ja Pfarrer, der ging ganz in seinem Beruf auf. Der kümmerte sich um seine Gemeinde, war da auch viel unterwegs, machte Krankenbesuche und so was, oder er saß in seinem Arbeitszimmer. Ich glaube, meine Mutter hat mich meinem Vater entfremdet. Sie hat mir immer zu verstehen gegeben, dein Vater hat sich eigentlich einen Jungen gewünscht, du solltest ein Junge werden. Deshalb hatte ich wohl auch immer ein unsicheres Gefühl vor meinem Vater. Ich konnte mir nicht vorstellen, von ihm geliebt zu werden. Vielleicht hat mir meine Mutter die Angst, die sie vor ihrem Mann hatte, auf meinen Lebensweg mitgegeben. Da fällt mir etwas ein: Fastnacht in der Schweiz. So einen Umzug habe ich mal mit meinem Vater und mit meiner Mutter erlebt. In der Schweiz wird dieses Volksfest ja etwas anders als bei uns gefeiert. Da geht der Umzug schon mitten in der Nacht los, und alle sind schrecklich maskiert. Erst wenn es langsam hell wird, löst sich die Stimmung, und alle werden fröhlich und kehren in irgendein Gasthaus ein. Mein Vater, meine Mutter und ich haben dem Umzug zugesehen, und meine Mutter, die ging da so richtig mit, freute sich, nahm mich auf den Arm und wollte sich mit mir durch die Menschenmenge nach vorne drängen. Mein Vater hat sie gleich zurückgehalten, zuerst nur mit Blicken, und als sie nicht sofort reagierte, hat er auch noch irgendwas zu ihr gesagt, da ist meine Mutter ganz unsicher geworden. Meine Mutter hat sich total angepaßt an meinen Vater. Heute frage ich mich oft, wie ihr Leben wohl war, ob sie jemals so richtig glücklich war in ihrer Ehe. Ich habe mir schon oft vorgenommen, sie zu fragen und mit ihr darüber zu sprechen. Aber das bringe ich einfach noch nicht.

Nach meiner Scheidung hatte ich lange Zeit Selbstmordgedanken. Mein Leben, meine Arbeit, die mir vorher so viel Spaß gemacht hatte, alles schien mir auf einmal sinnlos geworden zu sein. Auch Nicole konnte mir da nicht viel helfen. Ich hatte den Boden unter den Füßen verloren. Das ist paradox, obwohl ich mit Rainer in unserer Ehe nicht glücklich war, hat mich unsere Trennung unglücklich gemacht. Nicole hat mir aber doch geholfen, weiterzuleben. Einmal hatte ich schon die entsprechende Menge Tabletten auf dem Sofatisch auf einer Untertasse zurechtgelegt und daneben ein vollgefülltes Glas mit Wein und noch die Flasche dazugestellt. Ich wollte die Tabletten gerade schlucken, da klingelte es. Ich hätte nicht öffnen müssen, doch ich bekam Angst, Nicole wird wach, deshalb bin ich dann an die Tür gegangen.

Die Tabletten habe ich vorher noch schnell hinter das Sofa gekippt. Da stand ein Mann vor der Tür, den ich durch Rainer kannte. Ein früherer Kollege von ihm. Er wußte angeblich oder wirklich nichts von unserer Scheidung. Daß mit mir etwas nicht stimmte an diesem Abend, hat er natürlich sofort gemerkt. Mindestens zwei Flaschen Wein haben wir zusammen getrunken und dabei unseren Kummer vor uns ausgebreitet. Irgendeinen Kummer hatte der Mann wohl auch. Ich weiß nicht mehr welchen, das ist alles so lange her. Ich hab wohl auch nicht richtig zuhören können, in meinem Selbstmitleid und so weinbenebelt, wie ich war. In dieser Nacht habe ich mit dem auch geschlafen. Es war der zweite Mann in meinem Leben. Ich habe ihn danach nicht wiedergesehen. Er hat immer noch angerufen bei mir. Aber ich wollte ihn nicht wiedersehen. Ich habe mich so geschämt, weil ich soviel über mich erzählt habe; und dann auch, weil ich ja gleich in der ersten Nacht mit ihm geschlafen hatte.
Halb bewußt, halb unbewußt, um mich vor neuen Enttäuschungen zu bewahren, habe ich versucht, mein Leben ohne einen Mann einzurichten. Die Frauenbewegung kam mir dabei zu Hilfe. Ich habe zwar nie aktiv daran teilgenommen. In dem Nest, in dem ich wohne, gab es auch nie eine Frauengruppe. Ich habe in den Zeitschriften die Diskussionen verfolgt, und was zu meinem Leben paßte, habe ich mir herausgesucht. Was da geschrieben wurde, über die Identität der Frau, über Mädchenerziehung, warum wir Frauen so geworden sind, uns ständig anpassen zu müssen, und wie wichtig der Beruf für uns ist, damit wir unabhängig vom Mann werden. Das Buch »Mütter ohne Männer« habe ich natürlich auch gelesen. Mir hat das Mut gemacht, durchzuhalten. Heute denke ich manchmal, ich hab mich da auch wieder angepaßt. Viel zu schnell habe ich über den Kopf Richtlinien für mein Leben gebastelt, ohne nach mir selbst, nach meinen Gefühlen zu fragen. Das paßte ja auch so gut zu meinem Leben. Ich hab mir die Standpunkte der Frauenbewegung angeeignet, weil sie mein Leben bestätigt haben. Wie wichtig der Beruf für Frauen ist, das war ja auch eine Rechtfertigung für mich, wenn ich in Konflikte kam und ein schlechtes Gewissen hatte, weil ich durch meine Arbeit so wenig Zeit für Nicole hatte.
Nach meiner Scheidung habe ich fast vier Jahre lang ohne

einen Freund gelebt. Erst so mit 28, da hatte ich wieder einen Freund, mit dem wäre ich wohl auch gern zusammengeblieben. Aber der Horst, der wollte unbedingt ein Kind haben, und ich wollte das nicht. Für ihn war das wohl so die Fortsetzung und Verwirklichung seines Lebens. Erst ein Kind oder Kinder machen das eigene Leben sinnvoll, wofür arbeitet man sonst und plagt sich rum mit dem Leben. So ähnlich hat Horst mir das damals gesagt. Ich habe das nicht richtig verstanden, weil ich noch so ganz auf der Suche nach meinem Leben war, weil ich nicht für die Zukunft, sondern in der Gegenwart leben und glücklich sein wollte. Und die Gegenwart mit all diesen kleinen Alltagssorgen, mit Nicole, ihren Schulschwierigkeiten, mit meiner Arbeit, die beschäftigte mich ja auch so ziemlich rund um die Uhr. Durch Horst wurde dieser Alltag leichter für mich. Ich mochte seine unaufdringliche Zärtlichkeit, seine Fürsorglichkeit, die sich in den kleinen Alltagsdingen zeigte. Die hat er so ganz nebenbei gemacht. Er hat selbst gesehen, wo was zu machen war. Kleine Alltagsarbeiten, die ich immer vor mir herschob, für die ich auch kaum Zeit hatte: die Kaffeemaschine oder die Wasserhähne entkalken, eine Blume umpflanzen, ein Küchenregal aufhängen, einen Lampenstecker reparieren, das Flusensieb in der Waschmaschine reinigen. Ich hab das vorher immer alleine gemacht, und jedesmal danach gab es eine große Überschwemmung im Bad, weil ich die Waschmaschine alleine nicht schräghalten und gleichzeitig das Flusensieb herausziehen konnte.
Richtig verliebt war ich nie in Horst. Wir haben uns auf einem Fest kennengelernt. Er hat mich anschließend nach Hause gefahren. Ich habe ihn angesehen, wie er das Auto fuhr, da strahlte er so eine ruhige Zuverlässigkeit aus, die hat mich ganz sehnsüchtig gemacht. Als wir dann bei mir zu Hause angelangt waren, hab ich ihn gefragt, ob wir uns nicht mal wieder treffen können. Da bin ich über meinen eigenen Schatten gesprungen. Horst gehört zu den Menschen, die ihre Gefühle und Wünsche nicht zeigen und aussprechen können, wie ich. Ich kann das ja eigentlich auch nicht. Nur ich versuche es jetzt zu lernen. Mit meiner Freundin, die soviel jünger ist als ich, habe ich erst gelernt, über ganz intime Dinge und über Gefühle zu reden. Wenn ich ihr erzähle, was wieder mal bei mir passiert ist mit Nicole zum Beispiel, dann gibt sie

sich damit nicht zufrieden, sondern fragt immer, was ich dabei gefühlt habe.
In der ersten Zeit konnten Horst und ich nicht so gut zusammen schlafen. Ich hatte nie einen Orgasmus. Schön war es trotzdem für mich. Im Schlaf hat er sich immer an mich gekuschelt und seinen Arm um meinen Bauch gelegt. Wir waren beide sehr gehemmt. Wir haben ziemlich lange dazu gebraucht, um uns sexuell kennenzulernen. So richtig haben wir nie unsere Hemmungen überwunden, aber es wurde immer besser, und ich hatte dann auch fast jedesmal, wenn wir zusammen geschlafen haben, einen Orgasmus. Ich glaube, so nach einem Jahr mit Horst, da fing ich an, mir mein Leben mit Horst in meiner Phantasie vorzustellen. Ich stellte mir vor, mit Horst die Verantwortung für Nicole zu teilen, ich stellte mir vor, wie unbeschwert ich sein könnte, wenn ich mir die Sorge um das notwendige tägliche Geld nicht mehr allein machen müßte. Träume, die ich mir selber kaum eingestehen und zugestehen wollte, Träume, die ich verdrängen wollte, die sich aber nicht verdrängen ließen. Immer, wenn ich mit dem Auto zur Arbeit fuhr, immer nachts vor dem Einschlafen, wenn Horst nicht da war, waren diese Wunschträume da. Aber neben diesen Wunschträumen nistete in mir die Angst, mich wieder innerlich so ganz an einen Mann zu binden, mein inneres Gleichgewicht ausschließlich in der Zufriedenheit eines Mannes zu finden, deshalb wollte ich mir diese Träume nicht zugestehen. Ich hatte mir ja vorgenommen für mein Leben, nie wieder um einen Mann Tränen zu vergießen, nie wieder einem Mann so viel Macht über mich zu geben, mich glücklich oder unglücklich zu machen, so wie das mit Rainer in unserer Ehe war.
Horst wollte ein Kind haben, und ich hatte Angst davor, wieder ein Kind zu haben, daran und wahrscheinlich auch, weil ich nicht ehrlich über mich reden konnte, ist unsere Beziehung gescheitert. Ich hatte Angst davor, noch einmal mit einem kleinen Kind alleingelassen zu werden. Diese Zeit, als Nicole noch klein war, war einfach zu schwierig und schmerzhaft für mich gewesen. Ich hatte noch nicht vergessen, wie ich Nicole morgens, wenn sie noch ganz schlaftrunken war, aus dem Bett reißen mußte, sie beim Anziehen hetzen mußte, nun mach doch endlich, trödele nicht so, ich komme sonst zu spät zur Arbeit, wie ich sie dann immer vor

dem Kindergarten abgeliefert habe und wie sie manchmal dann dagestanden ist und geweint hat, Mutti geh noch nicht weg, bleib noch ein bißchen, wie ich da innerlich ganz hart geworden bin, gegen Nicole und gegen mich. Ich kann heute noch nicht ohne Schuldgefühle daran denken, daß ich meine Tochter alleinlassen mußte, wenn sie mit Fieber im Bett lag. Wenn Horst über seinen Kinderwunsch sprach, dann hatte ich diese Bilder vor Augen, hatte Angst davor, das alles noch einmal zu erleben.
Da war noch etwas. Horst kam mit Nicole nicht so gut zurecht. Obwohl Nicole ja erst acht Jahre alt war, war Horst immer ganz unsicher ihr gegenüber. Horst war kein selbstbewußter Mensch, dafür aber um so verletzlicher in seinem Stolz. Es verletzte ihn schon, wenn Nicole zu ihm sagte, du könntest dir auch mal wieder deine Brille putzen, soll ich das mal für dich machen. Horst hat nie etwas mit Nicole allein gemacht. Ich mußte immer dabei sein. Er ist meiner Tochter immer irgendwie ausgewichen. Ich habe ihn mal gebeten, am Wochenende bei Nicole zu bleiben, da mußte ich samstags und sonntags Überstunden machen, weil wir so einen großen Satzauftrag in der Firma hatten. Horst hat Nicole zu seinen Eltern gebracht. Seine Mutter hat sich gefreut, die kam wohl ganz gut mit Nicole aus, die beiden haben sich verstanden. Aber Horst hat mal zu mir gesagt, du und deine Tochter, ihr seid so eine Einheit, da kommt doch keiner dazwischen.
Horst hat immer nur gesagt, ich möchte irgendwann einmal ein Kind haben. Er hat nie gesagt, ich möchte ein Kind von dir. Ich habe erst viel später erkannt, da waren wir schon längst auseinander, daß ich deshalb auch nicht mit ihm über meine Angst vor einem zweiten Kind reden konnte. Ich habe immer nur rational mit ihm über seinen Kinderwunsch argumentiert. Denk doch mal an die Zukunft, an diese Gesellschaft, die keinen Platz mehr für Kinder hat, der Parkplätze für Autos wichtiger sind als Kinderspielplätze, die überhaupt ihre Lebensvoraussetzungen zerstört, denk doch mal an die Umweltverschmutzung oder das wahnsinnige Wettrüsten. Solche Sachen habe ich gesagt. Ich habe ihm auch vorgeschlagen, ein Kind zu adoptieren, weil das humaner ist, wenn so viele Kinder in der Welt verhungern oder in Heimen leben. Horst hat solche Argumente nur mit Schweigen beantwortet, und ich war wirklich davon überzeugt, daß es verant-

wortungslos ist, Kinder in diese kaputte Welt zu setzen, daß wir unsere Zeit und Kraft nicht dafür verwenden sollten, Kinder großzuziehen, sondern unsere Zeit und Kraft brauchen, um uns politisch zu engagieren für eine bessere Welt. Ich tat so, als wäre das Leben zu trennen, erst die Gegenwart, dann die Zukunft, erst müssen wir eine bessere Welt schaffen, dann dürfen wir auch wieder daran denken, Kinder zu haben, nicht wir, die wir jetzt leben, sondern die Generation, die nach uns leben wird.

Ja, solche Gedanken und Argumente schienen mir vernünftig, einsehbar, und ich wurde wütend, wenn Horst nicht darauf einging. Was ich mir damit selber so vernünftig vormachte, habe ich nicht bemerkt. Mich mit meinem eigenen Kinderwunsch und mit meiner Angst vor einem zweiten Kind auseinanderzusetzen, gemeinsam mit Horst, habe ich so vernünftig verhindert. Ich mit einem dicken Bauch, wie ich schwerfällig im Sessel sitze, Horst mir einen Tee bringt und mir die Füße massiert. Ich mit einem dicken Bauch im Bett und Horst legt seinen Arm um meinen Leib oder legt vorsichtig seinen Kopf auf meinen Bauch, um die Bewegungen des Kindes mit seinem Gesicht zu spüren. Wir stehen vor einem Geschäft mit Babysachen und machen uns Gedanken, was unser Kind alles braucht. Immer, wenn Horst darüber geredet hat, daß er ein Kind will, immer danach, hatte ich auch solche schönen Vorstellungen. Unser Kind, dieser kleine Mensch, erwünscht und schon sehnsüchtig und neugierig erwartet, unser Kind angenommen, geborgen und beschützt. Da spielten wohl auch meine eigenen Wünsche, mich angenommen und geborgen zu fühlen, mit rein. Mit Nicoles Vater habe ich das ja nie so erlebt. Da habe ich mir ständig Sorgen über meinen dicken Bauch und meinen dicken Busen gemacht, weil ich dachte, jetzt bin ich ganz unansehnlich für Rainer. Diese schönen Vorstellungen, mit Horst ein Kind zu haben, wollte ich genausowenig wahrhaben wie meinen Wunsch, mit Horst zusammenzuleben. Oder immer, wenn ich daran dachte, mit Horst zusammenzuleben und ein Kind zu haben, bekam ich Angstvorstellungen um Nicole. Horst wird nur sein Kind lieben, meine Tochter wird ungeliebt bleiben, sie bekommt nur seinen Pflichtanteil an Fürsorge von Horst. Damit hätte ich mich nie abfinden können. Dann habe ich mich auch gefragt, kann man Liebe in einem

Kind verwirklichen? Werde ich dann nicht insgeheim das Kind von Horst mehr lieben als Nicole. Allein dieser Gedanke verursachte schreckliche Schuldgefühle in mir. Dann habe ich wieder gedacht, ich werde Nicole immer mehr lieben als ein zweites Kind. Schon weil wir soviel nur zu zweit für uns erlebt haben und weil Nicole ohne ihren Vater mehr Schutz braucht als mein zweites Kind. Meine Gedanken damals waren ziemlich zerrissen. Ich hatte ja auch niemanden, mit dem ich hätte darüber sprechen können.
Horst wurde arbeitslos. Von da an hat er nie wieder über seinen Wunsch, ein Kind zu haben, gesprochen. Er ist in dieser Zeit ziemlich depressiv geworden, auch wenn er sich keine Sorgen ums Geld machen mußte. Sein Arbeitslosengeld reichte gut für ihn. Er lebte ja immer noch wie ein Student. Seine Bude kostete nur 150 Mark Miete im Monat. Daß er sich immer wieder bei ganz vielen Firmen bewarb und Absagen oder gar keine Antwort erhielt, kränkte ihn tief. Ich glaube, diese Arbeitslosigkeit hat nicht nur seine Zukunftspläne durcheinandergebracht. Horst fühlte sich mit der Zeit wie ein Versager. In den Zeitungen war damals viel über die Akademikerarbeitslosigkeit zu lesen. Ich hab ihm solche Artikel immer ausgeschnitten, aber gelesen hat er die wohl nie. Ich habe auch immer für Horst die Bewerbungen getippt. Dabei haben wir uns jedesmal gestritten. Das waren unsere ersten richtigen Kräche. Ich war immer ganz nervös beim Tippen und hab ganz viele Fehler gemacht, was mir sonst in der Routine auch bei ganz schwierigen und unsauberen Texten nie passiert. Über seinen Doktorvater hatte Horst ein Angebot, in Amerika zu arbeiten. Im ersten halben Jahr als Horst arbeitslos war, hat er sich um dieses Angebot nicht gekümmert. Er wollte nicht in Amerika arbeiten, sondern hier. Ob das auch ein bißchen mit mir zusammenhing, ich weiß es nicht. Später hat er dieses Angebot dann doch angenommen. – Ab und zu kam ein kurzer Brief von ihm aus Amerika, den ich irgendwie genauso kurz beantwortet habe. Ich wußte nie, was ich schreiben sollte. Alltagsgeschichten über Nicole, über mich? Das ist doch langweilig, was kann man darüber schon schreiben? Ich wäre vielleicht gerne mit Horst nach Amerika gegangen, aber das mochte ich ihm nicht schreiben.

»Meine Beziehung ist weiblich«

Helga, 49 Jahre, Lektorin, zwei Söhne, 17 Jahre und 16 Jahre, eine Tochter, 15 Jahre

Als der Ehemann a. D. vor sechs Jahren lange Beine machte und ich mit drei Hinterlassenen allein im Haus blieb, brach eine reizende Invasion über uns herein. Wie die Ratten zu Zeiten der Pest. Ehemalige Bekannte, gewesene Liebhaber, sogar Nachbarn, Kollegen, Männer verschiedenster Couleur machten ihre Aufwartung, um die verwaiste Frau zu trösten. Na ja, was weiß ich, ob sie dachten, ich würde ohne Männlichkeit in Depression versinken? Vielleicht wollten sie auch nur die Situation ausnutzen.
Jedenfalls war Besuch im Haus, ob mehrköpfig oder solo, auch solcher männlichen Geschlechts, der die Mutter allein beehrte, damals eine gewohnte Erscheinung. Besuch hatten wir ständig gehabt. Um so merkwürdiger reagierten die Junioren jetzt: Neugierig bis argwöhnisch beäugten sie jedes aufkreuzende Individuum, sofern es nur andeutungsweise nach Mann aussah. Was der Kerl wolle, fragten sie entweder gleich hinter vorgehaltener Hand oder spätestens am nächsten Morgen, falls das suspekte Subjekt seinen Auftritt zu lange in die Nacht hinein ausgedehnt hatte.
Die Kerle, das war klar, wollten so ziemlich das Gleiche. Aber ebenso klar war, daß ich auf Männer nicht mehr das hatte, was Jugend heute »Bock« nennt.
Ehrlich, das hatte mit der Auflösung der Ehe gar nichts zu tun, außer vielleicht, daß ich wirklich andere Sorgen hatte, als mich wechselnden Lustübungen zu überlassen. Aber mein Desinteresse oder eher eine Art physischer Abneigung hatte schon vorher begonnen. Ich hatte diese Spezies Mensch lange genug erkundet, meine Sturm- und Drangphase weit überzogen und alle Erfahrungen hinter mir, die auf dem Feld der Männer zu haben sind. Schluß damit. Ich bin, wenn ich überhaupt etwas bin, konsequent. Und so kam es, daß ich nicht etwa monogam wurde, nein, vorübergehend zölibatär lebte; und das ausgerechnet in dem Augenblick, da ich in Männerfleisch hätte baden können, und keiner hätte mir dreinreden können.

Doch, das gibt es: kein Bedarf mehr an Mann als Lustobjekt. Das pflegte ich den Herren auch gleich zu sagen, kaum daß sie aufkreuzten: Für Freundschaft sei ich sehr zu haben, Diskussionen, Auseinandersetzungen, überhaupt für witzige Zeitgenossen, nur im Bett sei kein Platz mehr frei. Das Kapitel war abgeschlossen. Dreiundzwanzig Jahre Mann – das reicht. So lang ist das Leben nun auch wieder nicht, um immer bei einer Neigung zu bleiben.

Die Methode der offenen Sprache hat fabelhaft gewirkt. Die Herren kapierten schnell. Die Zahl der Anwärter schrumpfte sofort auf ein überschaubares Maß. Und in diesem Punkt bildeten meine Leute eine verschworene Bande mit mir. Kinder können aufdringliche Kandidaten herrlich abwimmeln. Gelegentlich haben wir uns zu viert über den einen oder anderen Knaben lustig gemacht, wenn er nicht abließ, anzurufen und Blümchen zu schicken, wenn er nicht kapieren wollte, daß seine Art von Trost nicht gefragt war.

Von einem besonders Hartnäckigen beispielsweise reden die drei Schlitzohren heute noch im Ton ausgekochter Schadenfreude, weil sie glauben, sie hätten ihm die Schau vermiest und ihn hinausgeekelt. Ich muß zugeben, in diesem einen Fall habe ich mich zunächst zweideutig verhalten, ganz einfach, weil mir in der ersten Zeit vor der Tatsache graute, die praktische Rolle des Hausherrn mit übernehmen zu müssen, alle diese Widerwärtigkeiten von Dübeln bis Elektrizität. Ich bin da total untalentiert, um nicht zu sagen hilflos. Der Ehemann a. D. hatte unter Mitnahme mehr als der Hälfte des Hausrats ein entzückendes Chaos hinterlassen, Lampen abgeschnitten, Leitungen herausgerissen, außer in Küche und Kinderzimmer kein Licht mehr in Betrieb. Am ersten Abend habe ich drei Kurzschlüsse produziert und dann vor lauter Bammel die Bude erst mal im Dunkeln gelassen. Und da kommt nun dieser Hans Dampf, Typ Siegfried auf Brautschau, elf Jahre jünger als ich, was mir sowieso nicht schmeckt (ich hab nicht den Hang zum grünen Gemüse). Aber der sonnige Typ hat sich beim ersten Anlauf nicht gleich als Bettschatz vorgestellt und qualifiziert; er wollte sofort loshandwerkern und meinte strahlend: Hier gäbe es viel für ihn zu tun; machte auch gleich Pläne, von wegen neu tapezieren, tünchen, Leitungen verlegen und lauter solche Tätigkeiten, die mich schrecken.

Mein erster Seufzer: Gott sei Dank, Mann, fang bloß an. Das zweite waren Skrupel: Da hätte ich gleich den Ehemann behalten können. Das dritte Faktum war meine Hauspolizei, die wollte keinen neuen Mann im Haus. Entsprechend haben sie den Burschen behandelt, im Stil halsloser Ungeheuer.
Nein, das hat uns in keinen Konflikt gebracht. Mir lag ja an dem Mann überhaupt nichts. Mich lockte nur zuerst die Vorstellung, einen werktätigen Heinzelmann im Haus zu haben, Bübchen für alles. Und das konzentrierte sich dann auch bei ihm unterhalb der Gürtellinie. Da fiel mir der Abschied nicht schwer, zumal meine drei den Löwenanteil des Abgangs besorgten.
Kinder haben, wie mir scheint, eine feine Witterung für die Absichten und Gelüste erwachsener Leute. Aber frag mich nicht, warum ihr Spürsinn einen so merkwürdigen Unterschied macht und sich ausschließlich auf sexuelle Betätigung richtet; nein, ausschließlich auf heterosexuelle, um genau zu sein. Bei bestimmten Männern waren sie hellhörig bis aufdringlich: Was will der Kerl? Vor allem der Erstgeborene, damals elf, er war am eifrigsten hinter jedem Louis in Hosen her, obwohl er mittlerweile begriffen haben mußte, daß mich kein Louis mehr reizte. Am liebsten hätte er jeden zweifelhaften Aspiranten abgeschossen. Bestimmte andere Männer dagegen – ich hatte schon immer einige wirkliche Freunde, Homosexuelle –, die konnten nächtelang bei mir herumliegen, die durften das, kein Kind schlug Alarm. Vielleicht hat das damit was zu tun, daß Homos meist gut mit Kindern können und/oder jedenfalls für Frauen die besseren Freunde sind. Und erst recht bei Frauen kam kein Wort des Widerspruchs. Frauen konnten bei mir übernachten, und das taten sie auch; sie konnten eindeutig neben mir im Bett vorgefunden werden – mein Zölibat dauerte nicht sehr lange –, bei Frauen hatte die Sittenpolizei entweder keinen Verdacht oder keine Bedenken. Hans Dampf hätte klempnern, kleistern, werken können, als gelte es den Weltrekord, der Erstgeborene hätte ihn garantiert abqualifiziert: Der will doch nur mit dir bumsen. Also hätte der Typ gleich sein Handwerkszeug einpacken müssen. Meine Freundinnen dagegen, die mir tatsächlich beim Renovieren und auch sonst geholfen haben, einschließlich Wagen reparieren und Puppenkopf operieren, sie wurden prompt als »echt klasse Freunde« eingestuft und

galten fortan als Vorbild, wie man »echt Freund« zu Freunden ist.

Klingt das zu einfach? Die Mutter, die auf Beziehungen nicht verzichten will, hat mit ihren Kindern dann keine Schwierigkeiten, wenn die Beziehung weiblich ist und das männliche Moment ausgeklammert wird? Natürlich kannst du das als Mittel zum Zweck des besseren Auskommens mit dem Nachwuchs nicht wollen. Absichtlich gewollt habe ich das auch nicht. Bei mir hat es sich zufällig gleichzeitig ergeben. Ich war einfach lieber mit Frauen zusammen und stellte fest, auch meine Hausgenossen kamen besser mit Frauen zurecht; jedenfalls hatten sie nichts gegen ihre Gegenwart einzuwenden, und manche waren ausgesprochen beliebt. Das hat mir natürlich die Zeit damals erleichtert.

Nein, von Absicht halte ich nichts; du kannst eine solche Übereinstimmung nicht absichtlich inszenieren. Wir können überhaupt keine eindeutigen Antworten geben im Stil garantiert erfolgreicher Lebensplanung. Wenn ich sage, ich habe keine Schwierigkeiten, meine Bedürfnisse mit den Bedürfnissen der Heranwachsenden in Einklang zu bringen, so trifft das gegenwärtig zu. Aber stimmt es so unbedingt, wie es klingt? Ich meine, du kannst dein Leben nahtlos konzipieren, um vorhersehbare Konflikte für diejenigen möglichst zu vermeiden, für die du verantwortlich bist. Du kannst aber nie sicher sein, ob dein Konzept für die Betreffenden auch das einzig Richtige ist und ob sie nicht vielleicht gerade das Gegenteil vermissen.

Angenommen, du bist überzeugt, Kinder brauchten unbedingt die intakte Vollfamilie; und du bemühst dich, die Voraussetzung zu garantieren, und du schaffst das auch. Dann lies mal nach, was die Heidelberger (Helm Stierlin und andere) herausgefunden haben, aus welchem Milieu die Terroristengeneration kommt, überhaupt die jungen Radikalen. Überwiegend aus den vorbildlichen »normalen Verhältnissen« braver Bourgeois, wo alles in Ordnung scheint: Mutti, Vati, und die Kasse stimmt. Nur den Jungen, auch wenn sie sich nicht radikal gebärden, ihnen stinkt das heile »juste milieu«. Und das hast du dann von deiner schönen Absicht: Sie steigen aus oder wenden sich ab.

Oder angenommen, du meinst, dein Sohn brauche unbedingt einen Vater; und weil du, verwitwet oder geschieden, keinen mehr hast, schaffst du dir einen an. Und das gelingt dir auch, prima Mann, prima Zweitfamilie, auf daß der Sproß den Vater und die harte Hand zu spüren bekommt. Alles in Butter. Bloß: Der Sproß geht wie der Stier auf den Torero los. Und das hast du dann von deiner feinen Absicht: Zoff rund um die Uhr.

Oder angenommen, dir kommt das auch nicht ganz geheuer vor und du verzichtest von vornherein auf die Klammeraffen-Institution, weil du euch den Mief ersparen willst und die Konditionierung im familiären Untertanenteam. Und du schaffst das auch, samt Selbstbewußtsein und Finanzen. Und dann vielleicht passiert es dir: Dein Sproß japst hinter jeder Vaterfiktion her, weil er auch haben möchte, was die meisten haben. Und das hast du dann von deiner guten Absicht: einen selbstgemachten Komplex.

Oder angenommen, du willst einem Kind die Isolation ohne Geschwister ersparen und mindestens mehrere Kinder zusammen aufwachsen lassen, wie ich das wollte. Dann kann es dir passieren, wie es mir passiert ist, daß alle drei unabhängig voneinander, aber übereinstimmend erklären, sie wären viel lieber Einzelkind gewesen.

So ist das. Was du auch anstellst, auf wieviel du auch verzichtest, nach welcher Idee du dein Leben auch einrichtest – du kannst nie sicher sein, ob dein Bemühen gelingt. Ich möchte sogar behaupten, daß Kinder fast immer das Gegenteil dessen, wie du lebst, attraktiver finden. Deshalb lebe ich jetzt, relativ spät, nach relativ hektischen Experimenten, nur noch so, wie es meinen Bedürfnissen entspricht. Also zum Beispiel: Die Tochter würde wahnsinnig gern mindestens einmal im Jahr mit mir verreisen. Nun mal abgesehen von den Finanzen, die ich nicht habe, auch wenn es billige Arten gibt, durch die Welt zu kutschieren, ich müßte mich doch ziemlich krummlegen und geriete wieder in jene Hektik, die mich früher manchmal zum Verzweifeln brachte. Also da weigere ich mich. Ich muß kein Delphi mehr entdecken oder durch die Fjorde schippern; das hab ich zur Genüge hinter mir. Genauso ist es mit anderen Marotten. Ich beobachte das bei manchen Frauen, gerade alleinlebenden, die meinen, sie müßten einen geselligen Stil kultivieren, tolle Typen einladen, mit Herrschaften verkehren, immer high life in der Bude, um ihren Kindern eine anregende Atmosphäre zu bieten und

nicht als abgeschobene Sauertöpfe am Rand der maßgebenden Gesellschaft zu gelten. Ich kenne das, vorübergehend hatte ich den Komplex auch. Das habe ich mir abgeschminkt. Das kostet zu viel Zeit, die will ich nicht mehr sinnlos verbringen. Genauso ist es mit dem Eifer mancher Frauen, einen ständigen Begleiter zu ergattern. Wenn ihnen der Mensch wichtig ist – gut, warum nicht. Aber oft tun sie es nur, weil sie meinen, es würde ihrem Ansehen aufhelfen, einen festen Gefährten zu haben. Frau allein fühlt sich als halbe Portion ohne Mann im Hintergrund. Alles Unsinn und ein kleiner Selbstbetrug, der lenkt nur ab von dem, was mir beispielsweise wichtig ist: Ich bin sehr gern allein, ich bin geradezu süchtig danach, allein zu sein; wahrscheinlich, weil ich bis vor kurzem zu viel auf einmal leben wollte, auch mußte und nie Zeit hatte für mich selbst. Jetzt geize ich mit jedem Abend, mit jeder Stunde, die mir wirklich allein gehört.
Sicher, mag sein, vor zehn Jahren hätte ich bestimmt anders gesprochen. Das finde ich ja so fabelhaft, endlich alt genug zu sein, um das Wichtige zu erkennen und das bißchen Zeit, das ich habe, nicht mit Tandaradei zu vertrödeln.
Viele Schwierigkeiten, die andere haben, tauchen dadurch natürlich gar nicht erst auf. Das wird mir oft bestätigt. Die Freundinnen der Tochter zum Beispiel leben überwiegend in halben Familien, und fast überall gibt es Querelen, weil Mutter einen Hausfreund, Vater eine Gespielin hat, die meist als Eindringlinge empfunden werden. Sie sei heilfroh, hat die Tochter mehrfach erklärt, daß bei uns kein Scheich herumhänge; wenn ich einen Spezi hätte, den würde sie nie dulden, den würde sie derart ärgern, ohne Ansehen der Person, bis er von selbst Leine zieht. Ich meine, das Faktotum könnte ja ein netter Mensch sein. Aber nein. Kind (selbst halberwachsen) will Mutter nicht gepaart erleben. In dieser grundsätzlichen Ablehnung, selbst wenn kein Anlaß gegeben ist, scheint ein atavistischer Einschlag mitzuschwingen, ein Moment, dem rational nicht beizukommen ist. Der Erstgeborene, den ich zu diesem Thema befragte unter Hinweis auf die Tatsache, daß sie doch alle drei die Freundin ihres Vaters wohlwollend duldeten, der Erstgeborene erklärte: Ein Vater sei eben ein Mann, und der Mann habe immer etwas mit einer Frau, und wenn sich die Frau halbwegs anständig benehme, würde

einen das nicht kratzen, das sei nicht der Rede wert, weil man ja mit dem Vater nicht so eng verbunden sei. Aber die Mutter sei etwas ganz anderes. Mutter und Kind seien eine Einheit, dazwischen habe ein anderer nichts zu tun.

Vielleicht liegt in dieser Antwort auch eine Erklärung, warum Mütter im allgemeinen viel eher als Väter bereit sind, auf eine Beziehung zu verzichten, wenn sie die Kinder kränkt. Trotzdem ist damit nicht die andere Tatsache erklärt, weshalb Freier, die der Mutter zu nahe treten, beargwöhnt oder sogar verekelt werden, Frauen dagegen weder Verdacht noch Widerstand wecken. Da ist doch kein Unterschied. Im Gegenteil. Meine Beziehung, die seit vier Jahren besteht, ist weiblich und ist wesentlich intensiver, als je (die Ehe ausgenommen) die Beziehung zu einem Mann hat sein können. Sie findet auch keineswegs im Verborgenen statt, wir sind fast täglich zusammen, auch an derart hochintimen Familientagen wie Heiligabend oder Geburtstagen oder so. Keins meiner Kinder hat je daran Anstoß genommen oder gemeint, das sei ein Störmoment für die Einheit Mutter und Kind. Alle drei akzeptieren die Frau und meine Beziehung zu ihr als Selbstverständlichkeit. Sie kommen auch mehr als nur gut mit ihr klar.

Natürlich läßt sich daraus keine Lebensmaxime ziehen wie etwa: Alleinstehende Mütter sollten sich eine Freundin nehmen statt einen Mann, und schon haben sie keinen Zoff mehr mit den Kindern. Nur: ich glaube schon, daß uns in diesem Punkt unsere Vorurteile noch viel zu sehr in die Quere kommen. Nimm nur mal diese eine kleine Banalität: Als Fünfzigjährige habe ich nun mal keinen Zuckerbäckerkörper mehr, ich schon gar nicht. Bei Männern werde ich das Gefühl nicht los, selbst wenn ich voreingenommen sein sollte, selbst wenn ein einzelnes Exemplar völlig vorbehaltlos wäre, ich habe nun einmal das Gefühl, ein Mann betrachtet einen altgewordenen Frauenkörper abschätzig, auch dann, wenn er Lust darauf hat. Mein Problem, gewiß. Aber der gleichaltrigen Frau gegenüber habe ich das Problem nicht. Abgesehen von ganz wesentlicheren Aspekten. Je älter wir werden, um so befähigter können wir lieben, um so besser begreifen wir das Phänomen Liebe; ich meine das nicht nur, aber gerade auch erotisch, ich meine das im umfassenden Sinn, wie Erotik den Menschen als Ganzheit ergreift. Jedenfalls bei mir ist das so. Und da brauchen wir uns nichts vorzumachen, da hat die alternde Frau beim Mann keine Chance. Und auch von ihren Kindern, zumindest von Heranwachsenden würde sie scheel angesehen werden, wenn sie mit fünfzig noch mal auf Honigmond mit Frührentner macht. Weil das Verdikt viel zu tief verankert ist – trotz Aufklärung, die wir zur Genüge hatten – die alternde Frau, um wieviel mehr die Mutter, habe sich allenfalls der Nächstenliebe hinzugeben, aber nicht der Lust.

Siehst du, deshalb bin ich froh, daß ich bereits eine alte Erstgebärende war (wie Gynäkologen sagen), als ich anfing, Kinder zu bekommen. Ich habe meine Sturm- und Drangzeit hinter mir, sie war sehr aufregend, wiederholen möchte ich den Zirkus nicht. Ich habe danach erst, spät, sehr spät, mich selbst entdeckt. Und diese Entdeckung möchte ich jetzt leben.

»Zeit für Christian«

Hiltrud, 27 Jahre, lebt von der Sozialhilfe und ihrem Kellner-Job, ein Sohn, 10 Jahre

Entscheidungen fallen mir schwer. Immer, wenn ich vor einer Entscheidung stehe, träume ich. Es sind zwei Träume, die wiederkommen, wie alte Bekannte. Ich laufe schnell eine Treppe hinauf, immer schneller, fast atemlos, und ich habe schreckliche Angst, mein Ziel, das Ende der Treppe, nicht zu erreichen, denn während ich die Treppen hinauflaufe, bricht hinter mir die Stufe, die mein Fuß noch eben berührt hat, in die Tiefe. Ich habe Angst, die Stufen könnten schneller in die Tiefe stürzen, als ich laufen kann. In dem anderen Traum komme ich an eine Brücke, die über eine Schlucht führt. Die Brücke ist sehr schmal und ohne Geländer. Ich muß da rüber, trotz meiner Angst. Flach auf dem Bauch liegend, versuche ich, über die Brücke zu robben. Diese Träume haben nie ein richtiges Ende. Ich erwache schweißgebadet, ohne an das Ende der Treppe oder der Brücke gelangt zu sein.
Was ist gut und was ist richtig für mich? Wenn ich vorher lange Zeit habe, darüber nachzudenken, weiß ich nicht, wie ich mich entscheiden soll. Entscheidungen, die plötzlich auf mich zukommen, fallen mir leicht, da werde ich nie unsicher und weiß sofort, was ich tun muß. Auch vor diesen kleinen, alltäglichen Entscheidungen drücke ich mich gern: Rechnungen bezahlen, zum Arzt gehen, Briefe, die vom Sozialamt, vom Jugendamt oder vom Vermieter kommen, beantworten. Briefe, die nicht ganz koscher aussehen, die lege ich erst mal ungeöffnet weg. Es ist schon vorgekommen, daß ich solche Briefe ganz vergessen habe, dann hatte ich erst den richtigen Ärger damit und die größten Schwierigkeiten, mich da rauszulavieren. Vielleicht ist das deshalb so, weil es mir noch immer schwerfällt, bewußt Verantwortung für mich zu tragen. Ich kann erst handeln, wenn es schon brennt.
Mit Nina war es genauso. Ich wollte einfach die Verantwortung noch nicht akzeptieren. Nina ist mein zweites Kind. Ich habe damals überhaupt nicht geglaubt, daß ich schon wieder ein Kind kriege. Meine Regel kam sowieso immer sehr ungleichmäßig. Manchmal blieb sie ein halbes Jahr aus, dann

habe ich mal wieder ständig geblutet. Ich habe zwar gemerkt, wie meine Stimmungen wechselten, aber nicht daran gedacht, ich könnte schwanger sein. Als ich dann endlich zum Arzt ging, war es schon zu spät für eine Abtreibung. Ein Jahr nach Christians Geburt, ich war achtzehn, war ich also wieder schwanger. Ich wußte nicht mehr weiter und war am Ende, du kannst das wörtlich auffassen – ich wollte mir wieder das Leben nehmen, wie damals als ich mit Christian schwanger war. – Nina mußte ich zur Adoption freigeben. Schließlich konnte ich meiner Mutter nicht zumuten, noch mal ein Kind von mir zu nehmen. Sie war schon über sechzig Jahre und gesundheitlich nicht mehr auf der Höhe, und ich kam ja noch nicht einmal mit meinem Sohn allein zurecht. Innerlich war ich ganz zerrissen. Nina, das ist dein Kind, deine Tochter, sie ist in deinem Bauch gewachsen, und jetzt läßt du sie dir einfach wegnehmen, dachte ich.

Im Krankenhaus haben sie mich länger, als nach einer Geburt üblich, dabehalten. Mein Zustand war ziemlich schlimm. Ich hatte noch immer Selbstmordgedanken. Im Krankenhaus sind sie sogar schlimmer geworden. Da kam ich erst so richtig drauf. Ich fühlte mich schrecklich und irgendwie unwert. Wie eine Katze, die sich danebenbenommen hat, wurde ich mit der Nase in die eigene Scheiße gedrückt. Du mußt dir das mal vorstellen, du liegst da mit anderen Frauen, und die machen sich vor der Besuchszeit stundenlang für ihre Männer schön, und die Männer kommen dann mit großen Blumensträußen angerast, Küßchen hier, Küßchen da und Händchen halten. Die Schwestern bringen den Frauen alle paar Stunden ihre Babys, und die zeigen dir dann auch ganz stolz ihr Baby, oh – ist es nicht süß. Das ist bitter, wenn du selbst dein Kind irgendwohin in die Welt gegeben hast, zu Menschen, von denen du überhaupt nichts weißt. Du weißt nur, du hast keine Chance mehr, es zurückzuholen. Das ist schlimmer als eine Abtreibung. Das ist so, als wenn du dein Kind eigenhändig umgebracht hast, so fühlst du dich.

Nina hat mich lange verfolgt, auch in meinen Träumen. Immer noch habe ich Schuldgefühle. Nur mit dem Verstand kann ich mir sagen, meine Entscheidung war richtig. In meinen Gedanken und mit meinen Gefühlen bin ich auch jetzt noch oft bei Nina. Damals, als ich aus dem Krankenhaus kam, hatte ich die wildesten Pläne. Ich wollte ins Jugendamt

einbrechen, meine Akte stehlen, nur um zu erfahren, wo Nina ist, und sie dann holen zu können. Dabei wußte ich gar nicht, ob diese Familie, bei der Nina war, überhaupt in meiner Akte drinsteht. Nach Ninas Geburt mußte ich mich erst ganz langsam wieder hochrappeln. Ich war dann in einer Selbsterfahrungsgruppe für Frauen, die mir ein Sozialarbeiter vermittelt hatte, da bin ich dann so ganz allmählich aus meiner inneren Misere wieder herausgekommen.
Aus der Geborgenheit der Selbsttäuschungen und Träume bin ich schon früh herausgefallen. Ich war siebzehn, als Christian geboren wurde. Christian ist ein Wunschkind von mir und Peter. Wir waren wahnsinnig ineinander verliebt, haben Pläne geschmiedet und wollten heiraten, um endlich für immer zusammensein zu können. Wir hatten ständig Sehnsucht nacheinander, getrennt voneinander zu sein, war schrecklich für uns. Weil Peter in Freiburg wohnte und wir uns nur an den Wochenenden sehen konnten, schrieben wir uns jeden Tag. Peters Eltern waren gegen unsere Freundschaft, wohl auch deshalb, weil Peter kurz vor seinem Abitur stand. Wir wollten ein Kind, weil wir glaubten, dann kann uns keiner mehr trennen. Ja und dann wurde ich tatsächlich schwanger. In den ersten Schwangerschaftsmonaten habe ich noch immer gedacht, alles wird gut. Wir heiraten. Durch meine Schwangerschaft hatten wir sogar unsere Eltern dazu bewegt, sich zusammenzusetzen und über unsere Zukunft zu reden. Auch Peters Eltern schienen sich danach mit unserer Heirat abgefunden zu haben.
Ich war schon im fünften Monat, da kam dieser Brief. Wie ich aus der Schule nach Hause komme, finde ich diesen Einschreibebrief mit der Handschrift von Peter auf der Garderobe im Flur. Ich ahnte gleich, was in dem Brief stand. Nur diese kalten, gemeinen und gestelzten Worte, diese Beleidigungen, die habe ich nicht erwartet, nach soviel Zärtlichkeit, die wir miteinander hatten, und nach all den liebevollen Briefen, die ich bis dahin fast jeden Tag von Peter bekommen hatte. – Ich sei ihm zuwider und ob er wirklich der Vater des Kindes sei, werde sich noch herausstellen, stand da in dem Brief. Weißt du, wie weh so etwas tut? Ich habe diese Enttäuschung bis heute nicht überwunden. Die frißt immer noch ganz tief in mir. Ein Mißtrauen gegen alle Männer ist davon zurückgeblieben. Du kannst Peters Briefe lesen, wenn

du willst, alle. Ich habe sie alle aufgehoben und numeriert. Auch meinen Antwortbrief kannst du lesen, ich habe den Brief damals für mich abgeschrieben.
Ich bin nicht gleich zusammengebrochen nach diesem Brief. Irgendwie habe ich weitergemacht und immer dabei gehofft, trotz so vieler Beleidigungen, Peter wird sich eines Tages wieder auf mich besinnen. Ich ahnte ja auch, er hat diesen Brief nur unter dem Druck seiner Eltern geschrieben. Mein Trotz hat mir eine Zeitlang geholfen. Euch allen werde ich es zeigen, habe ich mir eingeredet. Die Schule habe ich aufgegeben und statt dessen eine Stelle in einem Tierpflegeheim angenommen. Vielleicht auch eine Trotzreaktion. Ich dachte, wenn ich ein Kind habe, muß ich auch Geld für das Kind verdienen. Allzuviel Geld war zu Hause ja nicht vorhanden, und dann ist mein Vater in dieser Zeit auch gestorben. Für die Leute in unserem Dorf habe ich eine Geschichte erfunden. Die Nachbarn fragten mich immer, wo denn der Peter bleibt, der sei doch früher so oft gekommen. Ich habe denen erzählt, mein Freund ist jetzt bei der Bundeswehr und zur Zeit unabkömmlich. Ich habe mich geschämt, zuzugeben, daß Christians Vater mich sitzenlassen hat. –
Warum lassen wir uns durch das Verhalten der Männer in unserem Selbstwertgefühl so verunsichern? Wenn der Mann sich beschissen verhält, schützen wir ihn auch noch, weil wir uns durch ihn beschämt und unwert fühlen, ist das richtig? Da stand ich nun mit meinem dicken Bauch. Das mußt du dir mal vorstellen, ein Kind bekommt ein Kind. Ich fühlte mich überhaupt nicht so stark, wie ich es den anderen vormachte. In Wirklichkeit fühlte ich mich wie eine kleine, dumme Gans, mit der man eben alles machen kann. Ich war von meinem Freund verlassen worden, das machte mich einsam, hilflos und hoffnungslos. Ich habe es nicht mehr ausgehalten und Schlaftabletten genommen. Erst im Krankenhaus bin ich wieder aufgewacht, meine Mutter hatte mich rechtzeitig gefunden.
An Christians Geburt habe ich nur traurige Erinnerungen. Ich lag mit sieben anderen Frauen im Kreißsaal. Alles war so kalt um mich herum und in mir. So viele Stunden Schmerzen und Kälte. Die Kälte war schlimmer als die Schmerzen. Als mein Sohn dann endlich da war, war ich für einen Augenblick glücklich. Die Hebamme hat ihn mir gleich gegeben. Seine Hände waren zu Fäustchen geballt und ganz fest an die

Schultern gepreßt. Diese kleinen Fäuste habe ich sofort geliebt. Ich mußte sie immerzu ansehen und berühren. Christians Hände erinnerten mich an die Hände meines Vaters. Richtige Arbeiterhände hat mein Sohn, dachte ich. Den Frauen, die mit mir im Zimmer lagen, habe ich auch erzählt, Christians Vater sei bei der Bundeswehr und kann uns deshalb nicht besuchen. Damals, als ich mit Christian aus dem Krankenhaus kam, habe ich mir geschworen, du wirst nie wieder um einen Mann weinen. Durchgehalten habe ich es natürlich nicht.

Meine Mutter war glücklich über meinen Sohn. Sie hatte wieder jemanden, den sie versorgen und verwöhnen konnte, so, wie sie zuletzt meinen Vater und mich verwöhnt und umsorgt hatte. Ich bin ein Nachzügler in unserer Familie. Meine Geschwister sind alle viel älter als ich. Sie waren schon erwachsen und aus dem Haus, als ich auf die Welt kam. Mein Sohn war ein neuer Lebensinhalt für meine Mutter. Ich selbst hatte in den ersten fünf Jahren überhaupt keine Beziehung zu meinem Kind und kam mir eher vor wie eine Tante meines Sohnes. Ich hatte kein eigenes Kind, und ich fühlte mich überflüssig, wenn es um meinen Sohn ging. Meine Mutter machte alles für ihn. Abends bin ich häufig weggegangen. Was sollte ich auch daheim? Für Christian konnte ich ja doch nichts machen. Trotzdem hatte ich ein ungutes Gefühl, so, als wenn ich meinen Sohn im Stich lasse. Ich hatte ein schlechtes Gewissen, wenn ich abends wegging. Mit meiner Mutter bin ich bis dahin eigentlich ganz gut ausgekommen. Erst durch Christian hatten wir öfter Krach miteinander. »Denk doch an deinen Sohn«, ermahnte sie mich ständig, so lange, bis ich es nicht mehr hören konnte. Ich bin zwischendurch einige Male von Zuhause fort, bin zu Freunden in eine Wohngemeinschaft gezogen, um dann doch wieder zurückzugehen, nach Hause, zu meinem Sohn. Jedesmal, wenn ich zurückkam, fing das gleiche Theater wieder an.

Was ich nicht ertragen konnte, diese sanfte Bevormundung durch meine Mutter und dieses Gefühl, selbst zu versagen als Mutter. Ich wollte immer alles richtigmachen, für meinen Sohn und für meine Mutter. Ich habe mich wirklich bemüht, aber in den Augen meiner Mutter habe ich alles falsch gemacht. Sie orakelte immer, und da bekam ich eine wahnsinnige Aversion dagegen. »Wart' mal, so viel wie du heute noch

lachst, wirst du später mal weinen«, hat sie oft zu mir gesagt. Und ich habe ganz fest daran geglaubt. Aber ich fand es auch fies und gemein von ihr, so was zu sagen. Du meine Güte, warum denn nur... immer diese versteckten Vorwürfe, damit kann ich doch nicht leben.
Meine Mutter ist tot. Ich will ja auch nichts Schlechtes sagen über sie, weil ich sie mag. Sie war eine ganz liebe und tolle Frau. Ich werde noch immer traurig, wenn ich an sie denke. Was mich im nachhinein an mir stört, daß ich meine Mutter total falsch verstanden habe, als sie noch lebte. Sie wollte ja nur, daß es mir gutgeht... aber so ist es wohl immer, solange man jemanden noch hat, urteilt man ungerecht und versteht die Botschaft nicht. – »Du machst dir zu wenig Gedanken über das Leben, du lebst einfach nur in den Tag hinein und hebst dir nur die schönen Dinge des Lebens auf, um die unschönen gehst du herum.« Ich glaube, das war es, was meine Mutter mir mit dem Weinen sagen wollte. Und sie hatte recht damit, nur damals wollte ich nichts davon wissen.
Bis ich Benjamin kennenlernte, gab es nur flüchtige Männerbekanntschaften für mich. Benjamin ist Amerikaner und war hier stationiert. Fast zwei Jahre waren wir zusammen, dann mußte er zurück nach Amerika. Benjamin wollte mich mit nach Amerika nehmen, und mich hat das schon gereizt, sehr sogar; Amerika zu sehen, etwas Neues kennenzulernen, ein fremdes Land, alles hier hinter mir zu lassen... Aber dann mußte ich an Christian denken. Benjamin und Christian haben sich nicht verstanden, die kamen nicht klar miteinander. Ich habe mich gefragt, wie wird das für meinen Sohn, wenn wir erst in einem ganz fremden Land sind? Und die Mutti sagte auch immer zu mir: »Geh nicht in ein fremdes Land, geh nicht so weit weg, nicht jetzt, warte erst noch ab.« Sie hatte, wie fast immer, recht. Mütter haben wohl einen siebten Sinn. Meine Mutter hatte nichts gegen Benjamin, im Gegenteil. Sie war ganz stolz und glücklich, daß ich endlich einen Typ gefunden hatte, der auf mich achtgab, den ich anerkannte und dem ich mich auch unterordnete. Benjamin war immer ganz lieb mit mir. Er hat mich umsorgt und behütet, richtig verwöhnt hat er mich. Manchmal ist er nachts aufgestanden, um mir einen Kuchen zu backen. Nur, er war schrecklich eifersüchtig. Ich durfte niemals weggehen ohne

ihn, geschweige denn, einen anderen Mann auch nur von weitem ansehen. Nicht mal meine Freunde und Bekannten durften mich bei ihm besuchen. Mich hat das damals gar nicht so sehr gestört, weil ich nicht soviel Interesse daran hatte, eben weil Benjamin mir so wichtig war. Was mich viel mehr störte, seine starke Abneigung gegen Neger. Ich habe damals praktisch bei Benjamin gewohnt. Er hat mir vieles abgenommen, und ich brauchte mir keine Sorgen mehr zu machen, auch finanziell nicht. Er war wie ein Bilderbuch-Mann für mich.

Als dann die Frage anstand, gehe ich mit Benjamin nach Amerika oder nicht, war ich natürlich hin- und hergerissen. Ich mochte Benjamin, und schon die Vorstellung, wieder allein zu sein, niemanden mehr zu haben für mich, tat mir weh. Ich stand wieder vor einer Entscheidung – was ist gut für mich – und schob diese Entscheidung lange vor mir her. Eines Nachts wußte ich es dann: Nein, du gehst nicht mit nach Amerika. Es bringt dir nichts. Du weißt nicht, was da alles passieren kann, wenn du in Amerika lebst. Du kennst niemanden, hast kein Geld, kannst womöglich keine Arbeit finden und hockst da mit deinem Sohn und bist Benjamin völlig ausgeliefert. Nachts habe ich immer die besten Ideen und Gedanken. Mir war auf einmal klar, das kann gar nicht gutgehen, wenn du diesem Mann auf Gedeih und Verderb ausgeliefert bist. Ich konnte mir auf einmal ausmalen, wenn Benjamin böse auf mich ist, wenn wir Streit kriegen, dann kann mir dieser Mann sämtliche Prügel, die er nur kriegen kann, in den Weg legen.

Ich brauchte dann eine ganze Weile, bis ich Benjamin meinen Entschluß mitteilen konnte. Ich hatte Angst, ihm die Wahrheit zu sagen, und dachte, das kannst du ihm nicht antun, weil ich mich ihm verpflichtet fühlte. Ich wollte ihn nicht enttäuschen. Er war ja der erste Mann, der unheimlich viel für mich getan hatte. Deshalb habe ich auch immer geglaubt, ich bin ihm etwas schuldig. – Nur mit ihm nach Amerika zu gehen, das war ich ihm nicht schuldig. Zum Glück wurde mir das rechtzeitig klar. – Es gab einen fürchterlichen Krach zwischen uns, als ich Benjamin endlich sagte, ich gehe nicht mit nach Amerika. Du mußt alleine gehen. Es ist besser für mich, für den Christian und für uns. Du kannst ja zurückkommen zu mir, wenn du willst. Aber das hat Benjamin schon gar nicht

mehr gehört. Er hat mir eine aufs Auge gegeben und schrie nur noch, ich sei ja verrückt geworden und wie ich so plötzlich auf die Idee käme, das könnte ich nicht machen, es sei schließlich schon alles geregelt. Ich habe immer nur wiederholt, ich kann nicht mir dir kommen, es geht nicht. Ich glaube, Benjamin wollte mich nicht schlagen. Als er mich so angeschrien hat, bin ich ab ins Wohnzimmer, und er ist hinter mir hergerannt und wollte mich packen, dabei bekam ich seine Hand so voll ins Auge ... Das war einen Tag, bevor ich wieder anfangen wollte zu arbeiten. Ich hatte mir schon eine Stellung als Bedienung im Bistro besorgt, auch um vorzubauen und in meinem Entschluß, nicht mit Benjamin nach Amerika zu gehen, nicht wieder wankelmütig zu werden. Ich hatte ja Angst, Benjamin könnte mich doch noch umstimmen. – Bei meinem ersten Arbeitstag im Bistro hatte ich dann ein Riesenveilchen am Auge.
Zwei Wochen später ist Benjamin abgereist. Am Abend vor seinem Flug waren wir noch zusammen. Wir hatten einen wunderschönen Abend mit einem guten Essen und Wein. Danach fuhr Benjamin mich nach Hause zu meiner Mutter. Wir wollten uns schreiben, aber ich habe nie wieder etwas von ihm gehört.
Christian war ungefähr fünf Jahre alt, da ist meine Mutter gestorben. Ich mußte auf einmal allein mit meinem Sohn zurechtkommen. Diese ersten zwei Jahre waren eine Katastrophe, voller Spannungen und Streitereien zwischen mir und Christian. Dazu kam noch der ständige Krach mit meinem Schwager. Ich hatte einen neuen Freund, Robbie, der besuchte mich oft und schlief auch manchmal bei uns. Mein Schwager hat mich deswegen häufig bedroht und beleidigt. Ich hatte in dem Haus meiner Eltern die Einliegerwohnung meiner Mutter behalten, und mein Schwager und meine Schwester wohnten unter mir. Wenn mein Schwager abends aus der Kneipe nach Hause kam, schrie er durchs ganze Treppenhaus: »Hure, du alte Hure, ist dieser Ausländer schon wieder bei dir?« Ich bekam mit der Zeit richtig Angst vor meinem Schwager. Einmal hat er mich auch handgreiflich bedroht. Meine Schwester hielt aber immer zu mir. Sie litt ja selbst unter ihrem Mann. Ich will meinem Schwager nichts nachsagen. Er konnte wohl nichts für sein Verhalten. Er hat immer hart gearbeitet als Dachdeckermeister, und dann

wurde dieser schwere Herzfehler bei ihm festgestellt. Ihn hat das wohl umgeworfen, seelisch, meine ich. Er hat weitergearbeitet und nur noch mehr getrunken. Ich glaube, er war bald jeden Abend in der Kneipe.

Mir wurden diese Streitereien und Beschimpfungen zuviel, deshalb bin ich aus der Wohnung meiner Mutter ausgezogen, obwohl ich dort fast umsonst gewohnt habe. In der Nachbarstadt von unserem Dorf hatte ich am Rande der Innenstadt eine Einzimmerwohnung gefunden. Viel leichter wurde es nicht für mich. Mein wirkliches Problem war ja Christian. Ich mußte mich erst daran gewöhnen, für ein Kind verantwortlich zu sein. Als meine Mutter noch lebte, war mir ja alle Verantwortung für meinen Sohn abgenommen. Meine Mutter hatte auch die Vormundschaft für Christian erhalten. Nach dem Tod meiner Mutter wollte ich für Christian leben. Ich wollte jetzt unbedingt eine gute Beziehung zu meinem Sohn aufbauen. Dabei stand ich aber ständig unter Druck und lebte immer in der Angst, die vom Jugendamt nehmen mir meinen Sohn weg. Die vom Jugendamt wollten mir wirklich meinen Sohn wegnehmen, bloß weil Christian Schwierigkeiten in der Schule hatte. Ich hatte wieder ein schlechtes Gewissen. Eins stimmte ja, ich hatte zu wenig Zeit für meinen Sohn, weil ich den ganzen Tag arbeitete. Wenn ich abends so gegen sechs, halbsieben vom Bedienen nach Hause kam, war ich einfach fertig und konnte mich kaum auf die Situation zu Hause und auf Christian umstellen. Immer war ich unruhig und gereizt. Ja und dann kamen die vom Jugendamt und schlugen mir vor, Christian in ein Heim zu geben. Das machte alles noch schlimmer. Ich war wütend und steckte gleichzeitig voller Angst, die machen es wirklich wahr und nehmen mir den Christian weg. Ich war ja von Anfang an beim Jugendamt gemeldet, stand dort sozusagen unter Aufsicht, weil Christian unehelich geboren war, und nach dem Tod meiner Mutter haben die vom Jugendamt erst mal die Vormundschaft für Christian übernommen. In meiner Angst bin ich jede Woche aufs Jugendamt in die Erziehungsberatung gegangen und habe auch noch den Christian mitgeschleppt. So hatte man mir es nahegelegt. Wir mußten einzeln zu den Gesprächen kommen. Was die mit dem Christian gemacht haben, weiß ich gar nicht. Ich glaube, Tests oder so was Ähnliches. Und auf mich habe sie immer bloß eingeredet,

beraten wurde ich da nicht. Die haben mir alles mögliche an den Kopf geworfen, mir ständig Vorwürfe gemacht, wie schlimm alles mit Christian ist und daß es so nicht weitergehen kann und darf, ein Heim wäre besser für ihn, weil er da unter Aufsicht ist, nicht so wie bei mir sich selbst überlassen bleibt.
Auf dem Jugendamt hatten die überhaupt keine Ahnung von Christian, wahrscheinlich überhaupt keine Ahnung von Kindern. Sie kamen mir eher mit bürokratischen Sachen. Ich wußte dagegen, warum Christian so schwierig war ... na ja, weil er von meiner Mutter weg mußte, bei ihr so verwöhnt worden ist und ich das eben nicht so konnte. Bei meiner Mutter stand Christian immer im Mittelpunkt, sie hat ja praktisch nur noch für ihn gelebt. Bei mir war auf einmal alles anders für Christian. Ich hatte ja nicht nur meine Arbeit, ich hatte auch noch einen Freund. Viel Zeit blieb da wirklich nicht für Christian, und dann mußte ich selbst noch lernen, mit meinem Sohn zu leben und mein Leben auf die Sorge um ein Kind einzustellen. Dazu kamen noch die Schwierigkeiten, die ich mit mir selbst hatte. Ich war einfach zu unreif. Aber an allem hatte doch Christian keine Schuld. Ich wußte damals nur, wenn sie mir Christian wegnehmen und in ein Heim stecken, dann kannst du ihn vergessen, was dann aus ihm wird, ist klar. Um nicht mürbe zu werden, habe ich den Leuten auf dem Jugendamt und auch mir selber immer wieder vorgehalten, ich gebe Christian unter keinen Umständen weg. Aber die wollten mich nicht verstehen. Immer schlimmer wurde meine Angst, die kommen morgen und nehmen dir Christian weg. Ich war so weit, daß ich auswandern wollte. Und dann diese schleimigen Reden, es wäre doch besser, wenn Christian in einem Heim oder in einer Familie wäre, wo man Zeit für ihn hätte, die machten mich wirklich weich. Zeit für Christian, ein Argument, daß mir ja einleuchtete, denn ich hatte ja wenig Zeit für Christian. Immer wieder haben sie mir auf dem Jugendamt oder bei Hausbesuchen erzählt, welche Heime es für den Christian gibt, wie schön die wären, wie gut er es da hätte. Damit haben sie mich fast wirklich weichgeredet. Manchmal war ich auch schon soweit zu überlegen, Christian wegzugeben. Ich dachte dann, vielleicht hat er es woanders doch besser als bei dir, du bist nicht fähig, für dein Kind zu sorgen. Als sie dann aber eines Tages kamen und mir Adressen brachten von Heimen, da war es aus bei mir. Da

wußte ich sofort, so, morgen kündigst du, dann hast du ja endlich Zeit für Christian. Ich glaube, ich habe die richtige Entscheidung getroffen, so ganz spontan. Beim Jugendamt waren sie erst mal zufrieden damit.
Lockergelassen haben die beim Jugendamt nicht. Als nächstes kamen sie mir mit der Hilfsschule für Christian. Ich hatte zwar aufgehört zu arbeiten, d. h., ich ging nur noch zweimal in der Woche schwarz ins Bistro, denn von der Sozialhilfe und dem Kindergeld, das Christians Vater schickte, konnten wir nicht leben. Zeit für Christian hatte ich jetzt. Aber wie die auf dem Jugendamt sich das wohl vorstellten, die Schwierigkeiten, die Christian in der Schule hatte und machte, hörten natürlich nicht mit dem Tag meiner Kündigung auf. Die Schule beschwerte sich hin und wieder beim Jugendamt, daß Christian nicht so mitmache und ziemlich aggressiv sei und seine Leistungen zu wünschen übriglassen. Ich wußte es ja, er war nicht einfach, ist es heute noch nicht. Ich kam damals auch noch nicht gleich mit ihm zurecht. In dieser Situation kam prompt vom Jugendamt der Vorschlag, Christian auf eine Hilfsschule zu schicken. Ich habe diesen Vorschlag natürlich sofort abgelehnt. Über die Schule habe ich mich besonders geärgert. Die Lehrer oder der Direktor suchten immer nur die Schuld bei mir. Die haben sich nie gefragt, was in der Schule vielleicht falsch läuft, welche Fehler sie selbst vielleicht machen. Denen vom Jugendamt habe ich gesagt, was ich über die Schule und die Lehrer denke. Wenn ein Kind so abgestempelt ist, von Anfang an, wie soll es dann in der Schule Fuß fassen? Warum bekommt es keine Hilfe von den Lehrern, die doch dafür geschult sind und eine jahrelange pädagogische Ausbildung hinter sich haben? Und wenn ein Kind schon keine Hilfe bekommt, dann sollten die Lehrer doch wenigstens etwas Verständnis üben, ein bißchen Einfühlungsvermögen in ein Kind. Können Kinder und Eltern das nicht erwarten? Was lernen die Lehrer denn? Wenn ein Kind abgelehnt wird und alles, was es macht, selbst seine Bemühungen um Anerkennung nicht gesehen werden, ist es doch kein Wunder, wenn es sich in der Schule aggressiv verhält. Christian hat oft doppelt Hausaufgaben gemacht, aber die Lehrerin hat sich seine Arbeiten nicht einmal angeguckt. Das hat Christian tief verletzt. – Aber für solche Überlegungen hatten die beim Jugendamt nur taube Ohren. Die wurden

immer massiver. Die waren wirklich extrem hinter mir her. Einmal haben sie mir sogar eine Lehrerin oder Psychologin, was weiß ich, was die Frau war, auf den Hals geschickt. Die kam direkt ins Bistro. Wie sie erfahren hat, daß ich da arbeite, weiß ich nicht. Vielleicht wußten sie es beim Jugendamt schon, oder meine Nachbarn haben die Frau ins Bistro geschickt. Jedenfalls wollte die Frau mit mir über Christian reden und mir weismachen, was für Vorteile die Hilfsschule für Christian hat, weil da doch die Lehrer viel kleinere Klassen hätten und besser auf die Kinder eingehen könnten. Auf dem Jugendamt hatten sie mir so was auch schon erzählt. Es hörte sich gut an, und ich habe ja auch alles verstanden. Und trotzdem, es waren im Grunde die gleichen Argumente, mit denen sie Christian vorher in ein Heim abschieben wollten. Ich habe mich wieder gefragt, was bringt die Hilfsschule für Christian. Auch wenn die Hilfsschule heute Sonderschule heißt, ist er erst mal durch diese Schule abgestempelt, gilt als doof. Die Frau, die da kam, hat mich wütend gemacht mit ihrem Gerede. Ich habe ihr kein Wort geglaubt. Sie hatte doch nicht meinen Sohn im Sinn. Sie kannte ihn ja noch nicht einmal. Ich habe sie rausgeschmissen. Sowieso war es eine Unverschämtheit, an meinen Arbeitsplatz zu kommen.

Christian ist im ersten Schuljahr sitzengeblieben. Ich habe dann an das Schulamt geschrieben, ihnen versucht, die Situation zu erklären, und einen Antrag gestellt, Christian auf eine andere Schule schicken zu können, weil er bei den Lehrern ohnehin schon abgeschrieben sei und die anderen Kinder ihn als Sitzenbleiber hänseln werden. Das Schulamt schien mehr Verständnis zu haben als das Jugendamt. Christian mußte einen Intelligenztest machen, und dabei kam heraus, er hat einen sehr hohen Intelligenzquotienten. Das Schulamt bewilligte daraufhin die Umschulung. Ich war richtig froh, dem Jugendamt unter die Augen reiben zu können, mein Sohn ist nicht hilfsschulbedürftig.

Auf der neuen Schule wurde es dann langsam besser für Christian. Was wohl auch hinzukam war, ich war zu Hause, war da, wenn Christian aus der Schule kam und wütend oder enttäuscht war. Wenn er mal wieder Krach gehabt hatte mit den Lehrern oder den Schülern, dann konnte er seinen Zorn erst mal bei mir loswerden. Ich glaube, das war schon sehr wichtig für ihn. Andererseits denke ich nicht, daß Mütter immer paratstehen müssen für ihre Kinder. Wenn Christian Streit mit anderen Kindern auf der Straße hat und zu mir kommt und sich beklagt, sage ich ihm, sieh zu, wie du das alleine regelst. Auch wenn es mir manchmal weh tut, ihn so abweisen zu müssen, bleibe ich da hart. Christian macht unheimlich viele Versuche, auf andere Menschen zuzugehen, aber die meisten reagieren sehr abwehrend darauf, auch Kinder. Oft enden solche Versuche für Christian mit einer Bauchlandung. Ich sage mir, mit solchen Enttäuschungen muß er fertig werden. Ich kann mit ihm hinterher darüber reden, aber ich kann und will nicht helfend eingreifen, auch wenn ich oft diesen Beschützerdrang in mir spüre. Ich muß mich zurückhalten, wenn ich vom Fenster aus zusehe, wie Christian sich um andere Kinder bemüht, Kontakt mit ihnen sucht und die ihn kalt stehen lassen. Wenn er mit anderen Kindern in Streit oder in eine Prügelei gerät, dann möchte ich am liebsten hinausrennen und ihn da wegholen. Ich mache es nicht. Ein anderes Mal bin ich vielleicht nicht da, dann hat er es noch schwerer. Er soll doch lernen, sich zu wehren. Nur wenn Erwachsene was an ihm auszusetzen haben, da stehe ich ihm bei.

Im Moment bin ich noch eine Halbgöttin für Christian. Auch wenn er mich manchmal kritisiert und richtig wütend auf mich ist, will er mich immer noch heiraten. Darauf bin ich stolz. Ich bin auch stolz auf seine Selbständigkeit. Manchmal weckt Christian mich morgens und hat schon das Frühstück gemacht, oder er bringt mir einen Tee oder Pudding, damit mir das Aufwachen leichterfällt. Oft bin ich aber auch im Zwiespalt mit mir und frage mich, ob ich meinen Sohn richtig erziehe, und oft habe ich heftige Schuldgefühle. Zum Beispiel, wenn Christian ein Wochenende bei meiner Schwester verbracht hat und ich danach von ihm zu hören bekomme: »Die Mara kümmert sich viel mehr um mich als du.« Meine Schwester verwöhnt Christian, wenn er da ist, so, wie meine Mutter ihn früher verwöhnt hat. Ich frage mich in solchen Augenblicken, ob ich Christian nicht zu hart rannehme, weil ich ihm ja auch was beibringen will. Im Zorn habe ich Christian auch schon geschlagen. Er kann mich wirklich bis aufs Blut reizen.

Ich habe das Gefühl, er fordert mich heraus, ihm seine

Grenzen zu zeigen. Hinterher mache ich mir Vorwürfe und denke, vielleicht hast du auch nur zu schwache Nerven gehabt. Ich will doch meinen Sohn nicht schlagen. Aus Vorsatz habe ich ihn noch nie geschlagen. Wenn meine Wut verraucht ist, kann ich auch wieder zu ihm gehen und sagen: »Du, es tut mir leid, aber du hast mich wirklich zu sehr geärgert.« Ich glaube, Christian versteht mich dann auch. Und trotzdem, es bleibt ein unsicheres Gefühl in mir zurück.

Kinder aus Vorsatz zu schlagen, sie durch Schläge bewußt zu bestrafen, finde ich pervers und unmenschlich. Überhaupt versuche ich, Christian nicht nach irgendwelchen Regeln, die andere sich ausgedacht haben, zu erziehen. Da setze ich mich lieber mit ihm auseinander, er soll doch durch mich etwas vom Leben lernen. Ich bin da, wenn Christian mich braucht oder mit Fragen zu mir kommt, und doch mußte er bei mir lernen, daß ich ihm nicht alles abnehmen kann, daß er nicht immer im Mittelpunkt stehen kann. Meine Mutter hat mich sehr verwöhnt und mir alles abgenommen. Um mein Zimmer oder meine Wäsche brauchte ich mich nie zu kümmern. Aber ich bin auch mit vielen Zwängen groß geworden. Immer hatte meine Mutter irgendwelche Erziehungsregeln auf den Lippen, das tut man nicht, und jenes darf man nicht. So will ich Christian nicht erziehen. Aber dann ertappe ich mich doch wieder dabei, wie ich ganz automatisch mit den Worten meiner Mutter auf ihn einrede.

Obwohl ich schon seit ein paar Jahren die Vormundschaft für Christian habe, fühle ich mich ständig kontrolliert. Erst kürzlich hat sich das Sozialamt wieder in meine Angelegenheiten eingemischt. Da kam so ein gebügelter Typ vom Sozialamt, um mich darauf hinzuweisen, daß ich den Hund weggeben muß. Das Sozialamt hat mir zwar diese Wohnung vermittelt, aber was geht die das eigentlich an, wenn ich Ärger mit meinem Vermieter habe. Diese Häuserblocks gehören einer Baugenossenschaft, und die duldet keine Haustiere. Das steht auch in meinem Mietvertrag. Aber ich wollte es erst mal darauf ankommen lassen und habe den Hund und die Katze mitgenommen bei meinem Umzug. Ich war auch ganz zuversichtlich. Wer kontrolliert das schon, dachte ich, die anderen hier in den Häusern haben auch Hunde. Jemand im Haus muß mich angeschwärzt haben. Jedenfalls kam erst einer von

der Baugenossenschaft und sagte, der Hund muß weg oder ich muß ausziehen, und dann kam dieser Typ vom Sozialamt. Der kam schon morgens, ganz früh. Zum Glück hatte ich aufgeräumt. Morgens sieht es ziemlich wild bei mir aus. Geht ja auch gar nicht anders. Ich schlafe mit Robbie hier im Wohnzimmer auf Matratzen, damit Christian sein eigenes Zimmer hat. Ich habe diesen Sozialbeamten fürchterlich angeschissen, wie ungerecht ich es fände, uns den Hund wegzunehmen. – Christian hängt an dem Hund genauso wie ich. Nachts schlief Shanka immer bei Christian, und ich konnte auch mal beruhigt abends weggehen. Mit Shanka im Zimmer hatte Christian keine Angst.
Dreimal waren die vom Sozialamt hier, um zu kontrollieren, ob der Hund weg ist. Zuletzt kam eine Frau vom Jugendamt, nachmittags. Ich saß gerade im Wohnzimmer mit meiner Kriegsbemalung für die Arbeit beschäftigt, da kam sie und sagte, sie wäre von Herrn »Soundso« geschickt und wollte eben mal nachsehen, ob der Hund weg ist, bis nächsten Donnerstag müßte der Hund aus dem Haus sein, sonst stünde der Möbelwagen vor der Tür. Die Frau tat mir leid, sie war noch ganz jung, und ich habe ihr angemerkt, wie unangenehm ihr dieser Auftrag war. Die steckte noch voll von guten Vorsätzen für ihren Beruf. Eigentlich wollte ich sie gar nicht in die Wohnung lassen, aber dann dachte ich, schließlich kann sie nichts dafür. Wir haben dann eine Tasse Kaffee zusammen getrunken und ein bißchen gequatscht, und eigentlich war sie ja auch ganz nett. Man konnte ihr anmerken, das ist eine, die hat noch unheimlich viel Herz. Aber erst mal mußte ich auch bei ihr meine Wut rauslassen, sonst wäre ich geplatzt.
Jetzt ist Shanka weg. Aber wir wissen wenigstens, wo sie ist, und können sie besuchen. Zweimal war ich mit Christian schon bei ihr. Wenn sich die Leute hier im Haus nicht beschwert hätten über den Hund, wäre ja alles gutgegangen. – Die lieben Nachbarn, das ist ein besonderes Kapitel. Einige Leute hier im Haus mögen mich wohl nicht. Weißt du, dienstags wird immer der Müll abgeholt, dann müssen wir die Mülleimer am Abend vorher an den Straßenrand stellen. Meistens macht das irgendeiner aus dem Haus für alle, aber meinen Mülleimer lassen sie immer demonstrativ stehen. Oder neulich wollten zwei Frauen aus dem Haus einem Freund von mir verbieten, seinen Wagen vor der Tür zu

parken. Ich glaube, die Frauen finden es anstößig, wenn ein Freund mich besucht, weil doch der Robbie bei mir wohnt. Die Frauen klatschen auch im Treppenhaus direkt vor meiner Wohnungstür über mich. Ich finde das lächerlich und versuche, mich nicht daran zu stören. Und doch, irgendwie berührt es mich. Aber dann sage ich mir, sollen die Leute ruhig reden über dich. Früher war ich viel empfindlicher. Ich habe mir immer Gedanken darüber gemacht, was andere über mich denken könnten, und ich wollte es immer allen recht machen. Ich habe nur noch Rollen gespielt. Je nach dem, mit wem ich gerade zusammen war, schlüpfte ich in eine bestimmte Rolle, um die wirklichen oder phantasierten Erwartungen anderer zu erfüllen. Ich wollte beliebt sein, ich wollte, daß mich jeder mag. Verrückt, nicht wahr? Auf die Dauer hält das kein Mensch aus. Ein bißchen ist es immer noch so. Ich vertrage es einfach nicht gut, wenn ich merke, ich werde abgelehnt.
Wenn ich arbeite, geht es mir gut. Ich mag meine Arbeit. Ich bin gern mit Menschen zusammen. Im Tierheim mochte ich damals nicht weiterarbeiten. Die Arbeit ging mir an die Nerven. Mir taten die Tiere leid, und ich konnte nicht viel für sie tun, deshalb hab ich da aufgehört. Seit vier Jahren bediene ich jetzt im Bistro, inzwischen nur noch zweimal in der Woche und auch nicht mehr schwarz. Die vom Sozialamt wissen es. Ich wollte meine Arbeit nicht mehr heimlich machen, bin hingegangen zum Sozialamt und habe gesagt: »Mit eurem Geld komme ich nicht aus.« Jetzt ziehen sie mir zwar was von der Sozialhilfe ab, aber im Schnitt komme ich so doch besser mit dem Geld zurecht. Bei der Arbeit muß ich immer gut drauf sein. Die Leute, die ins Bistro kommen, wollen kein Sorgengesicht sehen, auch nichts von Problemen hören oder über Probleme reden. Ich möchte auch selbst nicht, daß die Gäste merken, wenn es mir schlechtgeht. Wenn ich nicht gut drauf bin, trinke ich vor der Arbeit etwas, dann wird es mir leichter, dann kann ich wieder lachen. Ich lache viel bei der Arbeit oder mache Witze, um andere zum Lachen zu bringen. Die Gäste kennen mich gar nicht anders. Wir haben viele Stammgäste. Die meisten Leute, die ins Bistro kommen, sind eigentlich Stammgäste. Ich weiß gar nicht, wie die reagieren würden, wenn sie mich mal so ernsthaft, wie du mich jetzt erlebst, kennenlernen würden. So kennen die mich gar nicht.

Ja, mit dem Alkohol ... du brauchst mir nichts zu sagen, ich weiß, das kann schlimm werden, wenn man sich erst daran gewöhnt hat. Aber wenn ich trinke, ist das Leben leichter und schöner. Oder bilde ich es mir nur ein? – Was stimmt? Wenn ich die Menschen um mich herum ansehe, die leben doch völlig verkniffen, sehen und fühlen überhaupt nicht, was um sie herum passiert. So will ich nicht leben. Ich will nicht so verkniffen sein und nur an mich denken. Ich möchte Freude haben im Leben, glücklich sein, und ich möchte auch andere freudig und glücklich machen. Die meisten Menschen sehen aber nur ganz ängstlich auf ihr Leben und auf das Geld, die mauern sich in ihren Alltag und in ihre Pflichten ein. Ich finde das ziemlich schlimm. Neulich habe ich mal mit Freunden in der Fußgängerzone unserer Stadt Blumen an alte Menschen verteilt, die guckten uns nur erstaunt und fragend an. Kaum einer konnte sich wirklich über die Blume freuen und sich ein Lächeln abringen. Ich glaube, die konnten nicht begreifen, da ist jemand, der ihnen einfach nur etwas schenkt, eine Freude machen will, ohne eine Gegenleistung dafür zu erwarten.
Diese Kluft zwischen dem, was ich mir vom Leben erträume, wie ich leben möchte und was ich noch alles tun will, und auf der anderen Seite den Möglichkeiten, es zu tun, die ist groß, die schafft mich manchmal. Vielleicht trinke ich deshalb. Im Moment brauche ich viel Freiraum für mich. Ich will über mich nachdenken, mit Leuten über mich reden, so wie jetzt mit dir. Ich will viel lesen, und ich will wieder so wie früher malen. Früher habe ich mich mit Glas- und Holzmalerei beschäftigt. Zur Zeit fange ich wieder damit an. Aber wenn ich malen will, darf nicht alles in mir so chaotisch sein, dürfen nicht so viele Probleme von außen auf mich zukommen. Wenn ich früher Probleme hatte, habe ich mir zwei Flaschen Wein gekauft und mich ganz mutterseelenallein zu Hause hingehockt und geheult. Ich tat mir fürchterlich leid. Erst wenn ich mich so richtig ausgeheult hatte, konnte ich in Ruhe über alles nachdenken. Ich muß mich immer noch verstecken, wenn es mir so richtig elend zumute ist, schon um niemandem auf die Nerven zu fallen. Ich muß doch mit mir alleine auskommen. Dieses Gefühl, da stürmt so unheimlich viel auf mich ein, ich verirre mich und weiß gar nicht mehr, wo es lang geht, muß ich allein mit mir ins reine bringen. Wenn da jemand dabei ist, versuche ich immer, mich zusammenzurei-

ßen, niemand soll etwas von meiner chaotischen Stimmung merken. Da ist unterschwellig die Angst, anderen meine Schwäche zu zeigen, die Angst, nicht akzeptiert zu werden in meiner Schwäche. Geht es mir gut, habe ich gern Menschen um mich herum. Allein zu sein fällt mir dann schwer. Dann möchte ich Menschen um mich haben, mit denen ich reden kann und nicht nur »labern«, wie das in den Kneipen so üblich ist. Der Hans ist so einer, mit dem kann ich stundenlang reden, bei ihm fühle ich mich sicher. Ich weiß, er kommt zu mir, weil er jemanden braucht, bei dem er sich mal aussprechen kann, und nicht, weil er einen Flirt oder eine Frau zum Bumsen sucht. Ich brauche auch Menschen, die mir sagen, was ich falsch mache. Ich bin nicht zu empfindlich, Kritik anzunehmen und mich selbst in Frage stellen zu lassen. Ich möchte mich ja ändern.

Immer, wenn ich denke, ich bin aus den ärgsten Problemen heraus, ich habe es geschafft, kommt wieder ein neues, dickes Problem auf mich zu. So wie jetzt. Die Nachbarn gönnen mir anscheinend keinen Freund. Robbie soll raus aus der Wohnung. Vor ein paar Tagen erhielt ich wieder so einen schönen Brief der Baugenossenschaft. Ihnen wäre zu Ohren gekommen ... usw., kurz und gut, die haben angefragt, ob noch eine dritte Person in meinem Haushalt lebt. Ich soll ihnen umgehend Auskunft geben, sonst sehen sie sich leider gezwungen, juristische Schritte gegen mich einzuleiten. Sie haben mir wieder eine Frist gesetzt. – Diese »Binnen«-Briefe, wie ich die hasse. Wenn sie nicht binnen einer Frist von ... dann ...! Richtige Drohbriefe sind das. Was soll ich machen? Robbie lebt doch hier. Ich will und kann ihn nicht auf die Straße setzen. Gerade jetzt, wo er keine Arbeit hat. »Stütze« kriegt er ja auch nicht, weil er Ausländer ist. Wäre ich von Anfang an ehrlich gewesen und hätte auf dem Sozialamt oder bei der Baugenossenschaft gesagt, ich will mit meinem Freund hier einziehen, ich hätte mir diese Wohnung doch gleich abschminken können.

Ich habe mich auf diese Wohnung gefreut und geglaubt, jetzt fängt ein neues Leben an, auch äußerlich kommt jetzt Ordnung in dein Leben. Vorher hatten wir ja zu dritt nur ein Zimmer und eine Küche. Unser Leben spielte sich praktisch in der Küche und im Schlafzimmer ab. Wenn Christian Freunde mitbrachte, bin ich manchmal fast durchgedreht. Es gab ja keinen Winkel, in dem ich mal für fünf Minuten allein sein konnte. Jetzt kann ich meinem Sohn sagen, geh in dein Zimmer, ich will mal allein sein oder ich will lesen. Robbie und ich konnten auch nicht so einfach miteinander schlafen, wenn wir mal Lust dazu hatten. Immer mußten wir uns erst vergewissern, ob Christian auch schon schläft. Trotzdem bin ich mir heute nicht mehr sicher, ob Christian nicht doch öfters etwas gehört und gesehen hat. Einmal setzte er sich morgens mit einem ganz grimmigen Gesicht zu uns an den Frühstückstisch und redete kein Wort. Eine Seltenheit bei meinem Sohn. So ganz unerwartet, während wir unser Frühstücksei löffelten, kam dann seine vorwurfsvolle Frage: »Mutti, was habt ihr denn heute nacht gemacht?« Ich bin rot angelaufen, und der Bissen blieb mir buchstäblich im Halse stecken. Ich konnte kein Wort mehr herausbringen und habe mich entsetzlich geschämt, obwohl ich sonst sehr offen mit Christian über alles rede. Wie Robbie sich in dieser Situation verhalten hat, war wirklich toll. Noch ehe mein Schweigen peinlich und verräterisch wurde, erklärte er dem Christian, wir hätten heute Nacht miteinander gespielt, wir seien Pferde. Unser Pferdespiel kannte Christian. Wir spielen es immer zu dritt. Christian sah nach dieser Antwort erst nachdenklich aus, dann blickte er uns streng an und sagte: »Gell, aber heute Nacht spielt ihr nicht wieder Pferd, ich kann dabei nicht schlafen.«

Ich weiß ja, wie Christian auf der Straße »aufgeklärt« wird. Manchmal kommt er mit ganz brutalen Ausdrücken zu mir, und da möchte ich ihm was anderes entgegenhalten. Nur, wie schwierig ist das. – Aufklärung, dieses Wort mag ich eigentlich nicht. Was heißt das schon? Ich habe meinem Sohn erzählt, wie Robbie und ich zusammen schlafen, damit er sich etwas darunter vorstellen kann. Ich habe ihm erzählt, der Robbie steckt seinen Schwanz in meine Möse, und vorher wird sein Schwanz ganz steif und meine Möse ganz feucht, weil wir uns küssen und streicheln und zärtlich miteinander sind. Worte ... kann sich ein Kind etwas darunter vorstellen? Die Worte, die ich benutze, sagen wenig über mein Gefühl aus.

Ich will nicht, daß Robbie auszieht. Ich will, daß wir zu dritt weiter zusammenleben. Robbie und ich haben lange gebraucht, uns zu verstehen, und nun soll ich ihm sagen, du

mußt gehen, weil die Leute dich hier im Haus nicht dulden. Ich muß in letzter Zeit wieder oft an Christians Vater denken. Seine Eltern haben mich auch nicht geduldet. Vielleicht war ich ihnen nicht gut genug als Schwiegertochter. Immerhin besuchte ihr Sohn ein Gymnasium und ich nicht. Ich frage mich, kann ich diesem Druck, der da von außen auf mich zukommt, standhalten? Ich möchte stark sein. Früher habe ich immer von einem Mann geträumt, der mich versorgt und bei dem ich auch Halt finden kann. Heute denke und fühle ich ganz anders. Ich kann auch für Robbie mit aufkommen, wenn es nötig ist, so wie jetzt. Ich brauche keine Ehe oder einen Mann, um versorgt zu sein. Dieses Vertrauen zu mir habe ich inzwischen gelernt. Früher habe ich mich viel zu sehr an Robbie geklammert, war eifersüchtig. Ich habe ihm keine Luft zum Atmen gelassen. Robbie hat sich auch deshalb zweimal von mir getrennt. Eine schlimme Zeit für Christian. Er vermißte Robbie mindestens genauso wie ich und fragte mich immer: »Kommt Robbie niemals wieder?« Ich wußte doch nicht, was ich darauf antworten sollte. Vorher lagen die beiden ständig im Streit. Ich habe damals gedacht, die mögen sich gar nicht. Aber sie mußten ja erst zusammenfinden so wie Robbie und ich. Ich habe erst später gemerkt, wie wichtig diese Streitigkeiten für Christian waren. Er hat daraus auch etwas gelernt, nämlich sich an einem Mann zu erproben, seine Kräfte mit Robbie zu messen und nicht immer nur mit mir.
Ich glaube, Kinder brauchen Vater und Mutter, es müssen wahrscheinlich gar nicht die leiblichen Eltern sein, sondern wichtig sind wohl nur diese Gegenpole – Mann und Frau. Und mal davon abgesehen, ich brauche Robbie, weil ich mich oft allein mit Christian überfordert fühle. Ich kann ihm doch nicht alles geben. Wenn ich Schwierigkeiten mit Christian habe, ist es gut, wenn Robbie mir sagt, welche Macken ich mit Christian auslebe, was ich falsch gemacht habe. Christian sieht auch, daß Robbie all die Arbeiten macht, die bei seinen Freunden nur die Mütter machen: Einkaufen, Kochen, Abwaschen, Putzen. Robbie und ich reden viel über Christian, auch das ist wichtig für mich und hilft mir, mehr Verständnis für Christian zu haben. Mit Mutterliebe allein, mit Zärtlichkeit und Umsorgung allein kann ein Kind doch nicht richtig groß werden. Das ist so, als wenn das Salz in der Suppe fehlt. Robbie kann mit Christian Flugzeuge bauen, das

Fahrrad wieder zusammenflicken, Fußball spielen, Schach spielen oder mit ihm in den Wald gehen und ihm die Natur erklären. Alles Dinge, von denen ich keine Ahnung habe, die Christian nicht bei mir lernen kann, die ich selbst erst noch lernen muß und lernen will. Für mich ist das eine Frage der Zeit, ich müßte neben all meinen Pflichten noch so viel lernen für mich. Bis ich alles gelernt habe, ist Christian längst groß.

»Jemanden zu haben, mit dem man auch ein bißchen gut sein kann«

Carla, 65 Jahre, Kriegerwitwe, Angestellte in der Volkshochschule, ein Sohn, 38 Jahre

Die Frauen meiner Generation haben ihren Partner überwiegend durch den Tod verloren, die Männer waren draußen im Krieg geblieben, während heute die Frauen ihren Mann durchs Leben verlieren. Ein großer Unterschied. Wir sind nicht gefragt worden, wir hatten keine Möglichkeit, uns für das eine oder andere zu entscheiden. Junge Frauen heute, denke ich, können ihr Leben, die Konsequenzen selbst bestimmen. Kürzlich habe ich mal vor einer Gruppe von Frauen gesagt, ihr geht mir so langsam auf die Nerven mit eurem Emanzipationsgerede. Ich bin reingeschmissen worden in den Beruf und das Leben mit meinem Sohn und habe versucht, uns erst mal über Wasser zu halten, das Beste daraus zu machen. Weil früher kein Mensch über Emanzipation geredet hat, wußte ich gar nicht, wie emanzipiert ich bin. Das habe ich erst viel später erfahren.

Also wie war das damals? Beschissen war's. Vater tot, Mann tot, na, ich will nicht theatralisch werden... Als ich die Nachricht vom Tod meines Mannes erhielt, war mein erster Gedanke, so, jetzt mußt du für zwei da sein. Uwe war noch ein Baby. Was tun? Wieder zurück in meinen Beruf als Redaktionssekretärin ging nicht. Da habe ich mich daran erinnert, daß ich manuell begabt bin. Über meinen Vater lernte ich einen Bildhauer kennen, der sagte zu mir: »Och, da kommen Sie mal in meine Werkstatt, vielleicht läßt sich da was machen.« Der Mann wurde mein Lehrmeister. Ich fing also an, Tannenbäume zu schnitzen, keine künstlerische Tätigkeit, aber etwas Handwerkliches. Ich war stolz, wieder eigenes Geld zu verdienen und dazu noch eine Arbeit zu haben, die mir lag. Mit den Händen etwas machen zu können, daran hatte ich Freude. Lange währte die Freude nicht. Die Währungsreform kam, und da war's aus, die Leute hatten kein Geld mehr für Kinkerlitzchen. Wieder stand ich vor der Frage, was tun? Der Sohn hatte Kohldampf und die Mutter auch. Die Familie wollte ich finanziell nicht in Anspruch nehmen, nicht die meines Mannes und nicht die eigene. Die hatten alle genug eigene Sorgen, und meine Mutter betreute sowieso schon den Uwe. Ich habe dann erfahren, im Verkehrsverein unserer Stadt, so einem provisorischen Kiosk dem Bahnhof gegenüber, wird jemand gesucht. Ohne eine Vorstellung davon zu haben, was man da tun muß, bin ich hin. Unter ganz vielen Bewerbern war ich wohl die Richtige. Da hatte ich dann das, was man später einen Job nannte. Viel Geld habe ich nicht verdient, aber ich machte die Arbeit gern. Später habe ich in einem großen Verkehrsverein volontiert, und der Chef des Unternehmens fragte mich irgendwann, ob ich nicht bei ihm arbeiten wollte. Ich habe die Stelle angenommen, weil sie lukrativer war. Ich wollte meinen Sohn ja auf die höhere Schule schicken, und das kostete Geld, zwanzig oder dreißig Mark im Monat, viel Geld für die damalige Zeit.

Mein Sohn ist das, was man in der Nachkriegszeit ein Schlüsselkind nannte. Ich mußte nicht nur arbeiten, sondern auch jeden Tag fast zwanzig Kilometer bis zu meinem Arbeitsplatz fahren. An die Vierzig-Stunden-Woche dachte noch keiner, und samstags wurde bis mittags gearbeitet. Eine gravierende Erinnerung habe ich an einen 24. Dezember, da wurde auch gearbeitet, bis abends um fünf. Es war schon beinahe sieben Uhr, als ich zu Hause endlich aus dem Bus stieg. Uwe kam mir schon erwartungsvoll entgegen. Zusammen gingen wir die dunkle Straße zu unserer Wohnung hinauf. Ich sah auf die verschlossenen Fenster, überall waren die Rolläden heruntergelassen, und dachte, dahinter brennen jetzt wohl schon die Kerzen an den Tannenbäumen. Alles war so feierlich still, und mich überfiel auf einmal eine große Traurigkeit, weil ich daran denken mußte, wie schön die Weihnachtsabende in meiner Kindheit waren. Ich konnte meinem Sohn nicht so einen schönen Weihnachtsabend bieten. An diesem Abend wurde mir so richtig bewußt, wieviel mein Sohn entbehren muß, weil die Mutter nicht im Hause ist. Später war dann die Traurigkeit weg, zum Glück. Eine traurige Mutter hätte ja diesen Weihnachtsabend auch nicht schöner gemacht. Ich glaube, gewisse Entbehrungen müssen unsere Kinder immer hinnehmen.

Überhaupt, Zeit für Traurigkeit, Zeit, um Probleme zu wälzen, blieb mir nicht. Wenn ich abends müde und ausgelaugt von der Arbeit nach Hause kam, dann war da der

Haushalt, der war beschwerlicher als heute. Ich hatte keine Waschmaschine und keinen Staubsauger. Die Klamotten mußten mit der Hand gewaschen werden, und den Teppich mußte ich auf den Knien rutschend sauberbürsten. Damit es nicht so staubt, wurden vorher Sauerkraut oder nasse Teeblätter auf dem Teppich verteilt. Als der Uwe noch kleiner war und ich noch hier in der Stadt arbeitete, bin ich mittags immer im Dauerlauf nach Hause. Noch im Mantel habe ich die Kartoffeln, die ich morgens vor der Arbeit geschält hatte, aufgesetzt. Dann wurde gegessen und dabei die Vokabeln abgehört. Heimlich habe ich immer auf die Uhr geguckt, ständig in Angst, die Mittagspause zu überziehen. In all den Jahren hatte ich einen Zwölf-Stunden-Tag, den Haushalt nicht mitgerechnet. Und oft mußte ich auch noch Überstunden machen. Manchmal war Uwe nicht mehr da, wenn ich nach Feierabend heimkam. Fragte ich ihn später: »Ja kannst du nicht warten, bis ich komme, damit wir wenigstens zusammen essen können?«, bekam ich zur Antwort: »Wenn du nicht pünktlich nach Hause kommst, warum soll ich dann warten?« – Was sagt man dann zu seinem Kind? Es blieb so wenig Zeit für ein Gespräch. Ich bin oft abends müde und kaputt ins Bett gesunken und konnte doch nicht einschlafen. Da war der Gedanke, schaffst du morgen deinen Tag, schaffst du ihn? Und dann das morgendliche Erwachen aus einem nicht sehr erquickenden Schlaf und die Versuchung, einfach die Decke über den Kopf zu ziehen und nicht mehr aufzustehen. Leisten konnte ich es mir nicht, aber ich hätte es gern getan. Und krank zu sein, konnte ich mir auch nicht leisten, krank sein ist doch für eine Mutter etwas ganz Unanständiges. Einmal hat der Uwe zu mir gesagt: »Weißt du, Mutti, ich wünsche mir auch einen Vater, so einen richtigen Kameraden. Dann könntest du daheim bleiben. Ich möchte, daß du auch zu Hause bist, im Garten sitzt und Strümpfe stopfst so wie die Frau Otte von nebenan. Immer bist du weg, und ich habe nur den Schnuffi (das war unser Hund), und der stinkt.«
Die Berufstätigkeit war für mich immer ein finanzielles Muß. Ich hatte Zeiten, da kam der Gerichtsvollzieher ziemlich häufig zu uns ins Haus. Die Kohlenrechnung oder die Licht- und Gasrechnungen bezahlen, das klappte nie so pünktlich wie bei anständigen Leuten. Das Geld war immer knapp. Uwe war ungefähr zehn Jahre alt, da kam er eines Tages mit

einem kleinen Hund auf dem Arm nach Hause und war selig. Er hatte sich nicht überlegt, daß wir für diesen Hund auch Steuern bezahlen müssen. Woher jetzt die Hundesteuer nehmen? Ich mußte ihm sagen, wenn du den Hund behalten willst, mußt du auf das von dir so heiß gewünschte Fahrrad verzichten. Also kein Rad, sondern den Hund. Die Hundesteuer konnte ich trotzdem nicht immer pünktlich bezahlen. Viele Jahre später hat mir Uwe dann erzählt, daß der Steuereintreiber sogar zu ihm in die Schule gekommen ist. Wie taktlos diese Menschen waren, und der Lehrer hat sich auch noch darauf eingelassen. Uwe mußte aus der Klasse raus, um mit dem Steuereinnehmer zu reden. Der drohte ihm, wenn die Steuer nicht in der nächsten Woche bezahlt ist, kommt er und holt den Hund weg. Und der Lehrer fragte den Uwe auch noch: »Was ist denn bei euch los?« Da muß ein Kind gar nicht besonders sensibel sein, um sich tief gedemütigt zu fühlen. Mit Behörden habe ich sowieso nur negative Erfahrungen gemacht, damals, als ich eine Wohnung suchte, und später, als mir das Jugendamt einen Vormund aufzwingen wollte. Uwe war schon sechzehn, da wollten sie mir noch einen Vormund für ihn andrehen, während sie sich in all den Jahren vorher keine Gedanken gemacht hatten, wie ich mit einem kleinen Kind und meiner Arbeit fertig werde. Diese bedrückenden Erfahrungen mit den Behörden – ich hatte immer das Gefühl, nichts wert zu sein –, die kamen wohl auch daher, weil man nicht gelernt hatte, sich in solchen Situationen durchzusetzen, und weil man sich selbst auch nur als halbe Portion sah.

Wenn ich heute über mich nachdenke, bin ich beinahe stolz auf mich. Ich habe doch ziemlich viel gemacht in meinem Leben. Nur, als ich mitten drin steckte in diesem Leben mit meinem Sohn und mit meiner Arbeit, war alles so selbstverständlich für mich. Ich habe nicht gesehen, wieviel ich eigentlich machte. Ich sah immer nur, was ich alles nicht gemacht hatte, was ich meinem Sohn vorenthalten mußte und wie ich all diesen vielen kleinen Pflichten im Alltag immer hinterherrannte. Ich habe wirklich nicht gemerkt, was ich alles leistete. Meine Generation konnte ja von der Gesellschaft überhaupt keine Hilfe erwarten. Es gab keine Kinderhorte und keine Kindergärten, die nicht teuer bezahlt werden mußten und trotzdem nur Aufbewahrungsanstalten für Kinder waren. An so etwas wie Erziehung war in diesen Anstalten nicht zu denken. Auch die weiterbildende Schule mußte aus eigener Tasche bezahlt werden. Wer sein Kind zu meiner Zeit auf ein Gymnasium schicken wollte, mußte Schuldgeld bezahlen. Uwe war nie in einem Kindergarten. Bis zu seinem fünften Lebensjahr war er tagsüber bei meiner Mutter. Sie hat sich um ihn gekümmert, während ich arbeiten mußte. Aber längst nicht alle Frauen damals hatten wenigstens diese Hilfe.

Was habe ich versäumt, was mußte mein Sohn alles entbehren, was habe ich bei der Erziehung meines Sohnes vielleicht falsch gemacht? Fragen, die ich mir, als Uwe größer wurde, oft gestellt habe. Dieses viel zitierte schlechte Gewissen der Mütter, unsere ständigen Schuldgefühle. Was bringen uns diese Schuldgefühle? Ich glaube, sie behindern uns nur. Einmal bin ich sehr erschrocken gewesen. Da kam mein Sohn zu mir, es muß so kurz nach seinem Abitur gewesen sein, und sagte: »Mutti, du bist eigentlich immer noch ziemlich autoritär.« Ich dachte, verdammt noch mal, bin ich wirklich autoritär? Ich habe mich nie so gesehen. Heute sage ich mir, soviel kann in unserem Leben und durch meine Erziehung doch gar nicht schiefgegangen sein. Wissen Sie, vor zwei Wochen kam mein Sohn mit einem Riesenblumenstrauß zu mir. Er hatte an diesem Tag gerade seine Promotion abgeschlossen, und die Mutter bekam einen Riesenblumenstrauß.

Solange Uwe noch in der Ausbildung war, konnte ich mich nicht entschließen, eine feste Bindung mit einem Mann einzugehen. Ich habe da nur an meinen Sohn gedacht. Ein Mann ja, aber einen Vater für meinen Sohn, dieses Risiko wollte ich nicht eingehen. Ich habe immer mitüberlegt: Was ist, wenn diese Familiengemeinschaft nun unharmonisch wird? Erst wenn die Kinder groß sind, ihr eigenes Leben haben, ist man als Mutter geneigt, an sich zu denken. Dann ist dieses Verantwortungsgefühl – ist diese Entscheidung auch richtig für dein Kind – nicht mehr so stark. Man kann sich sagen, so, jetzt geht dein Kind seine eigenen Wege, jetzt hast du auch das gute Recht, an dich zu denken. Und davon mal ganz abgesehen, ich wollte meine Selbständigkeit bewahren. Ich konnte mit meinem Geld tun und lassen, was ich wollte, war keinem Rechenschaft schuldig. Auch wenn ich alles Geld

nahm, um es in Uwes Ausbildung zu stecken, sollte das allein meine Entscheidung und Angelegenheit bleiben.
Hilfe von außen, vielleicht von einem Mann, ja sicher, die habe ich mir schon manchmal gewünscht, auch jemanden, bei dem ich mich mal festhalten kann, mit dem ich etwas vom Leben erlebe. Mal so unbedenklich ausgelassen sein, sich fallenlassen können, sich ausweinen. Es gab soviele Abende in meinem Leben, an denen ich mich alleine fühlte. Ich habe mir eine Platte aufgelegt und danach getanzt. Männer? – Nun, die meisten Männer in meinem Alter waren ja ohnehin verheiratet – und wie verheiratet. Wenn in meinem Bekanntenkreis mal ein Mann zu mir freundlich war, zuvorkommend, so nach der alten Kavaliersart, oder wenn er seine Beschützermentalität zeigte und mir irgendwie behilflich sein wollte, ich hätte das schon gerne angenommen. Aber dann sah ich die Blicke der Frauen und bekam einen Schreck, was die wohl über mich denken, und so habe ich mich wieder zurückgezogen. Einen großen Freundes- oder Bekanntenkreis hatte ich nicht. Am gesellschaftlichen Leben habe ich eigentlich immer nur über meine Arbeit oder über meine sozialen Aktivitäten teilgenommen. Den Grund kennen wir beide. Als alleinstehende Frau kommt man sich immer so reingeplackt vor. Da ist man mal bei Bekannten eingeladen und freut sich über die Abwechslung an diesem Abend, ist gelockert und kann auch lachen, aber dann merkt man plötzlich, wie man von den hochanständigen Ehefrauen betrachtet wird, und sagt sich, wär ich bloß zu Hause geblieben. Auch unverheirateten Männern gegenüber war ich immer vorsichtig, habe auf Distanz geachtet. Wissen Sie, wenn man erst mal erlebt hat, wie Frauen plötzlich zum Mittelpunkt von Stammtischwitzchen werden, so nach dem Motto: »Ach, und wer tröstet Sie denn?«, da fällt es einem nicht schwer, Abstand zu halten. Am Anfang war ich darüber unsicher und traurig, später war da nur noch kalte Wut, die in Sarkasmus umschlug. Keine schöne Eigenschaft, keine schöne Art zu leben. Die jungen Frauen heute mögen da selbstbewußter sein. Ich habe es vorgezogen, mich zurückzuziehen, mich auf mich selbst zu verlassen. Und dann war da ja auch noch mein Sohn, der war mir immer, soweit man das von einem Heranwachsenden sagen kann, ein guter Kamerad. Aber es gab natürlich auch viele Dinge in meinem Leben, mit denen ich Uwe nicht

belasten wollte. Heute sagt mein Sohn zu mir: »Warum hast du nie mit mir darüber geredet?« Warum sollte ich? Dann wären zwei belastet gewesen. Es reichte, wenn ich es wußte.

Meine Arbeit in der Volkshochschule hat mich später für vieles entschädigt. Ich hatte es immer mit Menschen zu tun. Da war ich jemand, der anderen helfen konnte und dessen Hilfe auch in Anspruch genommen wurde. Ich wurde selbstbewußt, als ich plötzlich merkte, ich kann ja was, obwohl ich diesen Beruf nicht gelernt hatte. Ich bin vor zwanzig Jahren zur Volkshochschule gestoßen, weil ich diese weite Fahrerei zur Arbeit satt hatte. Finanziell mußte ich sehr viel kürzer treten. Aber muß man nicht immer Kompromisse machen? Die Erwachsenenbildung wurde damals nur sehr bescheiden subventioniert. Unser Büro bestand aus einem alten Schreibtisch, den die Amerikaner noch dagelassen hatten, und einer alten Schreibmaschine. So fing Volksbildung damals an. Morgens bin ich an stinkenden Mülleimern vorbei durch den Hintereingang einer Volksschule in mein bescheidenes Büro gegangen. Die Sechzig-Stunden-Woche stand für mich damals nur auf dem Papier. Ich mußte Überstunden machen. Es gab nur zwei Möglichkeiten, den Kram hinzuschmeißen und mir eine einfachere Arbeit zu suchen oder mitzumachen. Ich habe mitgemacht, durchgehalten, weil es eine gemeinnützige Arbeit war. Mein Sohn hat vor kurzem mal zu mir gesagt: »Mutti, was du machst, ist zum großen Teil die Arbeit eines pädagogischen Mitarbeiters.« Über diese Anerkennung habe ich mich richtig gefreut. Die pädagogischen Mitarbeiter sind ja alles Leute, die eine akademische Ausbildung hinter sich haben. Mein Platz in der Volkshochschule wurde mir zugewiesen, den mußte ich ausfüllen. Zu meiner Arbeit gehört es, die Leute, die zu uns kommen und einen Schulabschluß nachholen wollen, über ihre weitere Ausbildungslaufbahn und ihre Möglichkeiten zu beraten. Soll ich ihnen Mut machen, ihren Beruf, ihre Arbeit aufzugeben, um vielleicht über die Volkshochschule an eine Hochschule zu kommen? Eine schwierige Aufgabe angesichts der heutigen Arbeitslosigkeit. Ich glaube, mein gesunder Menschenverstand hat noch immer die richtigen Worte, den richtigen Rat gefunden.

Wenn ich heute auf mein Leben zurückblicke, muß ich mir sagen, Donnerwetter, ich war ganz schön aktiv. Wahrscheinlich habe ich immer so etwas wie Solidarität gesucht und natürlich auch die Anregung und Ansprache durch andere Menschen. Als Uwe älter war, habe ich eine politische Frauengruppe und den Kinderschutzbund hier in unserer Stadt mitgegründet. Auf meine Arbeit und auf meine Selbständigkeit bin ich stolz. Ich mußte dafür bezahlen. Mit Einsamkeit. Ich rede nicht gern über diese Zeit. Damals, als Uwe aus dem Haus ging, um zu studieren, habe ich mich sehr einsam gefühlt. Ich fürchtete mich davor, nach Feierabend in dieses leere Haus zu kommen. Um mich über meine Einsamkeit hinwegzutäuschen, habe ich den Tisch immer für zwei Personen gedeckt. An den Abenden wartete ich auf die Anrufe meines Sohnes und an den Wochenenden auf seinen Besuch. Aber dann habe ich auch wieder was gemacht. Mit anderen zusammen habe ich hier den Arbeitskreis »Deutsche und Ausländer« aufgezogen. Und vor einigen Monaten habe ich schon wieder etwas Neues angefangen. Ich arbeite beim Roten Kreuz mit. Meine Pläne, was ich noch alles machen will, die haben mich nie verlassen! Ich stelle mir immer vor, was ich noch alles machen kann, und ich möchte von dem, was ich gelebt und erfahren habe, anderen etwas weitergeben. Im Februar werde ich fünfundsechzig, muß also aufhören zu arbeiten. Schon jetzt überlege ich, wie es danach weitergeht. Ich möchte doch weiter am Geschehen unserer Zeit teilhaben. Ich möchte noch so viel erfahren, über vieles nachdenken und mit anderen Menschen darüber reden. Wissen Sie, was mir manchmal passiert? Ich träume, ich liege in einem Sarg, und mir fällt ein, ach, was hättest du nicht noch alles in deinem Leben lesen wollen.

Jetzt im Alter habe ich das Gefühl, ich habe mich durchgesetzt. Ich kann gelassener mit mir umgehen und treibe mich nicht mehr ständig selbst zur Arbeit an. Früher habe ich mich kaum um meinen Körper gekümmert. Jetzt tue ich es, gehe zur Fußpflege, zum Arzt, zum Frisör, und zwischendurch lese ich. Früher habe ich diese Zeit nicht gehabt. Vielleicht habe ich mir etwas vorgemacht, wenn ich dachte, dazu hast du keine Zeit. Mein Sohn hatte wohl Angst, ich werde einsam alt. Er war schon aus dem Haus, da sagte er mal zu mir: »Mutti, such dir doch endlich einen Freund.« – Ich werde nicht einsam alt. Den Mut, den ich als junge Frau nie hatte, den habe ich mir im Alter genommen. Ich habe einen Freund, und

ich hoffe, daß ich mit diesem Mann alt werden kann und daß wir noch viel erleben werden. Seit einem Jahr leben wir zusammen. Unser Probejahr, wie wir es genannt haben. Wir wollten herausfinden, ob wir miteinander auskommen.
Ich kenne Volkhard schon seit Jahren. Es war früher keine enge Freundschaft, nur eben ein Bekanntsein. Wir haben wenig zusammen gemacht, haben uns meistens nur Briefe geschrieben. Im Urlaub haben wir uns kennengelernt. Hört sich das nicht schrecklich primitiv an? So ungefähr wie: Im Urlaub gehen Frauen auf Männersuche oder sind auf ein Abenteuer aus. Warum nicht? Viele Menschen lernen sich im Urlaub kennen. Bißchen Romantik war auch dabei. Ich war mutig, wollte es ausprobieren. Wenn sich zwei ältere Menschen kennenlernen wollen, ist das gar nicht so einfach. Jeder trägt seine Geschichte mit sich herum und hat schon einige Schrullen. Mein Hausgenosse, so nenne ich ihn, ist genauso ein Arbeitstier wie ich. Er ist promovierter Chemiker und jetzt pensioniert. Er meint, wie ich, immer noch etwas leisten zu müssen, und er hat, wie ich, ganz viele Interessen. Zur Zeit arbeitet er noch als wissenschaftlicher Redakteur bei einer Zeitschrift mit. Es gibt sehr viele Dinge, über die wir geteilter Meinung sind. Jeder von uns hat sich ja im Laufe seines Lebens eine eigene Weltanschauung erarbeitet. Wir müssen jetzt zusehen, wie wir damit zusammen fertig werden. Über die Friedensbewegung waren wir zu Anfang sehr geteilter Meinung. Volkhard war da eher ablehnend. Seitdem die Friedensbewegung aber salonfähig geworden ist, sind wir uns mit unserer Meinung darüber nähergekommen. Ich denke, es ist wichtig, mit Menschen zu reden, die eine andere Meinung als man selbst vertreten, man sollte diese Meinung auch akzeptieren und anhören, um dann die eigenen Gedanken noch einmal kritisch zu überprüfen. Oft stellt sich zwischen Volkhard und mir nach vielen Gesprächen heraus, im Grunde genommen wollen wir beide das gleiche. Wir haben nur verschiedene Wege im Kopf, es durchzusetzen. Wir diskutieren oft sehr konträr, aber nicht aus Prinzip oder um uns zu beweisen oder recht zu behalten. Als Naturwissenschaftler hat er natürlich auch eine ganz andere Einstellung zur Technik als ich. Über Atomkraftwerke zum Beispiel denken wir noch immer verschieden. Ich sage, nein danke, und er sagt ja dazu.

Wie die Umwelt über uns denkt, weiß ich nicht. Mag sein, man redet über uns. Schiefe Blicke mußten wir uns auch schon gefallen lassen. Im gemeinsamen Urlaub, wenn wir zusammen ein Zimmer nehmen und die Meldezettel mit unterschiedlichen Namen ausfüllen, da gucken die Leute schon komisch. Aber ich will nicht als Frau W. auftreten und unterschreiben. Ich bin Frau F. und will auch Frau F. sein. Soviel Selbstbewußtsein habe ich mir erarbeitet, daß ich nicht unter den Fittichen eines Mannes dahersegeln will, auch wenn der Mann einen Doktortitel trägt. Wir haben einen gemeinsamen Bekanntenkreis durch verschiedene Seminare, die wir beide besucht haben. Auch da bin ich immer als die Frau F. aufgetreten. Volkhard in meinen Bekanntenkreis einzuführen ist schwierig, weil er so ein scheuer Mensch ist. Ob die dann über uns reden, wäre mir gleichgültig. Im Alter kann man sich vieles erlauben, was man sich früher nicht erlaubt hat, auch der Leute wegen. Man steht da drüber, weil man einfach schon soviel erfahren hat und soviel durchschaut. – Die Weisheit des Alters. Wichtig ist doch nur, jemanden zu haben, mit dem man sich aussprechen kann und mit dem man auch ein bißchen gut sein kann. Als älterer Mensch empfindet man das sehr dankbar, deswegen ist man auch zu Kompromissen bereit. Die Kompromisse müssen ja nichts von der Persönlichkeit wegnehmen.

Nachwort

Als männlicher Leser dieser Geschichten fühle ich mich zunächst beklommen. Wie wenig wissen wir Männer eigentlich davon, was in Frauen vor sich geht, die mit einem Kind oder mehreren allein leben? Wieviel ist in mir von der Hilflosigkeit, der Ansprüchlichkeit, der Oberflächlichkeit und Unsensibilität vieler der geschilderten männlichen Partner? Allerdings hätte ich gern mehr darüber gewußt, wie sich diese Männer gegenüber den Frauen erlebt haben. Was sie von der Situation überhaupt begriffen, was sie erwartet und wo sie sich überfordert gefühlt haben.

Aber gewiß ist es kein Zufall, daß in diesem Buch Frauen einer Frau vieles sagen können, worüber sie mit einem männlichen Partner keinen oder nur schwer einen Dialog führen konnten. Frauen sind Männern darin voraus, daß sie mehr von sich wissen und mehr von sich zeigen können – wenn man sie läßt und wenn sie nicht im Streß ersticken.

Aber dies erschreckt mich an den meisten Berichten besonders: die Hektik, die den alleinerziehenden Frauen oft die Chance raubt, sie selbst zu sein und sich mit ihren persönlichen Bedürfnissen auszudrücken – neben Beruf, Sorge um Geld, Fürsorge für die Kinder. Man sieht: Manche verfallen unter diesem Druck genau in die ihnen eigentlich unangemessene Ungeduld und Augenblicksbezogenheit, wie man sie von den männlichen Machertypen nur zu genau kennt. Dies ist kein gedeihliches Klima, zum Teil gewünschte neue Partnerschaften behutsam zu pflegen. Und was bleibt an Muße für Gespräch und Spiel mit den Kindern? Aufgefallen ist mir, daß die Kinder in manchen Berichten eher blaß bleiben. Haben die überforderten Frauen noch genügend Zeit und Kraft, ihren Kindern zuzuhören? Oder müssen sie so viel von sich selbst unterdrücken, daß sie – zwar unter Schuldgefühlen – von ihren Kindern nicht mehr genügend aufnehmen können?

Es gibt auch den Fall der 49jährigen, die – mit ihren Kindern und ihrer Freundin – die Männer souverän beiseite lassen und ihre Selbstsicherheit herausstellen kann. Die meisten anderen kämpfen zumindest über längere Zeit mit inneren und äußeren Abhängigkeitsproblemen. Innerlich zur Abhängigkeit erzogen und – als alleinerziehende Frauen – von der Gesellschaft als unvollständige Wesen mißachtet, ringen sie um ihr Selbstbewußtsein. Und manche verraten, daß sie ihre von den Müttern erworbenen sexuellen Schuldgefühle auf ihre Kinder projizieren: Vor diesen schämen sie sich wegen ihrer Männerbekanntschaften, obwohl es im Grunde offenbar vielfach die unüberwundenen eigenen infantilen Sexualkonflikte sind, die sie quälen. Es bleibt für die alleinerziehende Frau die stets heikle Aufgabe, bei der Aufnahme einer Männerfreundschaft dem Kind klarzumachen, was dieses für sich davon erhoffen kann oder befürchten muß. Es ist gut, wenn sie darüber mit dem Kind reden kann. Aber die Frage ist auch, ob Mutter und Kind inzwischen längst so zusammengewachsen waren, daß ein neuer Mann für das Kind zu einer schweren Kränkung werden *muß*. Mit solchen Kränkungen hilfreich umzugehen, ohne daß die Mutter eine ihr wichtige neue Partnerschaft – oder zumindest die Gefühle in dieser Partnerschaft – opfert, erweist sich auch in diesen Berichten meist als ein herausragendes Problem.

Wie wichtig es ist, daß alleinerziehende Frauen einander ihre Erfahrungen mitteilen, macht dieses Buch allzu deutlich. Es ist gut, voneinander zu wissen, wie jede mehr oder weniger an nachwirkenden Kindheitstraumen, an gesellschaftlichen Vorurteilen und konkreten sozialen Behinderungen leidet und wie man dennoch in der einen oder anderen Weise durchhalten kann. Dieser Gewinn ist ja auch eine Hoffnung zahlreicher »Selbsthilfegruppen« von Alleinerziehenden, die sich in letzter Zeit gebildet haben.

Aber ich glaube, daß sich in diesem Buch auch viele verheiratete Frauen, die in einer sprachlosen oder spracharmen Ehe leben, wiederfinden werden und daß manche männliche Leser mit heilsamem Schrecken die Frauenberichte als indirekte Dokumentation eigenen peinlichen Versagens lesen mögen. Allerdings kann man sich sagen: Wenn vieles, was in diesen Geschichten geschildert wird, unter den Beteiligten rechtzeitig ausgesprochen worden wäre, hätte mancher Konflikt gewiß gemeinsam überwunden werden können. So gelesen, ist dies ein zwar gelegentlich bedrückendes, zugleich indessen aufrüttelndes und auch ermutigendes Buch, dem eine große Verbreitung zu wünschen ist.

Horst-Eberhard Richter

Informationen und Hilfe für Alleinerziehende

Verband Alleinstehender Mütter und Väter
Bundesverband e. V., Geschäftsstelle
Von Groote Platz 20, 5300 Bonn 2,
Tel. 0228/352995

Der Verband ist eine Selbsthilfeorganisation Betroffener. Die Hauptarbeit liegt bei ehrenamtlich tätigen Alleinerziehenden selbst.
Neben dem Bundesverband gibt es in jedem Land einen Landesverband sowie zahlreiche Orts- und Kreisverbände.

Die Anschriften der 11 Landesverbände (Stand März 1988)

Baden-Württemberg	Kernerstr. 2a, 7000 Stuttgart Tel. 0711/2261289
Bayern	Mergenthalerweg 3, 8904 Friedberg Tel. 0821/605355
Berlin	Sieglindestr. 6, 1000 Berlin 41 Tel. 030/851520
Bremen	Bürgermeister-Deichmann-Str. 28, 2800 Bremen 1 Tel. 0421/383834
Hamburg	Flotowstr. 23, 2000 Hamburg 76 Tel. 040/224600
Hessen	Martin-Luther-Str. 20, 6000 Frankfurt am Main Tel. 069/437777
Niedersachsen	Goebenstr. 3, 3000 Hannover Tel. 0511/391129

Nordrhein-Westfalen	Julienstr. 13, 4300 Essen 1 Tel. 0201/777745
Rheinland-Pfalz	Kaiserstr. 74, 6500 Mainz Tel. 06131/232061
Saarland	Rotenbergstr. 27, 6600 Saarbücken Tel. 0681/33446
Schleswig-Holstein	Kronshagener Weg 34, 2300 Kiel 1 Tel. 0431/18969

Die Frau in der Gesellschaft

Texte und Lebensgeschichten

Herausgegeben von Gisela Brinker-Gabler

Band 2053

Band 3738

Band 3741

Lebensgeschichten

Ruth Ellen Boetcher Joeres
Die Anfänge der deutschen Frauenbewegung: Louise Otto-Peters
Band 3729

Eine stumme Generation berichtet
Frauen der 30er und 40er Jahre
Herausgegeben von Gisela Dischner
Band 3727

Germaine Goetzinger
Für die Selbstverwirklichung der Frau: Louise Aston
Band 3743

Kämpferin für den Frieden
Bertha von Suttner
Lebenserinnerungen, Reden und Schriften
Eine Auswahl
Band 2053

Texte

Frauenarbeit und Beruf
Herausgegeben von Gisela Brinker-Gabler
Band 2046

Frauen gegen den Krieg
Herausgegeben von Gisela Brinker-Gabler
Band 2048

Frau und Religion
Gotteserfahrungen im Patriachat
Herausgegeben von Elisabeth Moltmann-Wendel
Band 3738

Zur Psychologie der Frau
Herausgegeben von Gisela Brinker-Gabler
Band 2045

Frauen und Sexualmoral
Herausgegeben von Marielouise Janssen-Jurreit
Band 3766

Gerda Szepansky
Frauen leisten Widerstand: 1933–1945
Band 3741

Fischer Taschenbuch Verlag

fi 16/8

Die Frau in der Gesellschaft

Band 4722

Band 3776

Band 3785

Helga Häsing
Unsere Kinder, unsere Träume
Band 3707

Helga Häsing / Ingeborg Mues (Hg.)
Du gehst fort, und ich bleib da
Gedichte und Geschichten von Abschied und Trennung
Band 4722

Elfi Hartenstein
Wenn auch meine Paläste zerfallen sind
Else Lasker-Schüler 1909/1910
Erzählung
Band 3788

Jutta Heinrich
Das Geschlecht der Gedanken
Roman
Band 4711
Mit meinem Mörder Zeit bin ich allein
Band 3789

Eva Heller
Beim nächsten Mann wird alles anders
Roman
Band 3787

Claudia Keller
Windeln, Wut und wilde Träume
Briefe einer verhinderten Emanze
Band 4721

Sibylle Knauss
Erlkönigs Töchter
Roman
Band 4704

Angelika Kopečný
Abschied vom Wolkenkuckucksheim
Eine Liebesgeschichte
Band 3776

Christine Kraft
Schattenkind
Erzählung
Band 3750

Jeannette Lander
Ich, allein
Roman
Band 4724

Rosamond Lehmann
Aufforderung zum Tanz
Roman
Band 3773
Der begrabene Tag
Roman
Band 3767
Dunkle Antwort
Roman
Band 3771
Der Schwan am Abend
Fragmente eines Lebens
Band 3772

Dorothée Letessier
Auf der Suche nach Loïca
Roman
Band 3785
Eine kurze Reise
Aufzeichnungen einer Frau
Band 3775

Fischer Taschenbuch Verlag

fi 20 / 12 b